JN275250

スポーツ・エネルギー学序説
A Trial in Sport Bioenergetics

金子公宥 著

株式会社 杏林書院

目　次

序章　「スポーツ・エネルギー学」とは …………………………………… 1
1. 先人の教え………………………………………………………………… 1
2. 「スポーツ・エネルギー学」の発想と語義 ………………………… 2
閑話コラム（1）＜質問に窮した Hill の答え＞ ……………………… 4

1 章　エネルギーと人とのかかわり ……………………………………… 6
1-1　エネルギーとは ……………………………………………………… 6
1-2　太陽のエネルギーとエネルギー保存の法則 ……………………… 7
1-3　栄養学的なエネルギー ……………………………………………… 9
1-4　動物としてのエネルギー …………………………………………… 12
1-5　力学的・工学的エネルギー ………………………………………… 12
1-6　身体活動のエネルギー ……………………………………………… 13

2 章　筋エンジンの構造と機能 …………………………………………… 15
2-1　筋肉の構造 …………………………………………………………… 15
2-2　筋収縮のメカニズム ………………………………………………… 18
2-3　ヒトの筋運動における筋節長と重合 ……………………………… 20
2-4　フィラメントの滑走に関する学説 ………………………………… 21
閑話コラム（2）＜筋肉はエンジン工学の見本？＞ ………………… 24

3 章　筋収縮のためのエネルギー（入力）の産生 …………………… 25
3-1　Hill–Meyerhof 理論 ………………………………………………… 25
3-2　筋収縮にともなう熱産生 …………………………………………… 28
3-3　非乳酸性・乳酸性酸素負債 ………………………………………… 32
3-4　無酸素性作業閾値（AT，LT，OBLA）…………………………… 35
閑話コラム（3）＜A.V. Hill と O. Meyerhof＞ ……………………… 27
閑話コラム（4）＜R. Margaria のプロフィール＞ ………………… 37

4章　高エネルギーリン酸の発見とエネルギー供給 ……………… 38

 4-1 ATPの発見とローマン反応 ……………………………… 38
 4-2 TCA回路 ……………………………………………………… 40
 4-3 電子伝達系 …………………………………………………… 42
 4-4 エネルギー供給機構のまとめ …………………………… 42
 4-5 水槽モデルでみるエネルギー供給の調節 ……………… 45
 4-6 エネルギー供給の限界と効率 …………………………… 47

5章　健康づくりのパワーとトレーニング ……………………………… 49

 5-1 無酸素的パワーとトレーニング ………………………… 49
 5-2 有酸素的パワーとトレーニング ………………………… 53
 5-3 トレーニング法の変遷 …………………………………… 56
 5-4 健康づくりのための運動指針 …………………………… 58
 閑話コラム(5)＜良き実験動物—それは人間？＞ ……………… 52
 閑話コラム(6)＜トレッドミルの傾斜はなぜ8.6％？＞ ……… 55

6章　力学的エネルギー（出力）と慣性負荷 ………………………… 61

 6-1 筋による仕事 ……………………………………………… 61
 6-2 力学的エネルギー，仕事，パワー ……………………… 62
 6-3 並進運動と回転運動のエネルギー ……………………… 66
 6-4 慣性負荷の特徴 …………………………………………… 68
 6-5 慣性負荷によるパワーテストのすすめ ………………… 70
 6-6 慣性車輪の利点 …………………………………………… 76
 閑話コラム(7)＜臨床医と生理学者の違い＞ …………………… 69
 閑話コラム(8)＜慣性車輪を懐かしむA.V. Hillと猪飼の心境＞ …… 75

7章 筋力学の展開 ……………………………………………… 79
- 7-1 Hillの「粘性理論」否定に至るドラマ ……………………… 79
- 7-2 荷重法による力―速度関係の確認 ………………………… 82
- 7-3 ヒトの最大パワーの出現条件 ……………………………… 86
- 7-4 筋線維タイプと可塑性 ……………………………………… 87
- 7-5 筋パワーの可塑性 …………………………………………… 88
- 7-6 力―速度関係と複合トレーニング ………………………… 89
- 7-7 伸張によるネガティブワーク ……………………………… 92
- 7-8 ネガティブワークの原因 …………………………………… 97
- 7-9 高強度の伸張による筋損傷 ………………………………… 98
- 閑話コラム(9) ＜猪飼山人の詠んだ歌＞ …………………… 99

8章 エネルギーの変換効率 …………………………………… 100
- 8-1 効率とは何か ………………………………………………… 100
- 8-2 筋作業の効率における種々の定義 ………………………… 101
- 8-3 摘出筋のタイプと効率 ……………………………………… 106
- 8-4 高熱を発生しない「筋エンジン」 …………………………… 109
- 8-5 種々傾斜での歩行における効率 …………………………… 110
- 8-6 出・入力パワーからみた効率のよい走運動のピッチ ……… 111

9章 「効率」から生まれた"ばね作用" ………………………… 113
- 9-1 高い効率の謎 ………………………………………………… 113
- 9-2 伸張効果の実験 ……………………………………………… 115
- 9-3 ヒトの反動動作 ……………………………………………… 119

10章 ヒトの筋腱複合体における微細機構の解明 …………… 121
- 10-1 超音波研究の歴史 …………………………………………… 121
- 10-2 新たな超音波実験の方法 …………………………………… 122
- 10-3 ヒラメ筋の潜在的パワー発揮能力 ………………………… 123
- 10-4 ヒトの筋組織と腱組織のパワー …………………………… 126

11章　歩く運動のエネルギー ……………………………………… 129
　　11-1　歩行における筋線維と腱組織のはたらき ……………… 129
　　11-2　歩く運動の力学的エネルギーと「外的仕事」………… 131
　　11-3　振子運動に似た歩行の経済性 …………………………… 133
　　11-4　歩行時の肢運動による「内的仕事」…………………… 134
　　閑話コラム（10）＜古澤や　池にとびこむ…＞ ……………… 138

12章　疾走運動のエネルギー ……………………………………… 139
　　12-1　速さの限界にいどむ疾走 ………………………………… 139
　　12-2　日本の名スプリンターの研究 …………………………… 144
　　12-3　疾走スタート時における仕事の変化 …………………… 146

13章　等速度で走る運動のエネルギー …………………………… 150
　　13-1　等速走の仕事計測 ………………………………………… 150
　　13-2　等速走の外的仕事と内的仕事 …………………………… 152
　　13-3　走速度の増加と効率の変化 ……………………………… 156
　　13-4　機械的仕事の計算法をめぐる論争 ……………………… 158
　　13-5　効率が高い理由は「バネ作用」にあり ………………… 161
　　閑話コラム（11）＜J Physiol の著者名はアルファベット順だった＞… 152
　　閑話コラム（12）＜W.O. Fenn が伸張効果を認めた？＞ …………… 162

14章　跳ぶ運動のエネルギー ……………………………………… 163
　　14-1　筋パワーテストとしての垂直跳 ………………………… 163
　　14-2　スクワットジャンプにおける筋・腱のエネルギー …… 166
　　14-3　走幅跳と三段跳のエネルギー …………………………… 169
　　14-4　棒高跳のエネルギー ……………………………………… 172

15章　投げる運動のエネルギー …………………………………… 173
　　15-1　野球の投球 ………………………………………………… 174
　　15-2　投運動のエネルギーと効率 ……………………………… 175
　　閑話コラム（13）＜魔球ナックルボールの謎＞ ……………… 177

16 章　種々スポーツ種目のエネルギー測定事例 ……………………… **178**
　　16-1　野球のバッティング ……………………………………… 178
　　16-2　サッカーのキック …………………………………………… 180
　　16-3　水泳の平泳ぎとクロール ………………………………… 182
　　16-4　ボートのローイング ……………………………………… 185
　　16-5　鉄棒でのかかえ込み宙返り …………………………… 186
　　16-6　自転車作業と競輪 ………………………………………… 188

17 章　空気抵抗と運動のパワー ……………………………………… **191**
　　17-1　自転車競技 …………………………………………………… 191
　　17-2　スキー競技 …………………………………………………… 192
　　17-3　疾走運動 ……………………………………………………… 192

18 章　月面ジャンプと「宇宙船内体操」 ………………………… **195**
　　18-1　月面ジャンプと「体重」の意義 ……………………… 195
　　18-2　「宇宙船内体操」のエネルギー ……………………… 198

19 章　出力パワーの限界と「人力飛行」 ………………………… **201**
　　19-1　人力飛行の夢 ………………………………………………… 201
　　19-2　日本人女性初の人力飛行 ………………………………… 204

終章　結びにかえて～時間は誰にも平等か～ ………………… **206**

引用文献 ……………………………………………………………………… 208
索引 …………………………………………………………………………… 228

序章

「スポーツ・エネルギー学」とは

　エネルギーなくしては生命も身体運動もありえない．本書では，そんなエネルギーと真正面から向き合い，スポーツないし身体運動における意義や役割を考えてみた．

1．先人の教え

　わが師・故猪飼道夫教授は，遺稿となった「体育・スポーツを科学する心」（体育の科学，1972）の中で，自分は神経生理学を Sir C.S. Sherington に学び，筋生理学のエネルギーを A.V. Hill に学んだと述べている．C.S. Sherington は 1932 年，A.V. Hill は 1922 年にそれぞれノーベル賞を受賞している．身体運動は，筋収縮の力とエネルギーによってなされるが，それらの運動のすべては神経支配の下で発現し調節される．師が両大学者に学んだということは，エネルギーの発生とエネルギーの使い方の両面を学んだことであり，猪飼研究室から巣立った仲間の専門が多岐にわたるのも，そうした師の広いバックグラウンドによるものかもしれない．しかし強いて言えば師は，Ikaiと Steinhaus（1961）にみられるように，神経系を得意としていたようである．

　猪飼門下に入った著者に初めて与えられた研究テーマのヒントが，「A.V. Hill の慣性車輪をつくってみないか」だった（1962）．理数系が苦手な著者に戸惑いはあったが，師のアドバイスは"絶対"である．以来わたしは A.V. Hill に私淑するところとなり，その影響が古希を過ぎた今になっても続いている．

　師が 58 歳の若さで世を去ったため（1972），やむなく次の師を求めてイ

タリアはミラノ大学医学部のR. Margaria教授に「研究させて欲しい」との嘆願書を送った．R. Margariaといえば"泣く子も黙る"世界的権威であり，A.V. Hillの研究室で研究したこともある．Margaria教授がすでに退官していたため，著者の嘆願書は弟子のG.A. Cavagna教授にわたり，「お金はないが来たければ来なさい」との返事が届き，迷わずミラノへ飛んだ（1975）．Cavagna教授は物理学出身で，著者に対しフェン（W.O. Fenn）の開発した方法でランニングの研究をすることを示唆した．かねてより「全身運動のパワーを研究したい」と願っていた著者には"渡りに船"の好テーマで，胸が躍った．夢中で取り組んだ研究成果は，幸いにもJ Physiol誌にアクセプトされ，その概要を拙著「パワーアップの科学」（朝倉書店，1988）に紹介した．その前に学位論文を「瞬発的パワーからみた人体筋のダイナミクス」（杏林書院，1974）と題して出版してはいたものの，イタリア留学の前にアメリカで2年間（筋血流を研究）を過ごしたブランクがあったため，イタリアでパワー研究に従事できたことはまことに幸運であった．

2.「スポーツ・エネルギー学」の発想と語義

これまで著者がかかわってきた研究を振り返ると，そのほとんどが「エネルギー」ないし「パワー」に関係するものであった．そこで人生も先が短くなった今，過去の経験をまとめてみようと考えた．タイトルもいろいろ頭にうかんだが，適当な言葉が思いつかないまま，単純に考えて表記のタイトルとなった．スポーツとエネルギーについての類書は多いが，生理学・生化学・力学の枠を越えてエネルギーにこだわった書は少ない．そこであえて定義するとすれば，スポーツ・エネルギー学とは「スポーツ（身体運動）にかかわるエネルギーが，どのように発生し，どのようなはたらきで運動成果と結びつくのかを研究する応用学」ということになろう．

私は偶然にも憧れの人であるA.V. Hill教授に逢うことができ，その感動を「スポーツの科学」（日本学術協力財団編集；事実上は加賀谷淳子氏の編集）に書いた．恩師・猪飼道夫教授と談笑しているのがA.V. Hillである（**写真序**

写真序-1　A.V. Hill（右）と猪飼道夫（左）
（東京大学体育学研究室にて，1965）

−1）．たまたま著者の学位論文がA.V. Hillの一端を倣ねるような内容だったこともあり，停年を迎えて暇になったのを機に，またぞろA.V. Hillを読みかえした．その結果が「A.V. Hillを元祖とするエネルギー論を書こう」であった．

　もうひとつの動機は，Margaria教授の「Biomechanics and Energetics of Muscular Exercise」を翻訳し「身体運動のエネルギー」と題してベースボールマガジン社から出版したことにある．この訳本は，世界をリードしたMargaria教授が全力投球で執筆した名著であったが，残念ながらその内容が人々に十分知られないうちに絶版となった（1985年頃）．その訳書も一部再現したいという願いがあった．われわれの身体が生み出すエネルギーとA.V. Hillをはじめとする先達への憧れを胸に，体内に発生した化学的エネルギーがいかにして力学的エネルギーに変換されて身体運動となるのか，その想いをこめて書いてみようと思った．

　ちなみに，エネルギーの語源を立川清編「医語語源大辞典」（図書刊行会，1976）に尋ねると，energieの源義はアリストテレスの造語で，ギリシャ語の「energiaまたはanergos（活動的な）」に由来し，ラテン語では「energia」

だとのこと．また原義には，最初の「en（中に）」に「ergon（仕事）」が秘められている．これをカタカナ語にした「エナージェティクス」や「エネルギー学」の用語は，すでにわが国で用いられている．

「スポーツ」は同大辞典によれば，「英語の sport からの外来語で，気晴らしや楽しみを意味する中期英語 disport が変化した形で，さかのぼると同様の意の古フランス語 desport（er）に至る．日本では大正末ごろから一般化するが，戦後は野球やテニス，ボートなど，もっぱら欧米から入ったものを指し，柔道などの武道は含まなかった」とある．比較的近年，体育学の分野で「体育とは何か」「スポーツとは何か」が盛んに論議され，最近では誤解を避けて「体育・スポーツ科学」などという形がとられている．本書の「スポーツ」も同様で，「体育・スポーツ」あるいは「身体運動」という意味である．本書のタイトルを英語でいえば，「A trial in Sport Bioenergetics」ということになろうか．

閑話コラム（1）＜質問に窮した Hill の答え＞

冒頭から A.V. Hill の言葉を引用する．Hill いわく…，

1924 年に私（Hill）は初めてアメリカに渡り，フィラデルフィアのフランクリン研究所で「筋のメカニズム」と題する講義を行った．そのときのことだが，講義が終わって質問を受けることになった．すると年配の紳士が立ち上がって，やや立腹した表情で「あなたが行ってきたことは，どんな時にどんな役に立つのか」とたずねた．すかさず「筋肉が実際にどのようにはたらくか」の具体例を考えたが，説明が上手くできそうにない．私はやおら質問者に向かってこう答えた．「正直にいうと，私はこの研究が役立つと思ってしたのではなく，ただそれをすることが楽しいからしたまでです」と（to tell the truth, we don't do it because it is useful but because it's amusing）．幸いなことに会場は私に同情的であり，質問した人も一応はうなづいて了解してくれた．翌日の新聞の見出しは「科学者は楽しいからそれ（研究）をしたまで（scientists does it because it's amusing）」とあった．

この後もいろいろなことが頭に浮かんだ．なるほど「役に立つこと」も大切だ，

Clerk Maxwell の研究がなかったら，無線通信もこの世にはない．一方，すぐには役に立たないものもある．たとえば，Willard Gibbs の熱力学理論が理解できた人は，（彼の存命中に）たった 2 人しかいなかったという．要は，あらゆる知識が最終的には何かの役に立つと信じること，そして疑問に正面から容赦なく立ち向かい，目先の効用を求めないことではないか．そのように考えると，カエルの筋やアスリートの身体を観察するということは，面白いこともさることながら，自信をもって有益なことだといえるのではないか．

この話は Hill の著書「Muscular Movement in Man」の序文に出てくるエピソードであるが，「科学の倫理的ディレンマ」（Hill，1971）では，二度の戦争体験をもとに「科学者が政治と無関係であってはならない」とも述べている．東京オリンピックの翌年に東京で開かれた国際生理科学会議で Hill は，元共同研究者で仲良しの東龍太郎元東京都知事と再会．開会式に続く特別講演で，スポーツ科学の面白さと重要性を熱く語った．今にして思えば，それがまさに「スポーツ・エネルギー学」の原点であった．会議には A.F. Huxley ほか 5 人のノーベル賞学者も参加していた．東知事が多忙のため，東京大学体育学研究室の三代目主任・猪飼道夫教授のところが，格好の休憩場所となった．おかげで大学院生だったわれわれは，Hill 教授と直接会話をする幸運に恵まれた（金子，2007）．

1章 エネルギーと人とのかかわり

1-1 エネルギーとは

　エネルギーという言葉は，日常会話で使われている親しみやすい言葉なので，取り立てて議論することもないように思える．つまり，誰もがそれなりに相手の意図するところを汲みとって理解している．かくも身近な言葉でありながら，改めて「エネルギーとは何か」と問われると答えに窮する．

　「詩人のための物理学」（マイヤー著，木名瀬・大槻訳）という本がある．その中の「エネルギー：それはいったい何か？」と題する章に「物理学者にもっとも大切な法則は何か？」を問うてみよ．おそらく「エネルギー保存」と答えるだろう．次に「そのエネルギーとは何か？」を尋ねることだ．返答に困ってしまうにちがいない．」とある．物理学者でもそうなのに，まして物理学者でもない著者にとっては「エネルギー」がいかに難問か，推して知るべし，である．著者はまず常套手段として，エネルギーとは何かを辞書（広辞苑）に尋ねた．すると，

　（1）活動の源として体内に保持する力．活気，精力，

とあり，さらに，

　（2）物理的な仕事をなし得る諸量（運動エネルギー・位置エネルギーなど）の総称で，物体が力学的仕事をなし得る能力の意味であったが，その後，熱・光・電磁気やさらに質量までもエネルギーの形態であることが明らかにされた．

とあった．定義はこれで十分であろう．しかし，あるとき著者が「エネルギーが仕事をするので…」といった途端に物理学者から，「エネルギーは仕事を

しないよ」という皮肉めいた言葉が飛んできた．「辞書には『エネルギーとは仕事をなし得る能力』と書いてあるではないか」と反論すると，「イヤー違うなあ」と受けつけない．実はこの質疑は外国でのことだったので，帰国してすぐ日本の物理学者に聞いた．やはり外国人のほうが正しく，「エネルギーが仕事をするのではなく，『力』が仕事をするのであって，そのときにエネルギーが変化する．そのエネルギーの量は仕事に等しい」ということであるらしい．著者の知識はほとんど独学なので，"独りよがり"のことが多い．そこで本書もまずは専門家の意見を聞くことから始めようと思う．

　いずれにせよわれわれはエネルギーがなければ生きられない．まずは太陽のエネルギーが不可欠だし，植物がなければ酸素が得られず，二酸化炭素も消費されない．また動物にせよ植物にせよ，生物のカギをにぎっているのがアデノシン3リン酸（ATP）という化学資質であることは今日誰も疑わない．

1-2　太陽のエネルギーとエネルギー保存の法則

　地球上のあらゆる生物がいろいろな生態系をなしているが，いずれも直接的にせよ間接的にせよ，究極的には太陽のエネルギーに依存している．その有難さがいかに大きいか．太陽がなければ世界は真っ暗，まさに死の世界になってしまう．では太陽のエネルギーとは何か．それはまさに光エネルギーであり熱エネルギーでもある（図1-1）．したがって，マイヤー，ジュール，ヘルムホルツの発見したエネルギー保存の法則（law of the conservation of energy）に従うはずである．

　エネルギー保存の法則には2つの法則があって，第一の法則は別名「エネルギー不滅の法則」ともいわれるように，エネルギーがいろいろな異なる形態に変化しても，その全体の総量は一定で変わらない，という法則である．科学的に地球をひとつの閉鎖系と考えれば，変化したエネルギーはどこかに存在し，それも加えればその総量は変わらないのかも知れない．太陽のエネルギーが光合成によって植物を育て，これを食して動物が生存し，その糞が大地にかえって微生物を繁殖させる．太陽のエネルギーを日光として浴びた

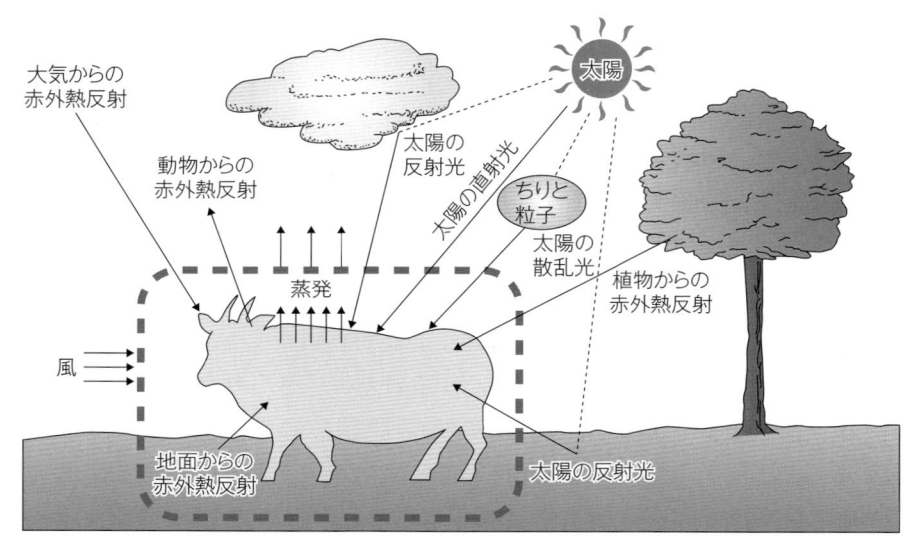

図1-1 生物と環境のエネルギー変換（Gates DM原図，Peusner, 1978）

海や山は，そのエネルギーを受けてその一部分を水蒸気にする．これが空高く上って雲をつくり，雨や雪などになって再び地上に降り注ぎ循環する．高地の水は低地の水より多量に位置エネルギーをもっているので，これを落下させることによって水力発電を行う．つまり水力発電で得られた電気エネルギーも，元をただせば太陽のエネルギーに外ならない．こうした生態系によってわれわれの生命は維持されている（図1-1）．しかし皮肉なことに，今日の人間社会で起こっている問題（生態系 ecosystem，通称「エコ」）は，エネルギーを消費すればするほどエネルギーが減少して産業や生活に支障をきたす，ということである．

そこに登場するのが第二の法則である．第二の法則は「エネルギーの移動の方向とエネルギーの質に関する法則」である．第一の法則では「エネルギーは保存される」といったが，機械的エネルギー，電機的エネルギー，化学的エネルギーの3種類は保存されるのに，熱エネルギーだけはその系の中ではもはや他のエネルギーには変わらない．つまり熱になると，無駄が多くなるということか．そういえば産業革命の元になった蒸気機関車も，機械的エネ

熱エネルギー ——→ 機械的エネルギー ——→ 電気エネルギー ——→ 熱エネルギー

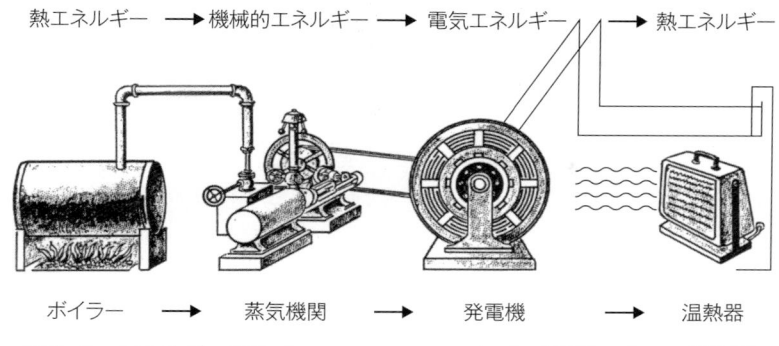

ボイラー ——→ 蒸気機関 ——→ 発電機 ——→ 温熱器

図1-2　エネルギー変換（energy conversion）の例(Lodge, 1957)

ルギーを生み出して見事に機関車を走らせたが，蒸気になって逃げた熱はもはや取り戻せない．

　第二の法則の特徴は「エネルギーの方向と質にある」といわれるが，それを温度で考えると，高いほど質が高く，低いほど質が低い．放っておくと温度は低くなり，値打ちが低下して，蒸気機関を動かす仕事が減る．水の場合も高いところから落とせばタービンを回して機械的仕事をするが，散逸して低温になれば値打ちが落ちる．つまり「エネルギーの変化する方向が散逸する方向へ一方的に向かう」，これをエントロピーの増大という．熱力学とはこのように熱を仕事に変えるときに起こる現象をまとめたものである（図1-2）．

　自然の恵みである水や風を利用したエネルギーが，人間の生活を豊かなものにする．しかし，人間は蒸気機関の発明，火薬や核エネルギーなど，危険と繁栄の源であるエネルギーに依存するようになり，太陽光や風力のエネルギーなどの自然エネルギーの重要性が，今日改めて「エコ ecology」の名において見直されている．

1-3　栄養学的なエネルギー

　生物といえば動物と植物がその典型であり，いずれも成長し増殖する．そ

こに必要不可欠のものが太陽の光エネルギーである．光エネルギーを使って緑色植物が空気中の二酸化炭素（CO_2）を消費し，酸素とブドウ糖をつくる．いずれも生物の営みによるエネルギー変化である．人間は恒温動物であるから，食物から熱エネルギーを得なければ36〜37度の体温を保つことができない．体温は比較的低温であるが，この体温のもとですべての化学的なエネルギー反応が（酵素のはたらきを借りて）進行している．

われわれが生きていくためには食べねばならない．「武士は食わねど高楊枝」，「人間は生きるために食べるのであって，食べるために生きるのではない」などというが，生物学的にいえば，要するに「食べて生きている」のである．われわれは日常生活をするのに毎日約2,000 kcalを体内に摂取するが，そのうちの10％弱が魚や牛，豚などの動物性食品で，残りの90％余りは植物から得ている．また，人間は脂肪やたんぱく質などを自分の体内でつくりだすことができないので，植物から摂取して補っている．植物なしでは人間は生きられないのである．酸素もその典型的な循環である（図1-3）．

生物に関するエネルギー研究の歴史は古く，栄養学でまず脳裏に浮かぶのはドイツのM. Rubner（1892）である．彼は食品のエネルギー計算に用いられる1g当たりの糖質とタンパク質は4.1 kcal，脂質は9.3 kcalとするルブナーの係数（Rubner's coefficient）で知られる．

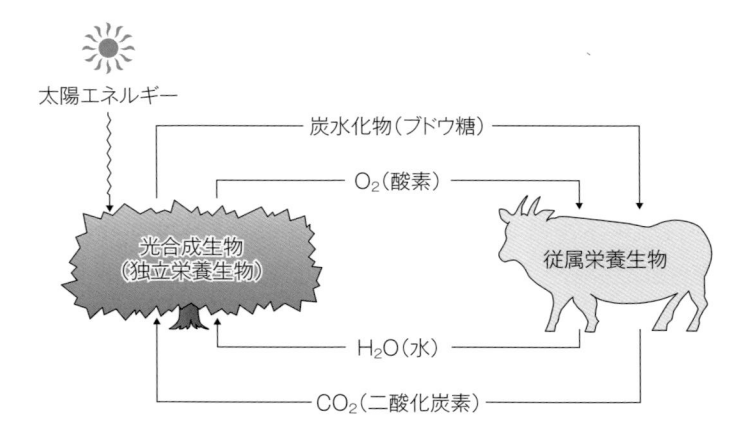

図1-3　生物界の物質循環（窒素を除く）（丸山，1992）

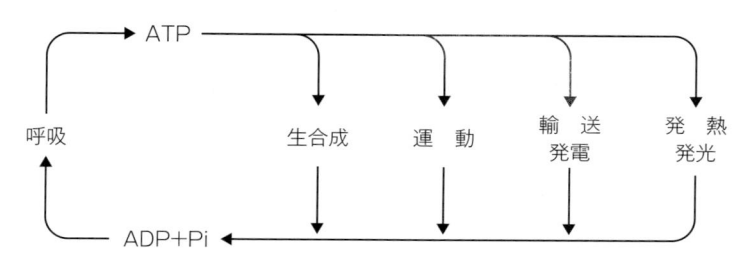

図1-4　細胞におけるエネルギーの循環（丸山，1992）

　その実験では，イヌを熱量計に閉じ込め，イヌの発生する全熱量や二酸化炭素と酸素消費量を測定し，食物と酸素の化合で発生するエネルギーの計算値と，実測した発熱量がよく一致することを確認して，栄養学の基礎を確立した（押田，1964；吉田，2001）．われわれは食物を体内に取り入れて消化吸収することによって生きるためのエネルギーを得ている．これが代謝である．
　代謝 metabolism とは広い意味をもつ言葉であって，食物の消化吸収によるエネルギーを獲得するだけでなく，最終的には分解産物として体外に排泄するところまでが含まれる．さらにいえば，代謝には栄養素の分解産物を用いて細胞や組織・器官をつくりあげる同化作用 anabolism と，逆に体内の組織や細胞で化学的エネルギーを燃焼させ，二酸化炭素と水，糞や尿素などの採取産物に分解する異化作用 catabolism の過程とがある．
　身体運動の力を生む自由エネルギーは異化作用によって生みだされるエネルギーに外ならない．エネルギー代謝は筋収縮のエネルギーに通ずるところが多い．いずれATP（アデノシン3リン酸）の話が主役になるが，ATPは動物のエネルギー源であるだけでなく，植物の中でも，太陽エネルギーを使ってADPからATPをつくりだしたり，酵素の助けを借りて炭水化物を合成したり，二酸化炭素から炭水化物を合成したりしている（図1-4）．生物のエネルギーはふつう「kcal」で測る．わが国の栄養学のテキストには，エネルギーとは日本語では熱量のことで，kcalまたはkJで表す，とある．以前，小カロリー（cal）と大カロリー（1 Cal = 1,000 cal = 1 kcal）を区別して用いていたが，混乱をさけるため今ではkcal（キロカロリー）に統一されている．

国際単位（SI）ではJ（ジュール）が正式だが，kcalも暫定的に使用することが許されている．また，1 kcalが何Jに相当するかを表す数値を「熱の仕事当量」と呼んでいる．ちなみに1 kcalは4.185 kJである．

1-4　動物としてのエネルギー

　動物が植物と異なる点のひとつは，自由に動きまわれることであり（動物とは，けだし名訳である），位置を変えて移動運動 locomotion をすることができる．ヒトの運動にも歩行，走行，水泳といったさまざまな移動様式があるが，広く「動物」といえばさらにその様式は多様なものとなる．

　鳥は空を舞い，魚は自在に水中を泳ぎまわる．まさに比較動物学の世界であるが，Hill（1950）も筋力学の観点からの興味をもって「動物の大きさと機能」に関して，小さい動物ほど逞しい心臓を有していることなどを楽しそうに書いている．ニュートン力学では，時間はすべてのものに一様なはずだが，本川（1993）によれば，ゾウに比べるとネズミのほうが時間の流れが速く，体重は10万倍違うので，ネズミの時間はゾウの18倍速く流れていると考えられる．時間はすべて体重の1/4乗に比例し，動物のサイズにかかわらず1回の呼吸当たり心臓は4，5回打つ．したがって，寿命を心周期で除せば，哺乳類ならどれでも心臓が15億回打って死ぬ計算になるとか．著者の師でもあるG.A. Cavagnaも以前から動物の比較に興味をもっていたが，最近の論文によると，ヒトは体重のわりに「効率のよい」動物の一種だが，それは動くときに反動を利用するからではないか，と述べている（図1-5）．

1-5　力学的・工学的エネルギー

　われわれが身体運動を行う場合，化学的エネルギーを消費して力を生み出し，この力によって運動という（力学的）仕事をし，力学的エネルギーの変化を生み出す．動かない場合は「仕事＝0」であるが，動く場合には仕事がなされ，力学的エネルギーも変化する．こうした全体像をイメージして工学

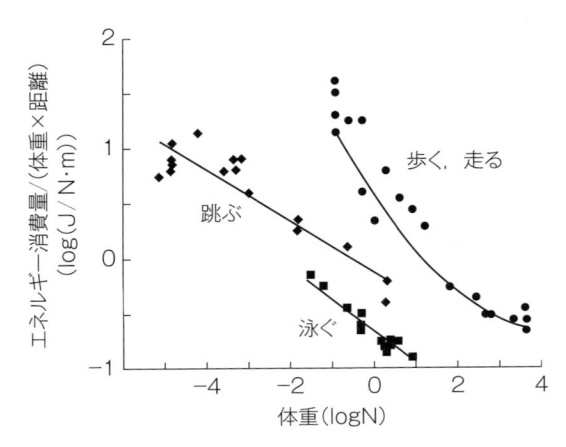

図1-5　同じ体重の動物の運動様式による効率（Cavagna，2010）

engineering的に表現すると，エネルギー消費量（通常は単位時間当たり）は「入力パワーpower input」，生産される時間当たりの仕事や力学的ネルギーは「出力パワーpower output」であり，入力パワーと出力パワーの変換にあたってはエネルギー変換効率（機械的効率）が考えられる．スポーツ科学は応用学であるから，理化学的な事柄も工学的に考えるとわかりやすい．

　エネルギーにはたとえば熱エネルギー，化学的エネルギー，電気エネルギー，光や音のエネルギー，核エネルギーなどのいろいろな形態があるが，ニュートン力学に登場する力学的エネルギーは，
　（1）運動エネルギー（並進運動と回転運動のエネルギー）
　（2）位置エネルギー（弾性エネルギーを含む）
の2つである．最近とくに話題の弾性エネルギー（バネ作用にかかわる）は，位置エネルギーに分類される（6章参照）．

1-6　身体活動のエネルギー

　身体活動のエネルギーは上記「栄養学的エネルギー」（とくに代謝）と重なっている．筋活動のための最初のエネルギーについての知見は比較的新し

く，今日的課題でもあるが，酸素摂取量（酸素消費量）についての歴史は古く，とくに栄養学や労働科学の分野では，早期から盛んに研究されてきた．酸素は，要するに体内に取り込んだ栄養素を酸化し，エネルギー代謝を営むもとになっている．エネルギー反応は複雑でも，最終的には酸素で修復されるのであって，トータルのエネルギーは体内に取り込まれた酸素量を測ればよい．

著者の手許にある古い文献のBenedictとMurschhauser（1915）には，しばしば引用されるカーネギー研究所のトレッドミルで行われた歩行のエネルギー代謝の測定風景があり，またハーバード疲労研究所の貴重な古典的成果もある．それらの文献には1800年代のものも引用されている．もっとも，酸素の発見はもっと古く，1700年代のプリーストリーとシェーレによる（宮村，2004）とされるが，少なくとも酸素の歴史は，酸素の意義や代謝を明らかにしたフランスのラボアジェ（A.L. Lavoisier；1743-1794）の貢献に負うところが大きい．

栄養学では身体全体をカロリメトリー室に閉じ込めてエネルギー消費量を測定（閉鎖型）したりしたが，身体運動では開放型が不可欠で，要は身体運動によって「酸素が体内に取り込まれた量」を知ればよい．そうしたエネルギーの測定法でスポーツマンの測定を盛んに行ったのがA.V. Hillである．今日では酸素負債のみられる図と，定常状態のみられる図に改定された図がしばしば引用されているが，原図はいずれもA.V. Hill（1926）からのものである．A.V. Hillの初期の著書「Muscular Activity」（1926），「Muscular Movement in Man」（1927），「Living Machinary」（1927）には，引用符をつけることによって，種々の言葉をつくりだしたことが伺われる．たとえば，"酸素需要量 oxygen requirement"，"酸素負債 oxygen debt"，"最大酸素消費量 maximum oxygen consumption"，"定常状態 steady state"など，いずれもA.V. Hillの造語のようである．また酸素負債の生じない運動の酸素消費量は，定常状態から判断できることを示し（HillとLupton，1923），酸素負債については，"疾走運動 sprint running"の酸素消費量を実測してみせた（Furusawaら，1927b；12章参照）．こうした点で，「A.V. Hillこそがまさにスポーツ科学の元祖」と著者が力説する所以である．

2章 筋エンジンの構造と機能

2-1　筋肉の構造

　からだの細胞は身体の至る所でエネルギーを消費しているが，もっとも多量のエネルギーを消費する組織は筋肉（とくに骨格筋）である．骨格筋は神経支配のもとで発動し，その調節を受けながら活動する．エネルギーがなければ動き続けることはもとより，動き始めることさえできない．つまり身体を自動車にたとえると，エネルギーはさしずめ自動車のガソリンに相当し，筋肉はエンジンに相当する．この筋エンジンの構造はどのようになっていて，どんな仕組みで動くのだろうか．下記に述べるフィラメント滑走説は，著者が1960年頃に手にしたテキストでは，まだ第3の説として2～3行で済まされ，第1・2説は分子が折りたたまれるような説明が長々となされていた．しかし今は当時の第3説の筋肉の構造が，唯一の学説となった．

図2-1　筋収縮機構としてフィラメント滑走説(filament sliding theory)を独自に，しかも同時に提唱した．H. E. Huxley(左)とA.F. Huxley(右)の近影.

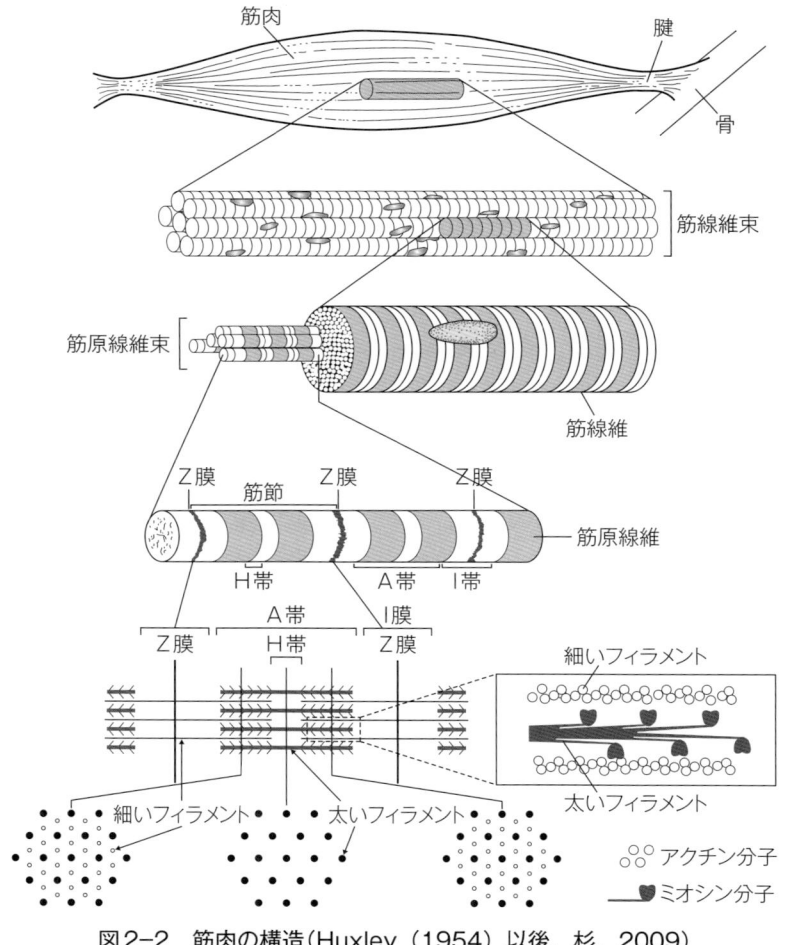

図2-2　筋肉の構造（Huxley（1954）以後．杉，2009）

　すなわち，イギリスのA.F. HuxleyとH.E. Huxley（図2-1）が，それぞれ独自に，しかも同時にフィラメント滑走説 filament sliding theory を提唱したからであり，今や図2-2の骨格筋 skeletal muscle の構造が収縮のメカニズムとともに定説となっている（上段から下段に向かって微細な構造となる）．図2-2にみられるような微細構造図は，主としてH.E. Huxley（1958）のものが原図になっていることが多い．同図の基礎および左下に添えられた

「横断面構造」もH.E. Huxleyが同定したもので，収縮するときは太いフィラメントと細いフィラメントが重合するが，切断した縦断面 cross-sectional area の部位によっては，細いフィラメントだけの部位もあれば太いフィラメントだけの部位もある．

　筋全体（全筋 whole muscle ともいう）は，筋線維 muscle fiber の束からできている．すなわち，筋組織は多くの細長い筋線維（筋細胞）が構成単位となった組織で，その機能は（後述するように）「収縮すること」にある．実際の筋線維は，長さが数 cm〜数 10 cm，直径が 20〜150 μm のものまでさまざまある．筋線維はさらに筋原線維（myofibril：直径が約 1 μm）の束からできており，筋原線維には長軸方向に規則的な縞模様がならんでいる．骨格筋が縞模筋 striated muscle とも呼ばれるのは，横紋のない内臓の平滑筋 smooth muscle と違って，横紋構造をその特長としているからである．

　横紋構造のZ膜から次のZ膜までが収縮の最小単位となる一区画を示したもので，この一区画を筋節 sarcomere という．逆にいえば，筋原線維は筋節が鎖のように連結したもので，一般に長い筋線維ほど筋節の数が多い．筋原線維の両側で隔壁のようにみえる部分はZ膜（Z盤ともいう：立体であることに注意）と呼ばれ，そこから細いフィラメントがのびている．これは1区画であるから，実際には細いフィラメントが隣の区画のほうにも延びていることになる．

　筋原線維における「横紋」の原因は，光学顕微鏡でみたときに2種類のフィラメントと呼ばれるタンパク分子，すなわち細いアクチンフィラメントと太いミオシンフィラメントが重なり合って，明暗の違いを生じているからである．太いフィラメントで暗くみえる部分がA帯，細いフィラメントだけで明るくみえるところがI帯，また細いフィラメントの重ならない中央部がH帯と呼ばれている．なお，この図には示されていないが，太いフィラメントの両側にはコネクチン（またはタイチン）と呼ばれる線維があって，それがZ膜と太いフィラメントをつなぎ，Z膜とZ膜を結び付けている（丸山，1976）．

2-2 筋収縮のメカニズム

　筋肉が短くなる方向に縮むことを筋収縮 muscle contraction という．「筋肉が伸びたり縮んだりしながら…」といった表現をされることもあるが，厳密にいえば筋の力の作用方向は「短縮する方向だけ」であって，積極的に力を発揮して筋肉を伸ばすということはない．たとえば，上腕を水平にして肘を屈伸するような場合，屈曲するときに屈筋が力を発揮して短縮し（shortening），拮抗する肘伸筋は屈曲を妨げないように弛緩する．肘の伸展はその逆で，伸筋が収縮（短縮）するときに，屈筋が弛緩する．屈筋と伸筋が同時に収縮する場合や，拮抗筋の両方が同時に活動すると（co-contraction），肘関節の動きが固定されたり，動きが悪くなったりする．また，筋が収縮しているときに外力で引き伸ばされることを「伸張（strech, lengthenning）」という．

　筋収縮が起こるためには，まず神経からの刺激（電気的な神経衝撃）が必要である．脊髄から運動神経を通って筋肉に刺激が到達すると，その刺激が筋膜上に広がり，Z膜部にあるT管系（トンネル）を通って袋状の筋収縮小胞体に入る．この筋収縮から Ca^{2+} が噴射されてトロポニンと結合すると，Mg存在下でこれが引き金となり，ATPaseが活性化されてATPをエネルギーとした筋収縮が惹起される．この Ca^{2+} による調節やトロポニンを発見したのは日本の江橋節郎たちであり（江橋，1969），化学的な筋収縮のメカニズムの解明には多くの日本人学者がかかわってきた．

　歴史的にみれば，筋が収縮した場合はI帯とA帯が狭くなることから，A.F. Huxley と H.E. Huxley の2人が，同時にフィラメント滑走説を発表した（図2-3）．1954年の Nature 誌上には，2人の Huxley による「フィラメント滑走説」の論文が連続して掲載されている（Huxley と Niedergerke，1954；Huxley と Hanson，1954）．両人ともにノーベル賞に値する研究であるが，なぜかA.F. Huxleyだけが（神経の興奮伝達機構を解明したとして），J.C. Eccles，A.L. Hodgkin とともに1963年度のノーベル賞に輝いている．

　生理学者のA.F. Huxley（1957）の滑走説は，X線の解析図をもとにA.V.

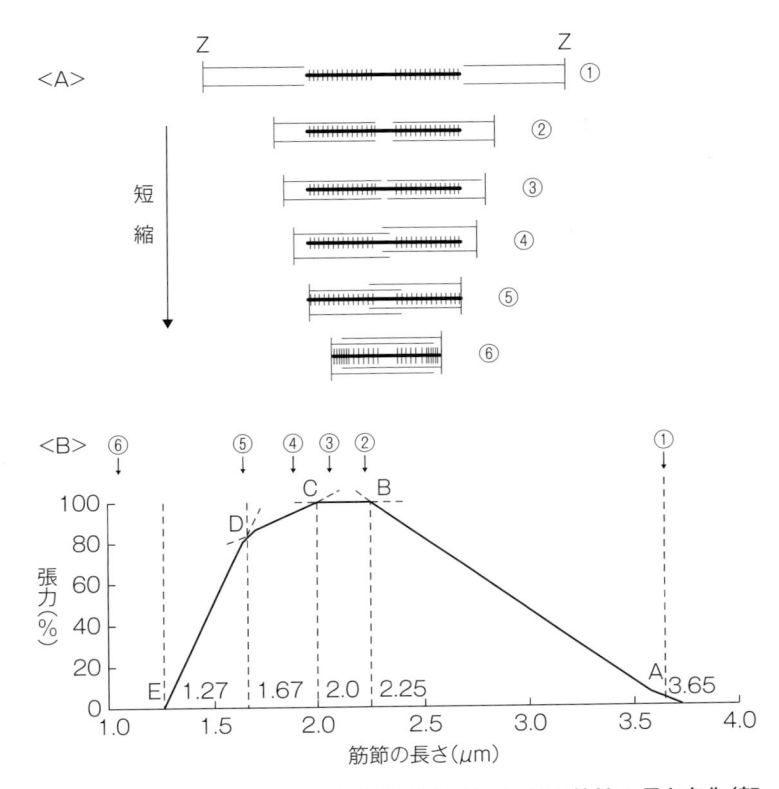

図2-3 フィラメントの滑走による筋収縮（短縮）（A）と筋節の長さ変化（架橋の重合部の長さ）の変化による張力変化（上段と下段の1〜6が対応していることに注意）（Gordonら，1966より引用改変）

Hillの理論との整合性を論じ，H.E. Huxley（1957）は光学顕微鏡による詳細な解剖図を駆使して滑走説を論じた．フィラメントの滑走とは，細いフィラメントが両側から太いミオシンフィラメントの間に滑り込んで，ミオシンフィラメントと重合する．この重合部をクロスブリッジ cross bridge という．フィラメント滑走の謎はどうやらこのクロスブリッジにあるようで，事実，クロスブリッジの重合幅と収縮力との間に密接な関係のあることが，A.F. Huxley のグループにより明らかにされている（図2-3；Gordonら，1966）．重合部は収縮力を発生する部位であるから，アクチンフィラメント

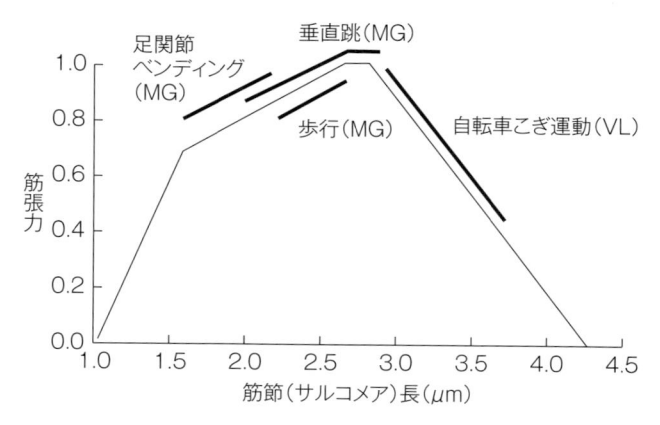

図2-4　ヒトの運動中の筋節長と張力 (Fukunagaら, 2002)

とミオシンフィラメントとの間が外れそうになったり（図2-3Aの最上段①），アクチンフィラメントが滑り込みすぎて反対側のZ膜に当たって押しつぶされたり（図2-3Aの最下段⑥）になると，力が急速に減退する（図2-3Aの①〜⑥が下段の張力図の番号と対応していることに注意）．

2-3　ヒトの筋運動における筋節長と重合

　近年における超音波画像の鮮明化を背景にFukunagaら（1992・1996・1997・2001・2002）は，人体筋の各種運動における筋節長—筋力関係を推定することに成功した（図2-4）．生体（*in vivo*）でしかも非侵襲的（noninvasively）に行われたことは意義深い．すなわちその方法は，まず画像から読み取れる筋線維の束（筋束：fascicle）を，その羽状角 pennation angle や腱の付着角などを三次元的に検討したうえでその長さを測定し，筋束長を並列の筋節長（平均）で除して筋節長を求めた．この結果で興味深いことは，いずれの運動も強い力が発揮される筋節（サルコメア：sarcomere）または重合部 cross bridge が強い力を発揮しやすい条件のもとで行われていること，また短時間に筋・腱が伸張・短縮するような跳躍や歩行（とくに跳躍）は，サルコメアの張力が最高となる部分で行われるのに対し，伸張—短

縮サイクルが緩慢となる歩行運動のほうが，やや長い筋節部（筋節長の力が減じやすい部分 ascending limb）でなされていることである．このような筋節長と筋力の関係以外にも，筋短縮にともなう腱の伸長をもとに腱組織の弾性特性を定量的に測定してスポーツ成績との関連やトレーニング効果を調べた．また，歩行中の筋腱複合体の振る舞いでは，収縮要素のはたらきがほぼ一定で，腱の伸張—短縮によるエネルギーが重要なはたらきをしていることなどを明らかにした（9章参照）．

2-4　フィラメントの滑走に関する学説

筋収縮のメカニズムとしてフィラメント滑走説を提唱した2人のHuxleyのうちのA.F. Huxley（写真2-1の右）は，1971年に図2-5Aにより滑走のメカニズムを説明した（1957モデル；Huxleyと Simmons，1971；Huxley，1974）．すなわち，両フィラメントの上には互いに反応し合う点が規則的に並んでいる．ミオシンフィラメント側の点（M）にはバネがあって，両側から引っ張られた状態で固定されていて，その位置が熱エネルギーにより平衡位置の付近で揺らいでいる．アクチンフィラメント側にも固定点（A）があり，AとMが結合と解離を繰り返す中で，解離しやすい側とし難い側があるためにフィラメントが移動すると考えた．つまり滑り運動の力はミオシンの位置を振動させるバネの「ゆらぎ」であり，このとき熱ネルギーを方向性のある運動に変換している．実験的証拠の少ない段階での見事な推理（仮説）である．

図2-5Bに示される1975年のモデルはH.E. Huxley（1957）によるもので，ミオシンフィラメントから突出した頭（ミオシンヘッド）が回転することによってアクチンフィラメントを引く，いわゆる"首振り説"を提唱した．すなわち，ミオシンヘッドがバネを伸ばしながら回転することによって，ミオシンフィラメントを収縮方向にたぐり寄せるという説である．その他にもボート漕ぎモデルや振子モデルなどいろいろな説が提唱されているが，近年，柳田敏雄らのグループ（大阪大学）の説が世界の注目を集めている．

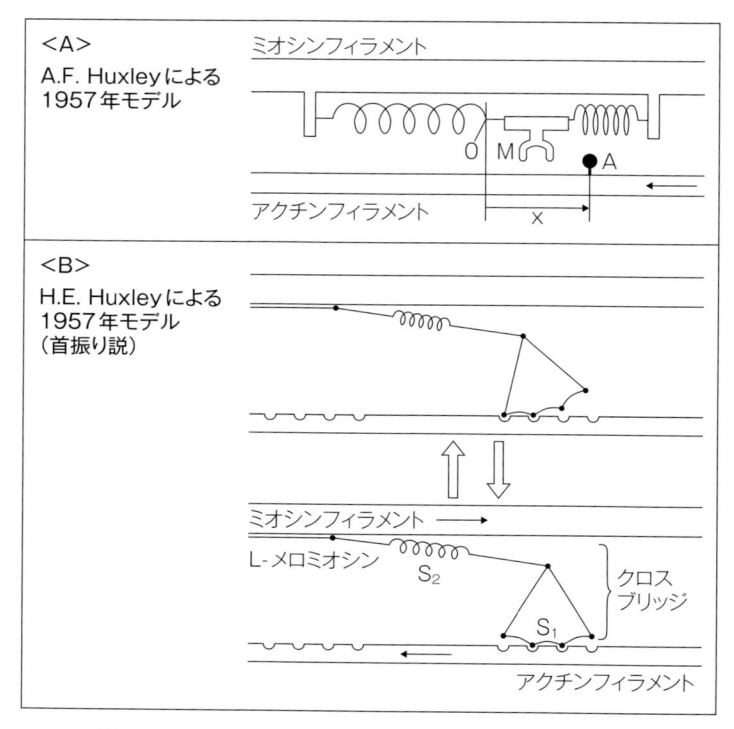

22　2章　筋エンジンの構造と機能

図2-5　フィラメント滑走の仕組みを説明する2つの説

　柳田と松原（1983a・b）の"滑り説"について，著者はかつて拙著「パワーアップの科学」（朝倉書店，1988）でHuxleyの"首振り説"と並べて図示しながら紹介したことがある．すなわち，柳田と松原（1983a・b）は，光学顕微鏡のカバーグラスの表面にミオシンをバラバラに付着させておき，その上に蛍光ラベルしたアクチンフィラメントを付着させた．顕微鏡下でこのような状態を観察しながらATPを添加したところ，アクチンフィラメントが滑走運動を始め，その滑り運動の方向が一定であること，その速さが無負荷の筋運動の最大速度と同等であること（毎秒5μm）など，それまでの研究で推測されていたことを眼下で確認することに成功した．柳田らの説を"滑り説"としたのは，アクチンフィラメント滑走の速度が，H.E. Huxleyの"首

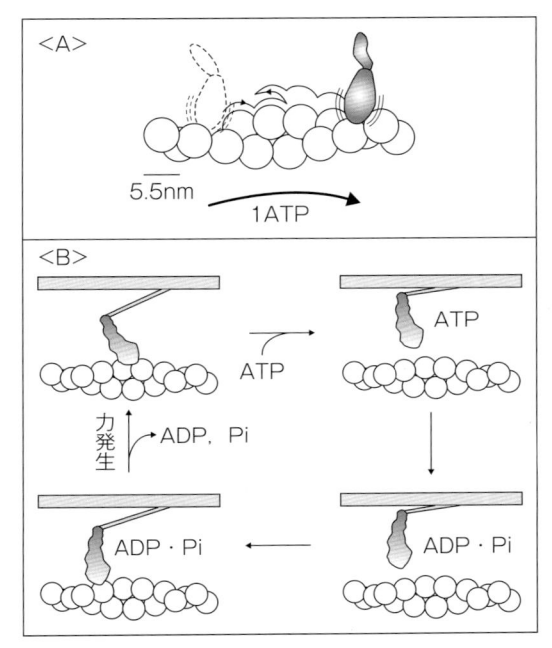

図2-6　柳田らによるフィラメント滑走の仕組み（柳田，2002）
極微の走査プローブでフィラメントの力や動きをナノメータ（nm）精度で測定し，ミオシン頭部がブラウン運動で前後にステップしながら（A），トータルとしては一定方向に進むこと（B）を明らかにしている．

振り説"ではとても説明できないほどに速いことが発見されたからである．柳田グループの研究はその後も盛んで，ガラスニードルを使った極微の走査プローブでミオシン分子を捕まえ，その力や動きをナノメーター（nm）精度で直接測る方法を確立し，図2-6にみられるように，ミオシン頭部がブラウン運動をしながら1個のATPのエネルギーで数回の前後ステップをしつつ，トータルとしては一定方向に進むことを明らかにしている（例：TaniguchiとYanagida，2008；Iwakiら，2009）．まさに化学と力学の結合した生物物理化学的成果である．

閑話コラム（2）＜筋肉はエンジン工学の見本？＞

　自動車や機械のエンジンに比べると，人間の筋肉は発揮できる力が弱く，パワーシャベルや起重機など，力仕事はもっぱら機械のエンジンに頼っている．しかし，筋肉の最大の利点は「高熱を発することなく効率のよい仕事ができる」という点にある．この点について，森ら（1980）による工学の専門書（エネルギー変換工学，p251）には次のような記述がある．

　「分子間の相対的位置変化を考えるものは筋の滑走説と呼ばれ，大小2種のフィラメントが滑走し，筋節が短縮するものと考えられている．（中略）このようなmechano-chemical系による化学的エネルギーの力学的エネルギーへの直接変換機構は，有用な高分子材料の発見があれば，将来，新しいエンジンへの一つに重要な可能性を秘めている」

　ヒトが機械より優れている点として「神経系」がよく例にあげれるが，筋肉にも優れているところがあるのだ！

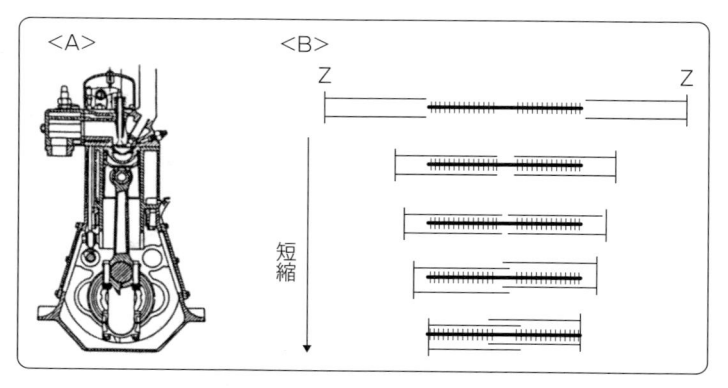

エンジン（A）は高熱を発するが，筋肉（B）は高熱を出さない機構で仕事をする．この点で筋肉はエンジンより優れている（森ら，1980）．

3章
筋収縮のためのエネルギー（入力）の産生

3-1 Hill-Meyerhof 理論

　エネルギーが最終的には食物と酸素（O_2）によって供給されることはよく知られており，身体運動で消費されるエネルギー量も，酸素消費量に比例することは古くからわかっていた．しかし，身体運動を駆動する筋肉に対して最初のエネルギーはどのようにして供給されるのか．この問題の歴史は古く，本来なら少なくとも1700年代のA.L.ラボアジェ（それ以前らしいが）が明確にした「酸素」にまでさかのぼる必要がある．しかし，本書ではA.V. Hillをスポーツ科学の元祖とする考え方から出発しているので，まずは「Hill-Meyerhofの乳酸説」から始める．現在ではエルギー供給の概要がおおむね明らかにされているが（図3-1），研究者たちの苦難の後を辿ってみよう．

図3-1　左がA.V. Hill（1886-1977），
　　　　右がOtto Meyerhof（1884-1951）

筋活動を開始する最初のエネルギーは,「無酸素のもとでグリコーゲンを分解し乳酸を産生する過程(解糖)からもたらされる」という説を発表したのは,イギリスのA.V. Hill,ドイツのOtto Meyerhofである.2人はこの業績によりともに1922年度のノーベル医学・生理学賞に輝いた(授賞式は翌1923年に行われたため,1923年の受賞としている文献が多い).このときHillは37歳,Meyerhofは39歳であった.受賞の理由として彼らのノーベル賞記念講演録の副題をみると,Hillの受賞には「筋の熱産生に関する発見に対して」とあり,Meyerhofの受賞には「筋における乳酸の代謝と酸素消費量の確固とした関係の発見に対して」となっている(Frenz, 1969).

この記念講演録やその他の資料(たとえば,東,1953)からみて,両人はかなり前から親しい間柄にあったようで,研究の推進にあたっても,Hillがロンドンからドイツのキール在住のMeyerhofに対し,「カエル筋(しかもヒラメ筋)としよう.等張性収縮では筋が仕事をすることを考慮しなければならず厄介だから(もちろん無酸素条件で)」と連絡している.かくしてHillは熱発生を中心に,Meyerhofは乳酸測定を中心にそれぞれ実験を進めた.Hillが「筋の収縮中にみられる産熱(初期熱)が回復期の熱(回復熱)とほぼ一致する」との連絡を受け,Meyerhofがこれを乳酸からいろいろ計算してみたところHillの見解と一致した.このときの心境をMeyerhofは「海霧(sea mist)を通して輝く灯台の明かりを見たように感じた」と述べている(いずれもノーベル賞講演録より).余談ながら,第2次世界大戦でMeyerhofがナチスの追放を受けたとき,Hillの助けを借りてアメリカに逃れている(Nachmansohnら,1952).

無酸素の条件でも筋収縮が起こるのは解糖(無酸素的解糖)が原因だとする説(下記)は,しばらく(約8年間)は誰もが信じて疑わなかった.

$(C_6H_{10}O_5)_n + nH_2O = 2nC_3H_6O_3$

(グリコーゲン)→乳酸

しかしこの「乳酸説」は,8年後に大きな衝撃を受けることになる.というのは,この乳酸説に対してデンマークの若き生理学者ルンツガール(Lundsgaard, 1930)が,モノヨード酢酸で筋を中毒させ,解糖過程を止め

て乳酸が産生されないようにした無酸素条件下の筋においてなお，何百回もの収縮が起ることを発見し，筋活動を開始するエネルギー源がクレアチンリン酸（PCr）の反応によるものであることを明言したからである．かくしてHill-Meyerhof理論と呼ばれた乳酸説は，Lundsgaardの発見に譲ることとなった．このあたりのドラマはMommaerts（1969）に詳しい．彼の解説によれば，Lundsgaardの発見を知ったHillは，すぐさまこのことを取り上げて「筋生理学における革命」と題するエッセーをある雑誌に書いたという．その後はアデノシン3リン酸（ATP）やクレアチンリン酸（PCr）が筋収縮の最初のエネルギー源とする時代を迎えることになるのだが，かといってHill-Meyerhof理論が完全に否定されたわけではない．無酸素的解糖のエネルギーはATPやPCrを背後から補給する"裏方"にまわったとはいえ，解糖によるエネルギーの量的意義とその重要性は今も変わらない．

閑話コラム（3）＜ A.V. Hill と O. Meyerhof ＞（図3-1）

　A.V. Hillは1886年にイギリスのブリストルに生まれ，1920〜23年ケンブリッジ大学で数学を専攻．FletcherやHopkinsの影響で生理学の乳酸の研究に興味をもち，熱力学の業績によりOtto Meyerhofとともに1922年度ノーベル医学・生理学賞に輝いた．第2次世界大戦中は学術支援協会を設立してそのリーダーとなり，ナチスドイツから逃れる多くのユダヤ人科学者を助けた．1965年に国際生理科学会議で講演するため来日し，しばし猪飼道夫研究室に遊んだ．1967年に引退，1977年に91歳で没した．

　Otto Meyerhofは1884年にドイツのハノーバーに生まれ，1909年ハイデルベルクで精神医学の学位を取得．1912〜1922年に生理学の研究を行い，A.V. Hillとともに1922年度ノーベル医学・生理学賞に輝く．ATPの発見者であるLohmannはMeyerhof門下の研究者で，ATPは事実上Meyerhofの業績ともいわれる．1938年ナチスに追われ，Hillの助けを受けてパリに逃れ，さらに1940年にはアメリカに逃れてペンシルバニア大学の教授に就任．1951年心臓発作で没した．

3-2 筋収縮にともなう熱産生

　なぜ筋の熱生産量を測定することが大切なのか．筋肉が収縮すると，化学的エネルギーの変換で仕事がなされ熱が産生する．この熱の燃料と生産される仕事が測定できれば，力を生み出す化学反応から消費された燃料を間接的に測定することが可能になるからである．

　もともと数学出身だったHillが熱発生と乳酸に興味をもったのは，ロンドン大学生理学のFletcherとHopkinsの影響だったと本人が述懐している（Hill, 1965）．ちなみにFletcher (1907) は低酸素のもとで筋はグリコーゲンを分解して乳酸になり，収縮することを見出していた．しかし，Hillは熱産生に関心をもち，研究はその後60年もの長きにわたって続いた．筋の熱産生はきわめて微量で，しかも反応が短時間に終わるため，計測する熱電対thermopileとガルバノメータの精度がきわめて重要だった．わずかな熱の変化を電流に変えて小さな鏡に反射させ，反応を拡大して記録する（図3-2）．Hillはまた「研究室のエンジニアであるMr. Dawsonによる測定装置の改良

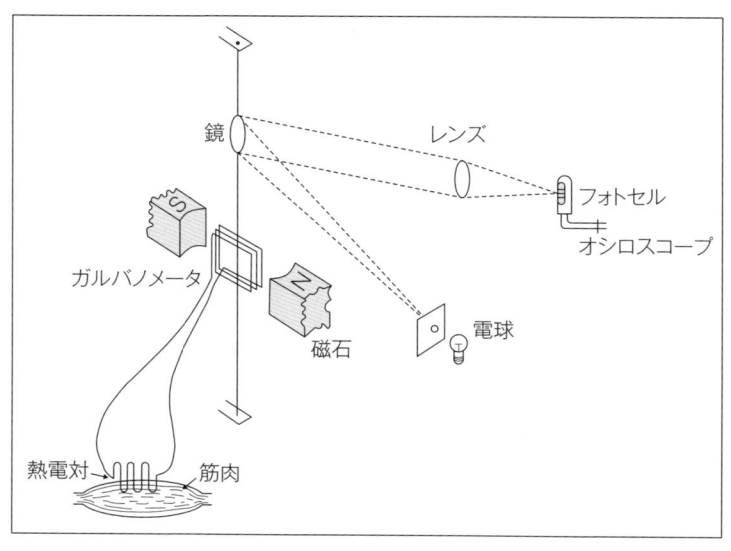

図3-2　Hillの熱電対と増幅・記録装置(Bassett, 2002)

とともに研究の内容が進歩した」と述懐している（Hill，1965）．また1938年の大論文の方法論では，「筋を吊るす鎖に苦慮したが，玩具屋でみつけた1ペニーの鎖がベストだった」といったユーモアもみえる．Hillが熱発生の測定にこだわったのは，そこに化学的反応の時間経過が隠されていると信じていたからに違いない．どの化学反応がどの熱発生に対応しているのかは，まだ今日でも不明な点が少なくないといわれる．

　筋の熱発生のデリケートさは，Hill自身によれば「1回の単収縮で上昇する筋温はわずか0.003℃，初期相の反応時間は100分の数秒」だという（Hill，1969）．こうした困難な熱発生の測定には多かれ少なかれ誤差がつきものである．Hillの後継者であるWilkie（1954）によれば，厄介な障害（artifact）の一因は熱伝対の連結部にあったが，1954年頃の熱伝対は大変進歩したものになっていて，数ミリ秒に数百万分の1度の温度変化でも測定できるようになったという．筋の熱産生は今日的課題でもあるので，Hill（1926）やWilkie（1954）の記述から産熱の名称をいくつかあげてみよう．

○**安静熱 resting heat**：文字通り安静にしているときの産熱で，カエル筋の場合はおよそ1万分の2 cal/g/minだという．安静状態で筋を伸張すると，熱産生と酸素消費量が何倍にも増加するという．この事実は，例え安静時でも筋の収縮機構が何らかのかたちで筋の代謝特性にかかわっていることを物語っている．

○**初期熱 initial heat と回復熱 recovery heat**：筋が収縮中に発生する熱を初期熱といい，収縮後に何分間か持続する熱を回復熱と名づけた．

○**活性化熱 activation heat**：Hillは，静止から急速に活動状態 active stateに入るとき，次の3つの現象が出現することを認めた（図3-3）．
　①急速に伸張されて短縮する筋は，強縮時の張力に等しい力を発揮する．
　②負荷が軽ければ，筋は最高の短縮速度に達する．
　③活動状態における急速な発生張力の大きさは熱産生に原因がある．
　この急速な初期熱の発生は，どんな等尺性収縮でも同じで，刺激直後の10〜15 msecに発生する．活性化熱はどんな収縮条件でも出現するので，浪費エネルギーではないかとも考えられているという（Wilkie，

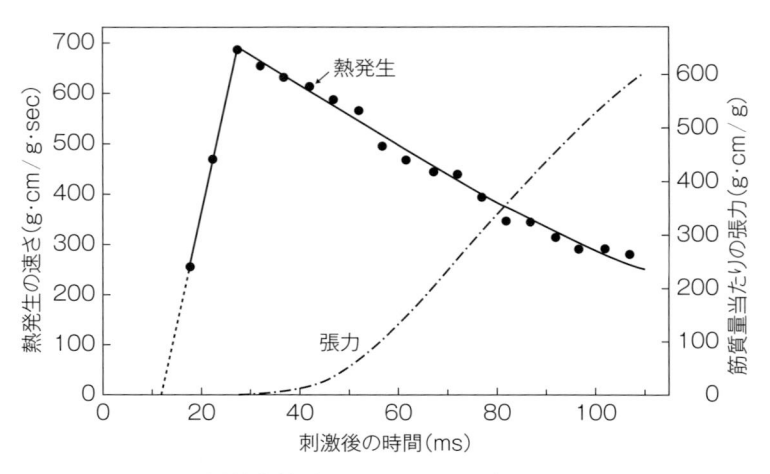

図3-3　活性化熱（activation heat）（Hill, 1953）

1954）．

○**維持熱 maintenance heat**：等張性収縮（強縮）にともなって発生する熱は，刺激開始後しばらくは大きいが，数秒すると一定になる（弛緩すれば急速に減少）．この維持熱は筋の長さ（筋長）と直線的な関係があるところから，筋収縮との関係が密な熱発生であると考えられている．

○**短縮熱 shortening heat**：Hill の下に米国から留学してきていた Fenn は，等尺性収縮のときより短縮性収縮をしたときのほうが，明らかに熱発生量が多いことを発見した（Fenn, 1923・1924）．この現象は大変重要で，とくにフェンの効果（Fenn's effect）は，最初に等尺性収縮をさせておいた筋を急に短縮させると，熱産生量が等尺性収縮のときより増加することを明らかにした．このような等張性収縮（または短縮性収縮）における産熱（短縮熱）は，負荷と短縮量（すなわち仕事量）によって変わる．その負荷との関係が曲線の指数関数的変化であったことから，Hill が先に「直線関係」として唱えた粘性理論を暗に否定した．1938 年に Hill は，精度が一段と高まった熱伝対を用いてこの現象を調べ（図3-4），Fenn の結果が正しいことを認めた（ドラマは7章）．

○**回復熱 recovery heat と仕事**：先にも触れたが，Hill のノーベル賞につ

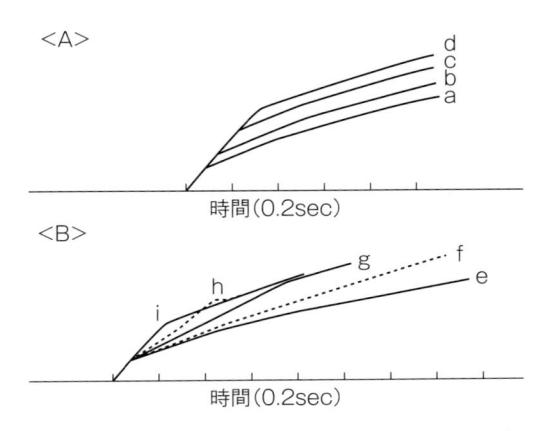

図3-4 短縮熱＝フェンの効果（Fenn's effect）
Hill（1938）がFenn（1924）の実験結果を確かめるために行った実験で，カエル筋の短縮性収縮（等張性収縮）における熱発生（0℃での強縮）を示した結果．上段（A）は，負荷を一定（1.9g）にして短縮量を変化させたときの熱発生である．図中，aは等尺性収縮，b～dは，短縮量を3.4～6.5mmに増加させた短縮の場合．下段（B）は，短縮量を一定（6.5mm）にして負荷を変化させたときの熱発生で，eは等尺性収縮，f～jは負荷を変化させた場合（荷重とは無関係）．

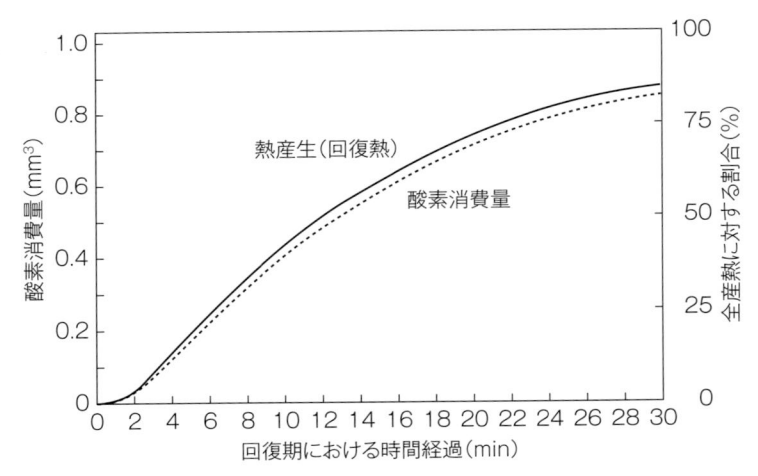

図3-5 回復熱（recovery heat）と酸素消費量（DydynskaとWilkie, 1966）
0℃，pH=6.0で12秒間の強縮を行った後の回復期における時間経過（横軸）と回復熱，酸素消費量の積算曲線．

ながった重要な発見は,「初期熱と回復熱の総量がほぼ等しい」ということ,そしてまた「筋収縮後の回復熱が仕事と熱産生に関係する」ことを示したことである.たとえば,カエル筋を0℃で収縮させた場合の回復熱は「初期熱＋仕事」の1.0～1.5になる.このときの酸素摂取と熱発生の時間経過が非常によく似ていることは,Hillの子息であるD.K. Hill (1940) が示している.こうして回復熱は「エネルギー源の修復のための酸化過程で発生する熱」であることが推察され,今日では「回復熱がグリコーゲンや乳酸を酸化してクレアチンリン酸の補給にかかわる熱」であるとされている (DydynskaとWilkie, 1966;図3-5).

3-3 非乳酸性・乳酸性酸素負債

筋活動の直接的エネルギー源は高エネルギーリン酸（～P）によるもので,そのメカニズムはアデノシン3リン酸（ATP）が最前線のエネルギーでありながら,有酸素性運動では酸素消費量がいかに増加しても変わらず,クレアチンリン酸（PCr）が身を挺してATPの援護をしている.このように身体活動に必要な直接的エネルギーが解糖以前のアデノシン3リン酸（ATP）やクレアチンリン酸（PCr）という高エネルギーリン酸であるということがわかった今日でも,解糖によるエネルギー供給の意義と重要性は変わらない.

この乳酸生成については,Hill-Meyerhof説でも取り上げたが,Hill (1914) の初期の研究が「酸素による乳酸の償却」である.しかし,その後の重要な研究としては1933年のMargariaら (1933) の共同研究がある.Margariaらは,解糖過程のエネルギーについて,運動によって生じた乳酸量と酸素負債の間には一義的な関係が見出されるはずであり,また血液からの乳酸消却の動態も酸素負債の消却に比例して起こるはずである,とする仮説から出発した.

まず第一に,軽い運動ないし中等度の強さの運動でも明らかに酸素負債が生じているはずなのに,血中乳酸は安静値以上に上がらず,酸素消費量が最大に達するような強い運動の場合にだけ,運動後の血液中に乳酸が出現し,

そのような強い運動の場合には，酸素負債と血中乳酸濃度が明らかに比例して増加した．

しかし，乳酸消却の動態は，酸素負債消却の動態とは著しく違うもので，回復期の乳酸が15分間で1/2に減少するような単純な指数関数的減少を示すのに対し，回復期の酸素消費量（酸素負債）は少なくとも2つの指数関数的経過，すなわち最初の0.5分で急速に1/2に低下し，その後の15分で半減するような遅い回復をたどって減少する．こうした結果は，乳酸の代謝が筋活動中に体内で起こる強力な酸化過程を説明できるほど速くはない．つまり，筋活動中に燃焼したグリコーゲン分解のエネルギーがすぐに乳酸分解過程に入って行き得ないことは明らかで，全体の酸化反応は実際に観察されるものよりずっと遅れるものと考えられる．すなわち，激しい運動をしたときの危急反応としての乳酸産生は，Hillらの負債を説明することはできるが，軽い運動中の酸素負債は，〔グリコーゲン→乳酸〕反応によるものではなく，それはMargariaたちがクレアチンリン酸の分解に原因を求めたように，何らかの他の無酸素性反応によるものと考えられた．そこでMargariaら（1933）は，酸素負債を，

（1）非乳酸性酸素負債 alactacid oxygen debt
（2）乳酸性酸素負債 lacticacid oxygen debt

の2つの過程に分ける必要があることを明らかにし，その結果を図3-6に示した．こうした実験から，乳酸燃焼係数（グリコーゲン再合成のエネルギーを供給するために燃える乳酸の割合）は，Meyerhofの示した1/4よりはるかに低いことがわかった．血中乳酸の消却と燃焼係数から酸素消費量の計算ができるが，仮に燃焼係数を1/4とすると，酸素消費量の値は実測値より高くなってしまう．そこでMargariaら（1933）は乳酸燃焼係数が1/8〜1/10より大きくないとした．このころEggletonとEggleton（1927）は，カエルの収縮と同時にリン酸を生ずる一種の有機リン酸を見出し，これを燐原質（phosphagen；後のクレアチンリン酸：PCr）と名づけていた．また1929年には，すでにK. Lohmannが「クレアチンリン酸の分解が筋から抽出されたアデノシン3リン酸（adenosine triphosphate：ATP）という複合物質の存

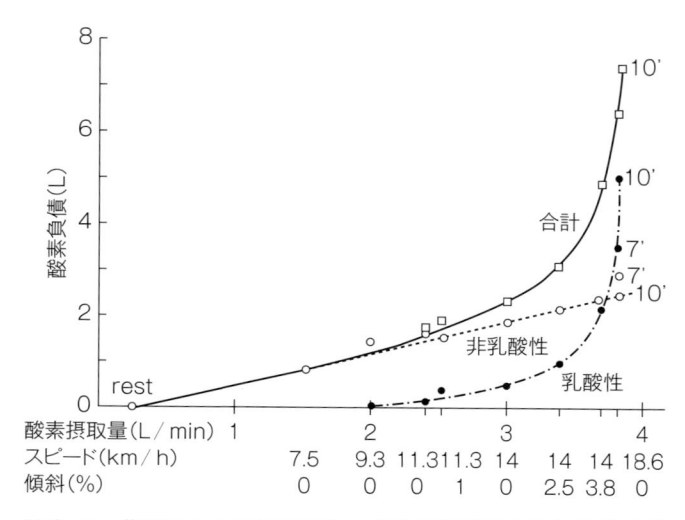

図3-6 代謝量との関係で表した非乳酸性酸素負債と乳酸性酸素負債の量(Margariaら，1933)
運動様式（走スピードと傾斜度）は横軸に示した．曲線の右に付記したように，強い運動の場合の時間は7分（7'），または10分（10'）とした．

在下で起こる」ことを発見していた（Stumpf，1953）．すなわち，非乳酸性酸素負債は，この高エネルギーリン酸反応によるものと解された．

　ATPは筋肉内に少量しか蓄えられていないので，すぐに枯渇してしまう．そのもっとも直接的な反応が先にも述べたクレアチンリン酸（PCr）のクレアチン（Cr）とリン酸（Pi）の分解である（ローマン反応）．高エネルギーリン酸レベルを維持して筋活動を長く持続するには，最終的には食物の燃焼とグリコーゲンの分解が必要になる．食物の燃焼によるエネルギーは，酸素消費量（呼吸系のガス交換の測定）によって量的に測定することが可能であり，またグリコーゲン分解反応は，組織から血中に拡散した乳酸量を分析することによって知ることができる．

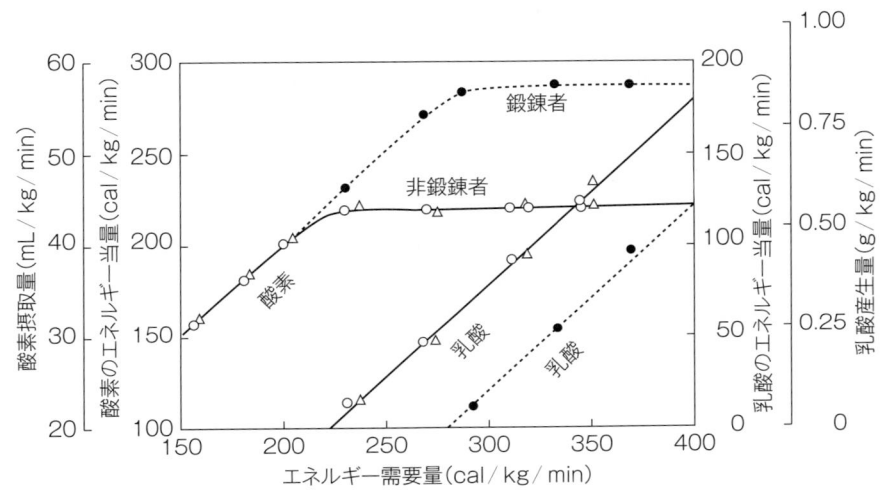

図3-7 エネルギー需要量との関係でみた鍛錬者（点線）と非鍛錬者（実線）の酸素消費量と乳酸産生量（Margariaら，1963a）
鍛錬者は中距離選手で最大酸素摂取量が多く，乳酸の産生開始が遅いことに注意．

3-4 無酸素性作業閾値（AT，LT，OBLA）

　運動の強度がある一定の強度を超えると乳酸の蓄積が始まる．血中乳酸濃度を同じ負荷でみると，持久的なスポーツで日ごろ鍛錬をしているアスリートのほうが一般人より低いが，Costillら（1973）によると，最大血中乳酸濃度ではむしろ，アスリートのほうが一般人より高いという．このような血中乳酸濃度の情報は，マラソンや長距離選手にとってきわめて重要である．Hill（1927a）が示した酸素需要量と酸素摂取量のギャップは，たとえ高エネルギーリン酸系の不足から始まるにしても，選手を抱える現場ではこうした血中乳酸の状況を睨んで，選手に適切なアドバイスを与えねばならない．Margaria（1963a）は，「強い選手ほど乳酸の出方が遅い」ことを指摘した（図3-7）．図3-8もその1例で，3,000 m記録がよい選手ほど，血中乳酸濃度の上がり始める走速度が速いことを如実に示している．

　豊岡と金子（1978）の報告が出たころは，まだWassermanとMcllroy

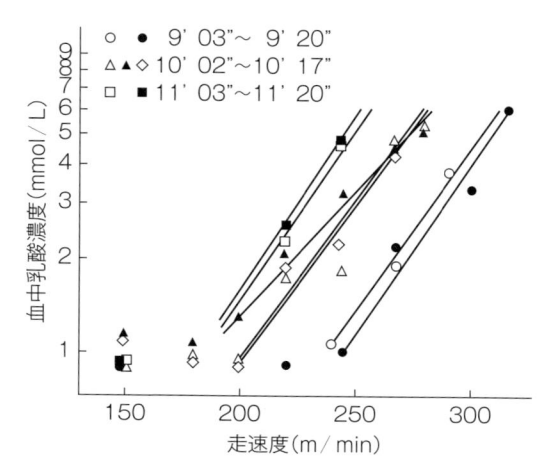

図3-8　競技成績の異なる選手における血中乳酸濃度（豊岡と金子，1978）
競技成績がよい選手ほど，速い走速度まで乳酸の急上昇が起こらないことに注意．

（1964）が使い始めた無酸素性作業閾値（anaerobic threshold：AT）はほとんどわが国では話題になっておらず，最大酸素摂取量（$\dot{V}O_2max$ が"金科玉条"の時代であった．このため豊岡は $\dot{V}O_2max$ に加えて，乳酸の蓄積状況（現在の LT）を併せて考えることの重要性を当時のシンポジウム（課題研究報告会）で強調した．

その後，Margaria 時代に盛んであった乳酸の蓄積状況が次第に話題に上るようになり，やがて話題の中心にさえ置かれるようになった．そして，運動が強くなって呼吸が激しくなるときは，肺換気量も急上昇する点（運動強度）であるところから換気性作業閾値（ventilation threshold：VT）とか，血中乳酸に着目した乳酸性作業閾値（lactate threshold：LT），あるいは血中乳酸が LT より少し高い 4 mmol になる運動強度を OBLA（onset of lactic acid accumulation）などと呼ばれるようになった．また乳酸は中間代謝産物として，酸素を与えられればミトコンドリアに入ってエネルギーを発生する．いわば石炭のコークスにたとえられるかもしれない．

八田（2009）は，無酸素性状況下での乳酸蓄積ではなく，酸素による

乳酸のエネルギー源としての重要性を盛んに強調している．かつて Hill-Meyerhof 理論では，乳酸が最初のエネルギー反応の最終産物のように考えられたことを思えば，乳酸が酸素下で重要なエネルギー供給源となることが強調されるのも，当然といえば当然のことである．さらに最近の研究では，乳酸が疲労物質のひとつにあげられるどころか，逆に細胞内の高濃度乳酸が疲労の軽減に役立つとさえ報告されている（de Paoli ら，2007）．

> ### column 閑話コラム（4）＜ R. Margaria のプロフィール＞
>
> マルガリア（Rodolfo Margaria）は生粋の生理学者であるが，体育にも理解があってミラノ大学医学部に付属して体育師範学校を設立し，自ら校長をつとめた．著者が会った頃はかなり好々爺になっていたが眼光は相変わらず鋭く，若い頃の激しさが想像された．マルガリア教授はイタリア北部のアオスタ出身であるが，ロックフェラー財団研究員として世界各国で研究した．最初はロンドンの A.V. Hill の下でヘモグロビン浸透圧などを研究（1930）．有名な van Sliyk や Roughton とも論争し，共同研究もした．
>
> R. Margaria
> (1901–1983)
>
> ケンブリッジ大学では J. Barcroft と呼吸運動に及ぼす CO_2 の影響を研究（1931）．翌年（1932）にはハーバード疲労研究所で D.B. Dill や T. Edward とともに，酸素負債を乳酸性と非乳酸性に分ける歴史的な研究をしている．その翌年（1933）はペンシルバニア大学で W. Bronk らと心筋の交感神経支配を研究．1934 年にはヨーロッパに戻って O. Meyerhof と筋伸張にともなう pH 変化を研究し，イタリアに帰ってからはフェララ大学，パルマ大学，パビア大学の教授を経て，1938 年にミラノ大学に落ち着いた．著者は一時的な孫弟子であったが，私には厳しく娘（4 歳）には優しい好々爺であった．もはや故人となったが，興味のある人は「現代体育・スポーツのイデオローグ：R. マルガリア」（体育科教育，27（3）：58–60，1979）を参照されたい．

4章
高エネルギーリン酸の発見とエネルギー供給

　乳酸を生ずる解糖過程が筋収縮の最初のエネルギーではないことが，Lundsgaard（1930）により至適された1930年前後には，解糖過程ではない別のエネルギー供給の可能性も考えられた．Hill-Meyerhof理論に疑問をもったのはLundsgaardだけでなく，Krebs（1953）があげられるが，それより前にEggletonとEggleton（1927）も疑問をもっていた．彼らは筋収縮にともなって減少する一種の有機リン酸化合物があることに気付き，フォスファゲン（phosphagen）と名づけて，これが筋収縮の最初のエネルギーに違いないと考えた．同じころFiskeとSubbarow（1927）もEggletonらと同じ有機リン酸を発見し，それがクレアチンリン酸（phosphocreatine：PCr）であることを証明したという（丸山，1992・2001）．Meyerhof門下のK. Lohmannが事実上のATPの発見者となり，その機構を明確にしたF. Lipmannがノーベル賞受賞者となったドラマには，相当デリケートなものがあるという（Stumpf, 1953）．なお萩原ら（1978）の解説では，ATPの存在をさまざまな実験を通してハッキリと確定したのは，ずっと後のR.E. Davis（Cain and Davis, 1962）である，としている．

4-1　ATPの発見とローマン反応

　いずれにしろATPの発見者とされるローマン（K. Lohmann）は，後にローマン反応と呼ばれることとなったATPとADP間の反応を明らかにした．すなわち，ローマン反応ではATPが高エネルギーを発しながらリン酸（Pi）を

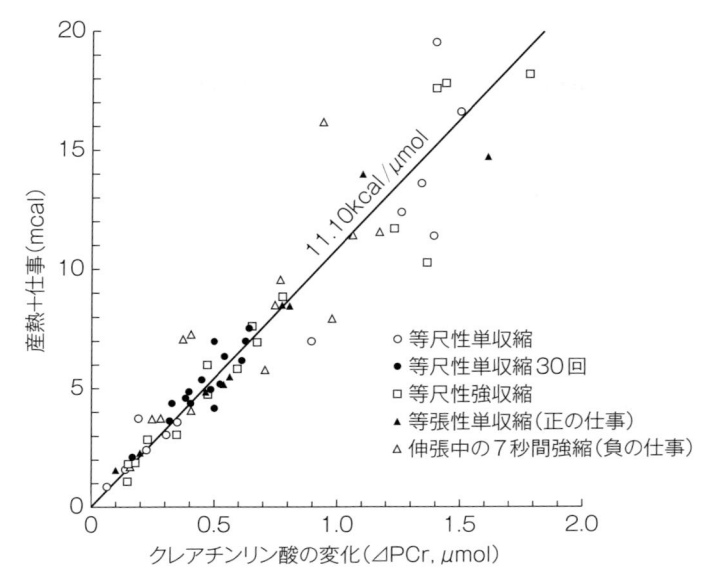

図4-1 クレアチンリン酸の分解量（ΔPCr）に対する産熱と仕事の和（Heat+Work）の関係(Wilkie, 1968)
無酸素的条件でしかもモノヨード酢酸で乳酸産生を阻止しても，産熱量と仕事の和はクレアチンリン酸の分解量と直線関係にある．

放出し，このエネルギーが筋収縮を引き起こす（この反応はアクトミオシンATP酵素（ATPase；ATPアーゼともいう）の存在下で起こる）．

ATP → ADP + Pi
（アクトミオシンATPアーゼ）

またこのローマン反応は，クレアチンリン酸（PCr）のエネルギーがADP（adenosine diphosphate）に与えられることによってATPが復元される反応も含んでいるが，このときは特殊な酵素であるクレアチンリン酸酵素（CPK）が関係する．

ADP + PCr ⇌ ATP + C
（CPK）

ATPを持続的に補給するにはPCrが必須で，PCrがなくなればATPもなくなり，筋収縮も停止する．つまり，興味深いことに，筋収縮でATPが

使われても PCr があれば ATP 量は変わらずに筋収縮を継続する．つまり，ATP は PCr の犠牲の上に成り立っているわけで，PCr の消耗が筋収縮を起こして熱を発生しながら，同時に力学的な仕事もなされる．事実，図4-1 が示すように両者の関係は直線関数関係で，1 μmol 当たりのエネルギー量が 11.10 kcal あることを示している（Wilkie，1968）．

4-2 TCA 回路

　TCA 回路はクエン酸回路あるいは，クレブス回路とも呼ばれる．この最初のエネルギー供給が無酸素的になされるとはいえ，それだけでは長時間のエネルギーをまかなえない．そこで登場するのが有酸素的な化学反応によるエネルギー補給である．この反応はローマン反応とともにミトコンドリアの中で行われる TCA 回路（クエン酸回路，クレブス回路）で起こる．「クレブス」とはその発見者である Hans A Krebs の名前からきている．Krebs は最初ノーベル賞学者の Warburg（1931 年ノーベル賞）の助手をしていたが，後にイギリスへ亡命して Hopkins（1929 年ノーベル賞）の生化学教室に席をおいて研究し，1937 年の TCA 回路（回路内でクエン酸が介入するところからクエン酸回路ともいわれる）が評価され，1953 年に F.A. Lipmann とともにノーベル賞を受賞した．Lipmann は Meyerhof 研究室にいたこともあるが，やはりアメリカに亡命してアセチル CoA の発見者となった．

　グリコーゲンや乳酸は，有酸素条件下でピルビン酸（焦性ブドウ酸）からアセチル CoA を経て，TCA 回路と呼ばれる化学反応の回路に入り，この反応回路で ATP を生産し，二酸化炭素を排出する．つまり，ATP → ADP，PCr → C やグリコーゲン→乳酸の反応が，ここでは逆回転して，エネルギー源を生産する反応となる．また脂肪も O_2 得て ATP を産生する．

　図4-2 は，ATP と ADP および PCr の高エネルギーリン酸反応を確かめた Di Prampero と Margaria（1968）の結果であり，図4-3 は同様に，Hultman と Sjoholm（1986）が 1 ヨード酢酸で筋（長指伸筋）を中毒することにより，解糖過程（グリコーゲン→乳酸）が阻止された場合（A）と阻止され

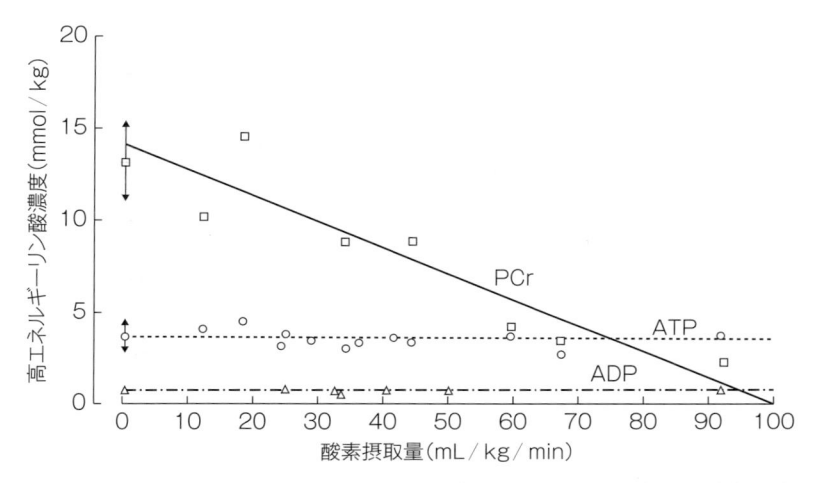

図4-2 有酸素的運動において高エネルギーリン酸（〜P）濃度や酸素消費量が増加するとき，クレアチンリン酸（PCr）は酸素消費量に比例して低下するが，ATPとADPはほとんど変化しない（Di PramperoとMargaria，1968）

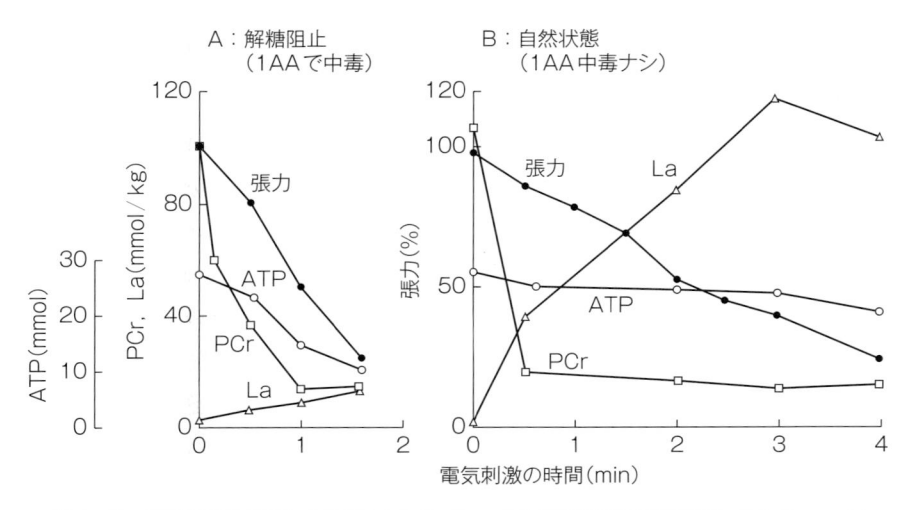

図4-3 筋収縮を開始させるエネルギー（乳酸説否定の確認）（HultmanとSjoholm，1986）
(A)は1ヨード酢酸（1AA）で筋肉の解糖（グリコーゲン→乳酸LA）を阻止した場合．(B)は(A)のような解糖阻止を行わない場合．

ない場（B）のATP, PCr, LAの消耗する時間経過を測定した実験結果を示している．すなわち，無酸素状態で筋の解糖過程を阻止すると（A），PCrとATP（とくにPCr）が急減して張力が減退する．これに対し解糖過程を阻止しなければ（B），初期のPCrは急降下するが解糖によるエネルギーなどが使えるため，張力低下はそれほど激しくない．HultmanとSjoholm（1986）は血液を阻止せずに有酸素状態も実験し，無酸素のときほど乳酸（LA）が使われず，PCrとATPのレベルも比較的高いことを報告している．

4-3 電子伝達系

電子伝達系はチトクロム連鎖，呼吸鎖とも呼ばれる．TCA回路とともにミトコンドリアの中でATPを生産するエネルギー回路で，そのおもな役割は，NADとFADと呼ばれる水素イオンの運搬である．ここで基質からの電子（e^-）は，チトクロムと呼ばれる呼吸酵素系に伝わり，最終的にH_2Oとなる．このようなエネルギー反応により（解糖から生まれる2分子を加えると），結局，1分子のグルコース（ブドウ糖）からの有酸素的反応では36個のATPが産生されることになり，残りは老廃物のH_2OとCO_2となる（McMahon, 1984）．

4-4 エネルギー供給機構のまとめ

ここまで化学的エネルギーについて，その歴史的経緯をたどって述べた．その概要を著者なりにまとめたものが図4-4である．以前にも同様の図を示したことがあり，基本的には変わらない．この図で脂肪の燃焼をやや強調したのは，筋のエネルギーが主として遊離脂肪酸に依存しており，また長時間（たとえば30分以上）の運動になれば，脂肪燃焼のエネルギーが多量に供給されると考えられるからである．

グリコーゲンは肝臓や筋肉に貯蔵されているが，血液中に取り込まれるときは液状のグルコース（ブドウ糖）となる．グルコースの分解はまずミトコ

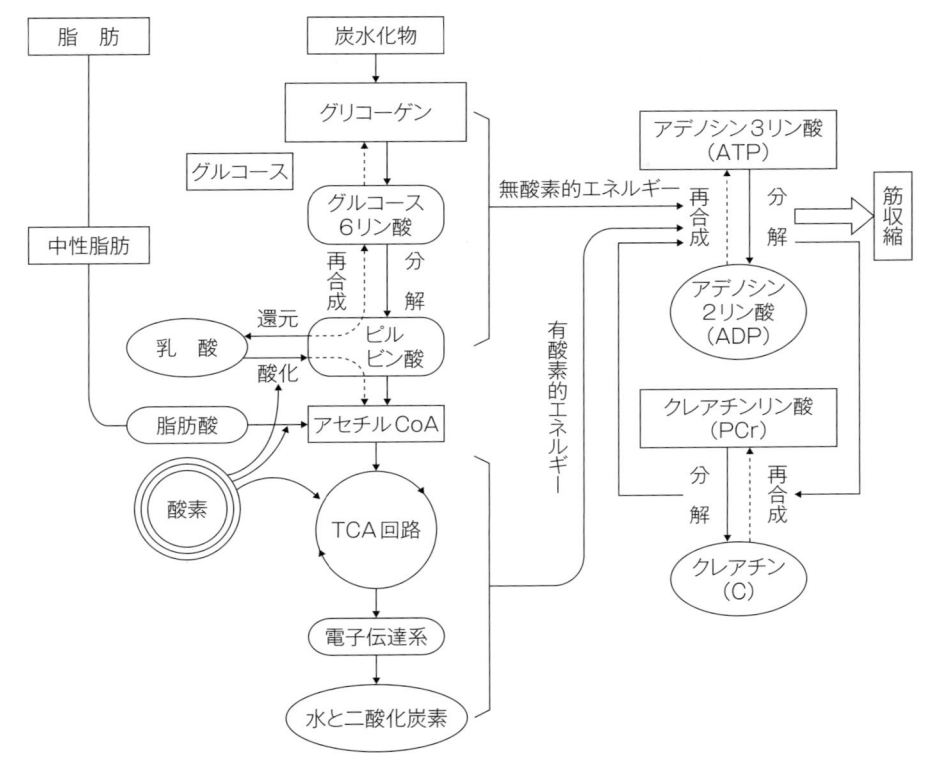

図4-4 筋活動のためのエネルギー供給の概要(諸資料より金子作図)

ンドリアの外で無酸素的にピルビン酸または乳酸となり，ミトコンドリア内の有酸素的条件でアセチルCoAにかわり，TCA回路に入り，電子伝達系を経て最終的には水と二酸化炭素になる．ミトコンドリア中での反応はすべて有酸素的であって，脂肪が中性脂肪を経てミトコンドリアに入った脂肪酸は，アセチルCoAを経て有酸素的なTCA回路に入る．グリコーゲンは無酸素的条件下で乳酸(またはピルビン酸)になる．この過程を解糖 glycolysis と呼んでいる．

　以前は10秒以内の激運動における解糖からのエネルギー供給は「高エネルギーリン酸の枯渇が引き金になって起こる」と考えられていたが，10秒以内の運動でも，クレアチンリン酸からのエネルギーと同等のエネルギーが解

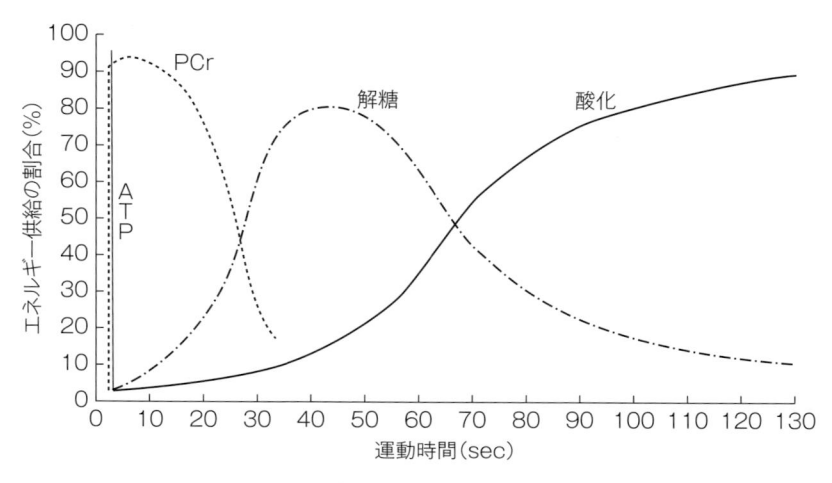

図4-5 運動強度による主要なエネルギー源(Keulら, 1972)

糖により与えられる．また乳酸は，疲労の一要因とも考えられてきたが，エネルギー産生機構からみれば，エネルギーを多量に含んだ中間代謝産物であって，酸素が与えられればピルビン酸を経てミトコンドリアに入り，有酸素的にアセチル CoA から TCA 回路と電子伝達系によって多量のエネルギーを産出する．

　エネルギー源に関する理解が深まる歴史と，運動の強さによって動員されるエネルギーの順序は異なり，むしろ逆方向である．端的にいえば，エネルギー研究の歴史は「酸素による酸化」「グリコーゲンの無酸素的解糖」「ATPや PCr の高エネルギーリン酸の発見」と続くが，筋分子機構における ATP の役割にはまだ未解明の部分が多いという．

　一方，図4-5が示すように，高強度（たとえば数秒）の無酸素的運動では高エネルギーリン酸だけで疲労困憊に達する運動があり，やや強度が低くなれば「グリコーゲン→乳酸」の解糖過程があり，また解糖からのエネルギーが盛んに使われる段階もあり，さらに低強度の有酸素的運動になれば，乳酸の増加がほとんどない状態となる．グリコーゲンと脂肪の利用比率は，運動強度が最大酸素摂取量（$\dot{V}O_2max$）の 50％ であればおよそ 50：50 であるが，

運動強度がそれ以上高ければグリコーゲン（血中ではグルコース）が多くなり，強度の上昇とともに酸化系が中心になる．酸化系つまり有酸素的機構の貢献度は，運動の持続時間が 0〜30 秒のとき 20％, 60〜90 秒のとき 55％, 120〜180 秒のとき 70％といわれる．つまり 100％からの差（たとえば 0〜30 秒のときの 100-20＝80％）が無酸素的機構の貢献度とされる（Spriet ら, 1987）．また最近の研究によれば，乳酸が高濃度になればなるほど，筋疲労がむしろ軽減されるという傾向を示している（de Paoli ら, 2007）．物理学的法則は滅多に変わらないが，生理化学的法則は研究の進展とともに変化し得る．たとえば，ATP の詳細な知識などは，きわめて奥が深い（中尾, 1986）

4-5　水槽モデルでみるエネルギー供給の調節

運動中のエネルギー供給と補給の様相は，Margaria（1978）の示した水槽モデルが最初である（図4-6）．この水槽モデルを McMahon（1984）が具体化したものが図4-7 である（著者がさらに一部を改編）．

（A）は，短時間に多量のエネルギーが必要となる激しい運動（heavy

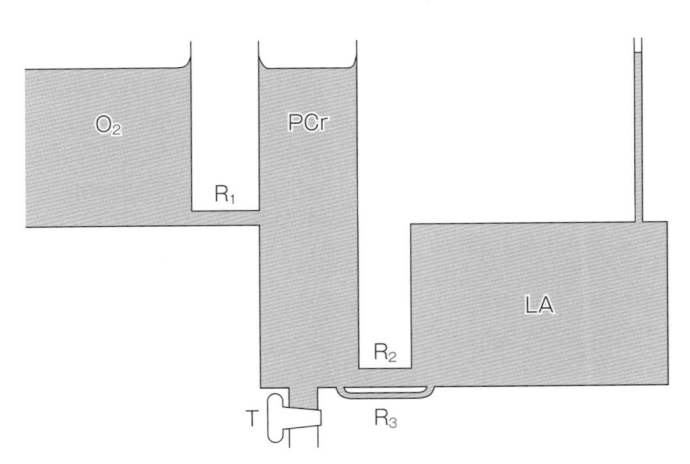

図4-6　エネルギー供給についてのMargariaの水槽モデル
　　　　（Margaria, 1978）

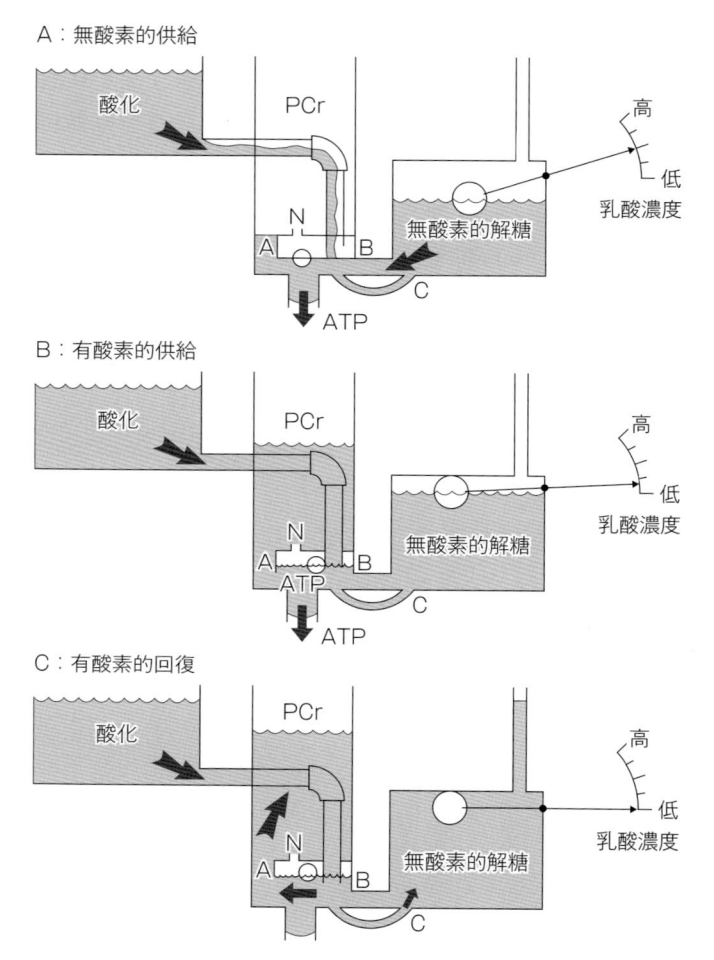

図4-7 エネルギー供給の水槽モデル（McMahon（1984）より引用改変）
バルブN（針バルブ）は，PCr槽とATP槽の間で"浮き沈み"しながらATPを一定に保つ．バルブAは運動後PCr復元時に開口する．バルブBは無酸素的解糖過程のエネルギーが必要な場合（A）に開口．バルブCは運動後の乳酸償却にはたらく．

exercise）の場合で，グリコーゲンと脂肪による酸化槽からのエネルギーでは十分な量をまかなえない状況である．酸化からのパイプに空洞があるのはそのためである．ATPを上げるためにクレアチンリン酸槽（PCr槽）は空に

表4-1 筋収縮（最大運動）におけるエネルギー産生機構の容量とパワー

	パワー (kcal/kg/h)	容量 (cal/kg)	酸素負債		
			最大 (mL/kg)	許容限界時間 (秒)	半減時間 (分)
非乳酸性機構	48	100(200)※	20(40)※	8	0.5
酸化機構	13	∞	—	—	—
乳酸性機構	25	250	50	40	15

※：カッコ内の数値は，超最大運動の場合　　　　　　　　　　(Margaria, 1978)

なるほど減り，バルブBを全開して（グリコーゲン→乳酸）の解糖槽からのエネルギーにも頼ることになることを示している．

（B）は運動が軽い場合である．酸化槽からのエネルギーでほとんどがまかなえるので，PCrと解糖過程からのエネルギーは少なくて済むことを示している．

（C）は有酸素的回復過程である．ATPが過剰に産生されると，PCr槽や解糖槽にエネルギーを蓄えておく（PCrの復元，乳酸の償却）．

4-6　エネルギー供給の限界と効率

運動がいかに激しく多量のエネルギーを要求しても，そこには自ずと限度がある．Margaria（1978）の記述を表にすると次のようである（詳細は拙著「パワーアップの科学」参照）．

各エネルギーには容量と供給速度に限界があり（表4-1），酸化過程のように容量の多いところは供給速度が遅く，ATP＋PCrのように供給速度が速いがところは容量が少ない．

エネルギー生産の効率からみると（Margaria, 1978），酸素供給が十分であればグリコーゲンは完全分解して水と二酸化炭素になるが，この過程では685 kcalのエネルギーが生じ，39 molのATPがつくられる．1 molのATP

にはクレアチンリン酸（PCr）と同程度の 11 kcal のエネルギー（図 4-1）が含まれていると考えると，合計 11×39＝429 kcal 相当のエネルギーが生まれることになる．したがって，この過程でのエネルギー変換効率は，

　　　　効率＝429÷685＝0.626

となり，この ATP がここでも 40％ とすると，有酸素的に仕事を生み出す全過程の効率（overall efficiency）は，

　　　　全体効率＝0.626×0.4＝0.25

で，25％ になる．

5章 健康づくりのパワーとトレーニング

5-1 無酸素的パワーとトレーニング

「パワー」という言葉は力学的には「単位時間になされた仕事」がその定義であるが，化学的エネルギーでもその単位時間当たりのエネルギー変化に対してパワーと呼ぶことがある．無酸素的パワーや有酸素的パワーはその代表である．ただしこの場合「最大努力で行われる」という意味が隠されていることが多い．

無酸素的パワー anaerobic power のテスト（アネロビック・テストともい

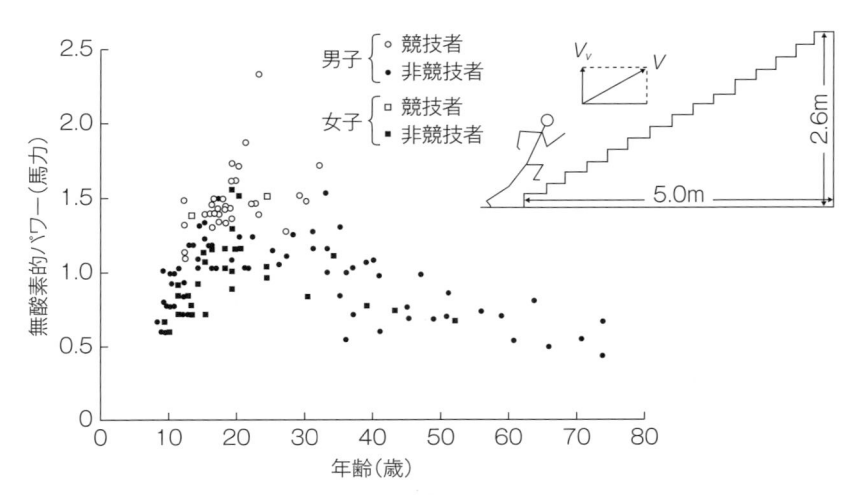

図5-1 全力で階段を駆け上がる無酸素的パワーと年齢の関係（マルガリア・テスト）（Margaria（1966）より引用改変）

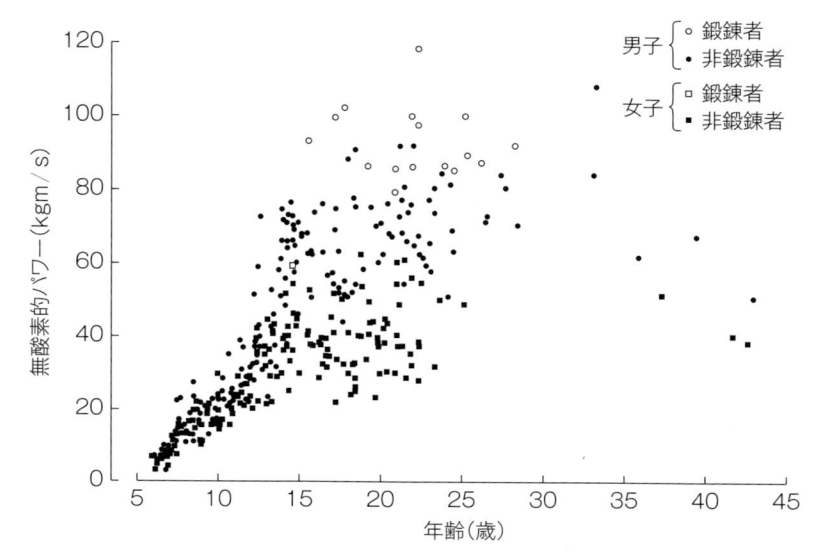

図5-2 全力の自転車漕ぎによる無酸素的パワーと年齢(生田と猪飼, 1972)
一般人(平均値)は男子が0.92馬力,女子が0.49馬力,鍛錬者(男子)は1.3〜1.6馬力であった.

う)には,全力で階段を駆け上がるマルガリア・テストや自転車エルゴメータを全力の猛スピードで漕ぐテスト(Wingate testや生田らのテスト)がある.どちらも文字通り無酸素的テストではあるが,前者(マルガリアテスト)は主としてATP-PCr系の非乳酸性機構のエネルギーに依存する運動テスト,後者(自転車テスト)はグリコーゲンが乳酸を産生する解糖機構からのエネルギーに依存する運動能力に主眼がおかれている.

非乳酸性機構のエネルギー供給能力を調べるマルガリア・テストは,図5-1(右上の図=著者作図)のような階段を使って行われる.階段の構造は「1段の高さ(蹴上げ高)が15〜19 cmで15段以上の階段がよい」とされている.階段の8段目と12段目に光電管(またはフットスイッチ)をおき,その間の時間から1段おきに駆け上がる速度を測る.被験者のスタート位置を階段の2m手前にしておくと,全力で駆け上がるときの8〜12段間の速度が一定(等速度)となるので,この時間を計る.

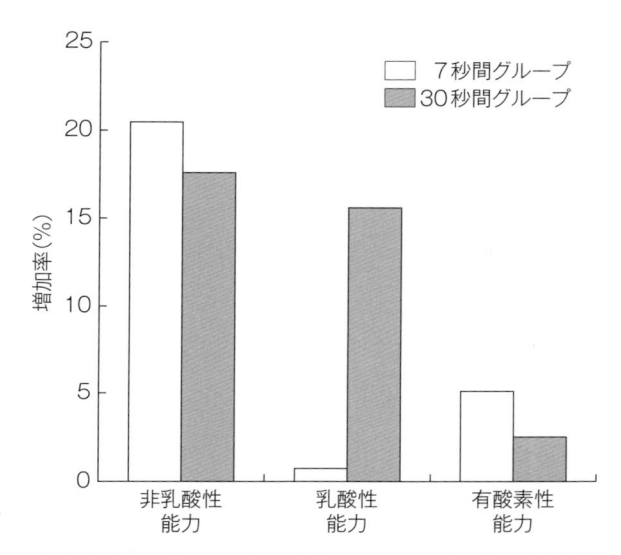

図5-3 全力ペダリングによる無酸素的トレーニングの効果（中村ら，1985）
運動トレーニングの1セット時間を7秒にしたグループと30秒にしたグループの比較．

　この場合，鉛直上方への速度だけを問題にするので，蹴り上げ高の合計距離（H）とその間のタイム（t）を計れば，上昇速度 V_v は，$V_v = H/t$ である．上昇速度が等速度であるということは鉛直上方への力（F_v）も等速度であり，したがって F_v が体重（W）に等しいことになって，パワーが次式で簡単に求められる．

　　　　パワー＝力×速度＝体重（W）×速度（V_v）

　図5-1のグラフはマルガリア・テストの結果（Margaria，1978）で，一般成人男子（約20歳）では1.5馬力程度であるが，男子の競技者では2.0馬力かそれ以上にもなるという．

　このマルガリア・テストの方法を具体的に例示しよう．被験者の体重（W）が70 kgfで，8～12段の4段の蹴り上げ高の合計が68 cm，この通過時間が0.45秒だったとすると，

　　　　パワー＝70 kgf×（0.68 m／0.45秒）＝105 kgm／秒（＝1,030 W≒1.38馬力）

の出力パワーとなる．機械的効率を0.25（25％）と仮定すれば，1ワット（W）

＝1 J/s であり，1 J/s＝0.24 cal/s であるから，1,030×0.25×0.24≒60 cal/秒のエネルギー消費パワー（入力パワー）ということになる．

　図5-2 は「全力自転車漕ぎ」の結果（生田と猪飼，1972）で，このテストの狙いは解糖機構（グリコーゲン→乳酸）のエネルギー供給能力にある（マルガリア・テストでは ATP-PCr 系の能力に狙い）．同図では一般男子（18歳の平均）が0.95馬力，一般女子（19歳）が0.49馬力でもっとも高いという．

　図5-3 の無酸素的トレーニング実験では，一方のグループの負荷が最大パワーの出現する負荷で7秒間ずつ6セット（7秒グループ），他方のグループは最大パワーの出る負荷の70％で30秒間ずつ2セット（30秒グループ）をそれぞれ行った．7秒間グループでは非乳酸性機構だけに改善があり，30秒間グループでは非乳酸性と乳酸性機構の両方に改善がみられるという（中村ら，1985）．

閑話コラム（5）＜良き実験動物—それは人間？＞

　ヒトの母指内転筋に尺骨神経を介して電気刺激を送ると，随意収縮では出せないような強い力が出る．いわゆる火事場の馬鹿力である．たまたま猪飼研究室に来ていた A.V. Hill がこの矢部京之助の実験をみて，電気刺激の度に被験者が「ウッ」とうめくのを聞き，思わず「good experimental animal！」（よい実験動物だ）とつぶやいた話（矢部談）を，どこかで紹介したことがある．A.V. Hill は氏の著書「Trails and Trials in Physiology」の中でも，しばしば「ヒトがよい実験動物であること，とくにスポーツ競技選手の限界を知ることは，未知の世界に接する楽しさが感じられ，生理学的にもきわめて興味あることだ」と述べている．A.V. Hill は自身がスポーツマンだったこともあるが，カエルで得た結果がヒトにも当てはまるかどうかにつねに気を遣い，カエルとヒトの比較実験を多く行った．真偽のほどは不明だが，日本では，人体生理学研究室で動物が実験対象となり，動物生理学研究室ではヒトが被験者になることが多いと聞く．

5-2 有酸素的パワーとトレーニング

　有酸素的パワーという言葉は最大酸素摂取量と同義である．「最大酸素摂取量」という言葉を A.V. Hill が初めて用いたことはすでに述べた．詳細は最大酸素摂取量を集大成した著書「改訂 最大酸素摂取量の科学」（山地，2001）に譲るとして，有酸素的能力を代表する指標であることは間違いない．この酸素摂取量が単位時間当たりの量で示されることと，「最大」が「全力」に相当するところから「パワー」という言葉がしばしば用いられる．

　図5-4 は異なった被験者群の年齢による推移を示しており，およそ20歳前後に有酸素的パワーが最大になること，男子は女子より高く，また鍛錬者は高いことがわかる（Åstrand と Rodahl，1970）．図5-5 は有酸素的パワーの80％で40分間ずつ週4日，8週間のトレーニング効果をみたものである（Anderson と Henrikson，1977）．このようなトレーニングをすると，ミトコンドリア内の酸化機構に関係するチトクローム酸化酵素とコハク酸脱水素酵素（succinate dehydrogenase：SDH）が活性化される．このようなトレーニング効果は，図5-6 が示すように高齢者（70～79歳）にもみら

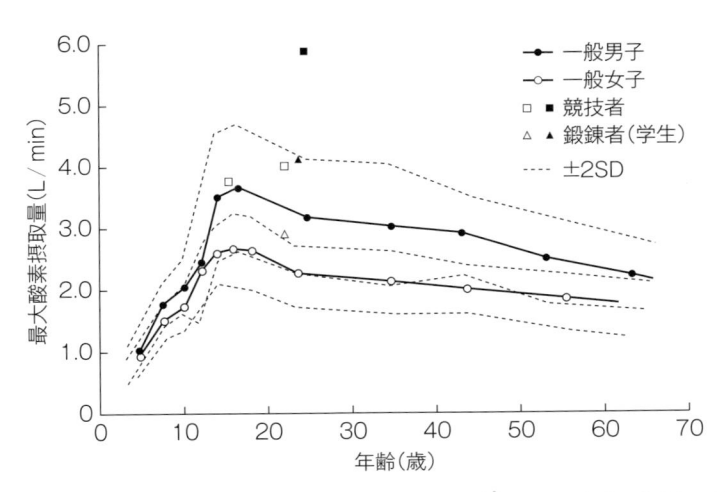

図5-4　有酸素的パワー（最大酸素摂取量）と年齢（Åstrand と Rodahl，1970）

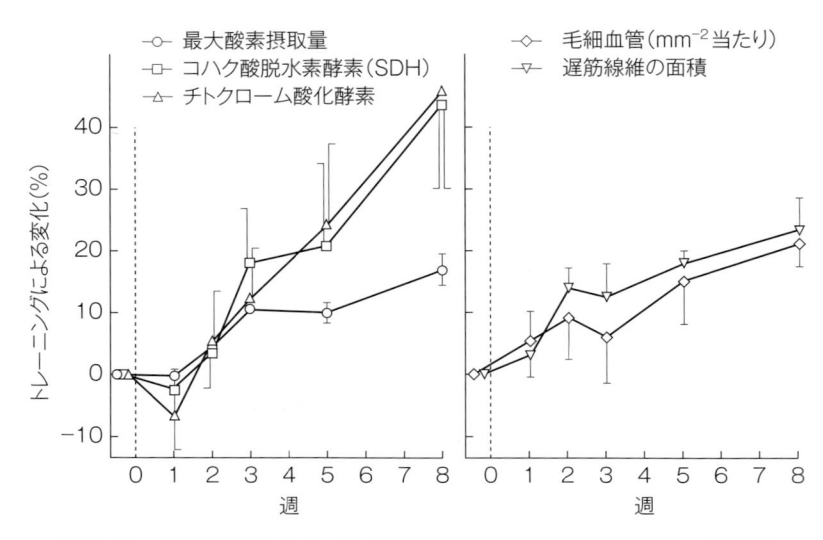

図5-5　自転車エルゴメータによる最大酸素摂取量と関連因子への効果（AndersonとHenrikson，1977）

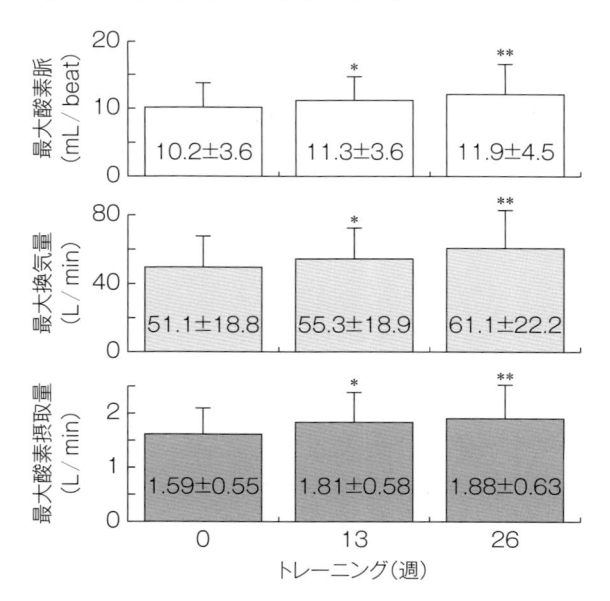

図5-6　高齢者（70〜79歳）の持久性トレーニングによる最大酸素摂取量（$\dot{V}O_2max$），最大換気量（$\dot{V}_Emax$），最大酸素脈（Max O_2 Pulse）の変化（Hagbergら（1989）より作図）

れる．このトレーニングはトレッドミルを20分歩くものだが，運動強度は50%$\dot{V}O_2$maxから始めて，トレーニング終末には75〜85%$\dot{V}O_2$maxの強度を35〜45分も続けるという激しいものであった．

column 閑話コラム（6）＜トレッドミルの傾斜はなぜ8.6%？＞

　時はあたかも東京オリンピックを目前にした1961年頃．私の入った東京大学猪飼研究室に部屋がひとつしかなく，猪飼教授と江橋助教授が背中合わせに座り，その横に第1号機のトレッドミルが居座り，その上をわれら院生は毎日のように実験動物として走り，アベベ選手も円谷選手も走った．そのトレッドミルは手動式のため簡単には傾斜が変えられないが，なぜか8.6%（約5度）の上り傾斜に固定されていた．入室して間もなく私は「なぜ8.6%なのか？」と周囲に尋ねた．すると答えは，有名なT.K. Curetonの文献など，どの研究にも「8.6%の傾斜」となっているので，理由はわからないがそれに従った，とのことだった．

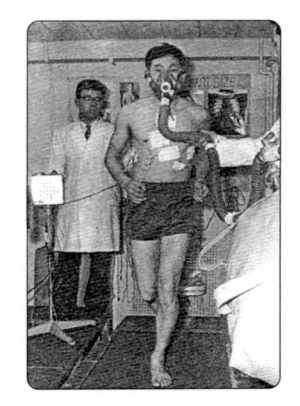

トレッドミル1号機を走る
（被験者：矢部，後方：田口）

　その謎が解けたのは1970年頃の日米共同研究の折，環境生理学で有名なS.M. Horvath教授に尋ねたときのこと．Horvath教授はハーバード疲労研究所で研究したことがあり，著名なD.B. Dillの娘婿でもある．私の質問にニヤリと笑って，「実はね，被験者を早く疲労させるためトレッドミルを上り坂にしようとしたのだ．そしたら古いものなのでなかなか上がらない．やっと上った傾斜が8.6%で，以後はこれで固定したのさ」というものだった．

　スポーツ科学に導入された第1号のトレッドミルは，1970年ごろ電動式にとって変わり，「しかしまだ使える」というので日本女子体育大学（山川純教授）に運び，しばらく貢献したのち盛大な「1号機よサラバ」の儀式とともにその生涯を閉じた．

表5-1 スタミナを高める運動の強さと時間の組み合わせ基準

トレーニング \ 強度 \ 運動時間		5分	10分	15分	30分	60分
軽い	弱	70%	65%	60%	50%	40%
中くらい	中	80%	75%	70%	60%	50%
強い	強	90%	85%	80%	70%	60%

注：運動の強さを示す％は，有酸素的エンジンの最大馬力（最大酸素摂取量）に対する割合（体育科学センター，1976）．

5-3 トレーニング法の変遷

　一般のトレーニングには時代を反映した"流行"のようなものがあるようで．東京オリンピックのころは Hettinger (1970) による筋力トレーニングの影響で，どこの体育館にもバーベルやダンベルなどが備えられ，筋力トレーニング一色だった．それが Cooper (1972) の出現でエアロビクス一辺倒の時代を向かえた．上記 Cooper の著書では筋力トレーニングが完全に悪者扱いされ，エアロビクスがいかに優れた運動であるかが強調された（エアロビクス aerobics とは aerobic exercise を略した Cooper の造語）．

　わが国では（財）体育科学センターが中心になり，全国の研究機関が協力して約5年の差月をかけ，日本人向けのエアロビクスにおける運動基準（表5-1）を作成した．しかし，その運動基準（運動強度と時間の組み合わせ）のうちの強度が最大酸素摂取量（$\dot{V}O_2max$）を基準（100％）として決められていたため，各人が処方を実践するにはまず $\dot{V}O_2max$ を測定しなければならないが，それには特殊な設備と技術が必要なため，「誰でもどこでも」という訳にはいかない．

　そのような困難に直面することを予期していた豊岡と金子（1978）は，$\dot{V}O_2max$ を測定しなくてもそれに代わる指標を「5分走の平均スピード（V）」として，トレッドミルとグラウンド（＝フィールド）走（図5-7，8）でデー

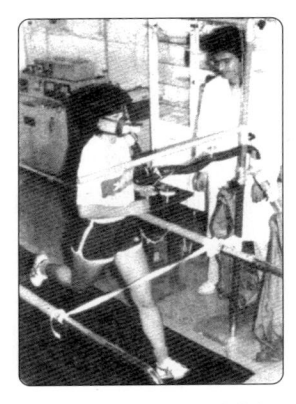

図5-7 トレッドミル中の酸素摂取量
　　　（於：大阪体育大学，1981）

図5-8 グラウンド走中の酸素摂取量測定
　　　（於：大阪体育大学，1981）

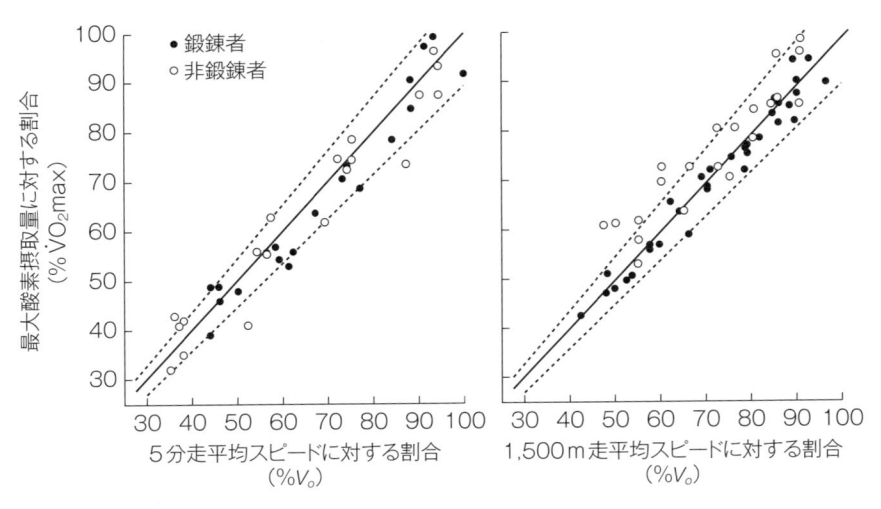

図5-9 5分走平均スピードと1,500m走平均スピードの最大酸素摂取量に対する関係
　　　（KanekoとToyooka，1983）

タを積み上げたところ，$\dot{V}O_2max$と5分走の平均スピード（V）の間に図5-9のような見事な直線関係が得られた（金子，1978c；KanekoとToyooka，1983）．なお，この法則性は，多くの対象者にも適用可能であることが示されている（浅見ら，1977）．

すなわち，$\dot{V}O_2max$ を 100％とした任意の％強度（たとえば $\dot{V}O_2max$ の70％強度）で運動したいのであれば，5分走を行ってその平均スピード（V）を 100％とした％強度（70％の場合なら 70％V）として，簡単に処方できる．つまり $\dot{V}O_2max$ を測定しなくても，5分走テストを受ければよいということになる．ただし，±10％が問題になったが，この範囲内の誤差なら相当に広い年齢層の人たちにも適用できることを浅見ら（1977）が立証したことから，図5-9を基にした「年齢・性別の運動処方箋」がジョギングの速さで処方できるようになった．また，5分走の代わりに 1,500 m 走の平均速度を用いても5分走の場合と同様の直線関係がえられる（図5-9右）．これらの結果は，$\dot{V}O_2max$ を測定できない人々にとってはもちろんであるが，多数の人々を対象とする運動処方の要となる．

エアロビクスの影響は今日なお続いているが，近年ではアメリカスポーツ医学会などの示唆もあって，たとえ無酸素的運動が混在しても「トータルとして 30 分の運動をすること」といったように，運動の強度（パワー）よりむしろ運動量（エネルギー消費量）に重点がおかれる傾向にある．それはエアロビクスでとくに強調された心疾患予防への効果から，生活習慣病（かつての成人病）と称する心臓病，高血圧，糖尿病といった"現代病（運動不足に由来すると考えられる）"の予防に向けて，運動処方の内容が変わってきたためである．

5-4　健康づくりのための運動指針

生活習慣病の予防をターゲットとした今日のわが国における運動処方は，厚生労働省の支援を受けて運動所要量・運動指針の策定検討会が策定した「健康づくりのための運動指針 2006 -生活習慣病予防のために-」にまとめられている（＜エクササイズガイド 2006＞の副題も付されている）（田畑，2008）．以前に「運動処方」のスローガンで（財）体育科学センターがまとめた「健康づくり運動カルテ」（講談社）に代わるものである．

この運動指針は，運動強度をメッツ（METs：安静時代謝を 1 MET とした

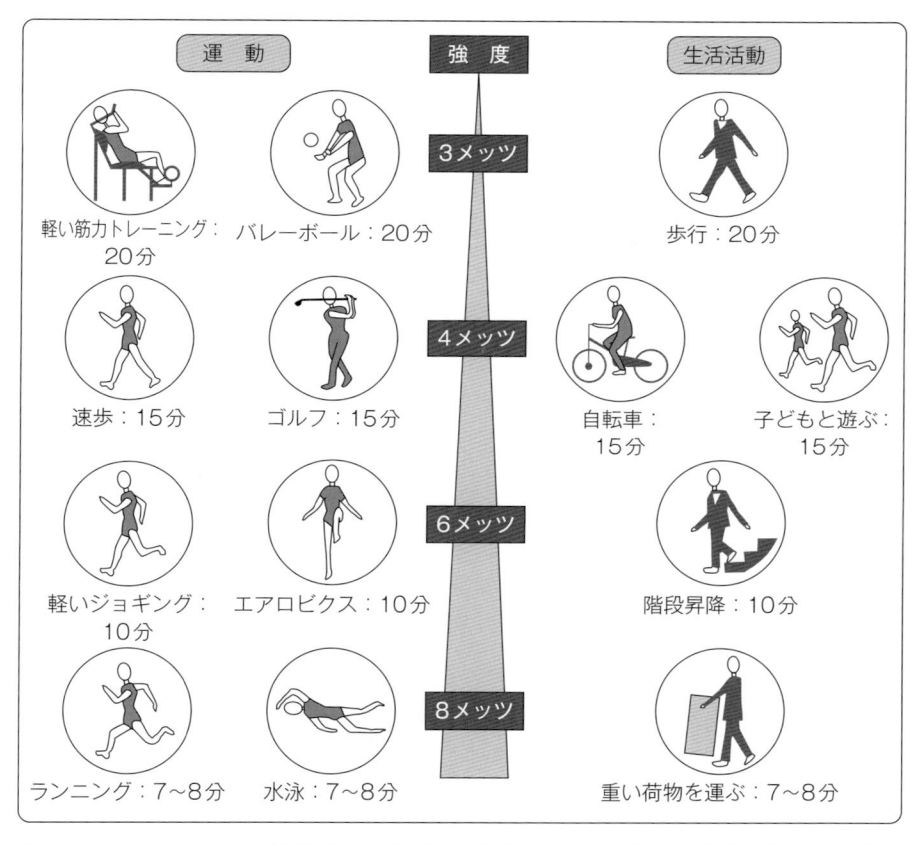

図5-10　1エクササイズに相当する活発な身体活動(運動所要量・運動指針の策定検討会，2006)

単位)で表し，運動量はこれに時間を乗じたエクササイズ(Ex：メッツ×時)を単位として示している．たとえば3メッツの運動を1時間行ったら，3メッツ・時＝3エクササイズ(3 Ex)という具合である．また身体活動量をエネルギー消費量(kcal)で知りたい場合は，

　　　エネルギー消費量(kcal)＝1.05×Ex×体重(kg)

として計算する．つまり，エネルギー消費量には体重が関係するので，エクササイズ(Ex)の5％増しに体重を乗じて求める．

　健康づくりのための身体活動量としては，「週に23エクササイズ以上の活

発な身体活動（生活活動・運動）で，その中には4エクササイズ以上の活発な運動を含めることが目標」とされている（図5-10）．なお，ここでいう「活発な身体活動とは3メッツ以上の身体活動のことで，安静時でも1メッツであるが，そうした3メッツ未満の弱い身体活動は目標に含まない」としている．ちなみに「1エクササイズ」とカウントされる活発な身体活動では，運動強度が3メッツの歩行なら20分，軽い筋力トレーニングやバレーボールでは20分，といったような身体活動の種類や強度，時間が例示され，また身体活動（床掃除なども含む）の具体的な計画の仕方なども懇切丁寧に示されている．

　「トレーニング」に関する章を設けるべきであったが領域が大きすぎるため省略した．トレーニングの目的は，筋肉や呼吸循環などの組織・器官の形態的・機能的発達をもたらすことが直接の目的には相違ないが，それだけで十分とはいえない．要するにトレーニングは教育の一環であるから，組織器官の生理学的な発達に加えて，精神的にも適切なものであることが望ましい．要するに「適切なトレーニング」とは人間形成にとって適切なものでなければならない．

6章

力学的エネルギー（出力）と慣性負荷

6-1　筋による仕事

　からだのはたらきを中心としたエネルギーについて工学 engineering の用語を用いて表現すれば，これまで主として述べてきた酸素摂取量（O_2 consumption），高エネルギーリン酸（ATP，PCr），乳酸（LA）などは「入力エネルギー」あるいは「単位時間当たりのエネルギー」とあるため，「入力パワー」ということになる（図6-1）．

　運動に必要なエネルギーを生み出す身体組織は，脳・神経でもなければ心臓血管系でもなく，筋肉 muscle である．著者はしばしばヒトのからだを自動車にたとえるが，ヒトの組織で運動のためにエネルギーを生み出すのは紛れもなく筋肉（とくに骨格筋）であって，他にエンジンに相当する組織

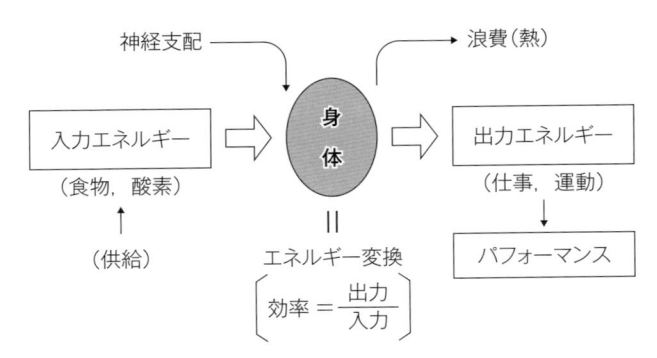

図6-1　身体運動の入力エネルギーと出力エネルギー（金子，1988）

は見当たらない．人間と自動車のエンジンの違いは，自動車が熱機関 heat engine であるのに対し，筋肉は化学機関 chemical engine だという点である．この化学機関は生命現象の大きな役割を演じており，その停止は死を意味する．生命がある限り物質代謝を行い，発育し，さまざまな環境（たとえばトレーニングや暑熱など）に適応することができる．

　化学的エネルギー（入力）は力を介して身体を動かす出力エネルギーに変換される．筋肉（とくに骨格筋）というエネルギー変換器（トランスデューサー）であって，身体運動（パフォーマンス）は出力エネルギーが演出したものに他ならない．この出力エネルギーの根幹をなすものが力学的エネルギー（または力学的パワー）である．力学的エネルギーについては先にも少し触れたように，筋の熱発生も熱力学という力学に属し，また A.V. Hill が好んで用いた「筋力学 muscle mechanics」も生理学と力学の狭間にある．このように生理現象と力学現象を分離して取り扱うことは困難であり，実際には不可能である．そこで本書でも，力学的と生理学的な事象とが混在することは避けられない．

　エネルギーの変換にはエネルギーロス（浪費）がつきもので，たとえば効率が25％なら，残る75％は熱となって散逸し，運動には役立たない．もっとも，仕事にならなかった熱（余剰熱）がまったく無駄かというとそうでもない．暑いときには体熱を放散して体温の鬱熱（自動車ならオーバーヒート）を防がなければならないが，寒いときには体温を上げて生命を維持する．

6-2　力学的エネルギー，仕事，パワー

　「ニュートンの運動の3法則」と並んで重要な法則が「エネルギー保存の法則」である．先述したようにエネルギーにはいろいろな形態があって，たとえば熱エネルギー，化学的エネルギー，電気エネルギー，光や音のエネルギー，核エネルギーなどがあるが，ニュートン力学に登場する力学的エネルギーには，運動エネルギー（kinetic energy；並進運動と回転運動のエネルギー）と，位置エネルギー（potential energy；弾性エネルギーを含む）の2つしかない．

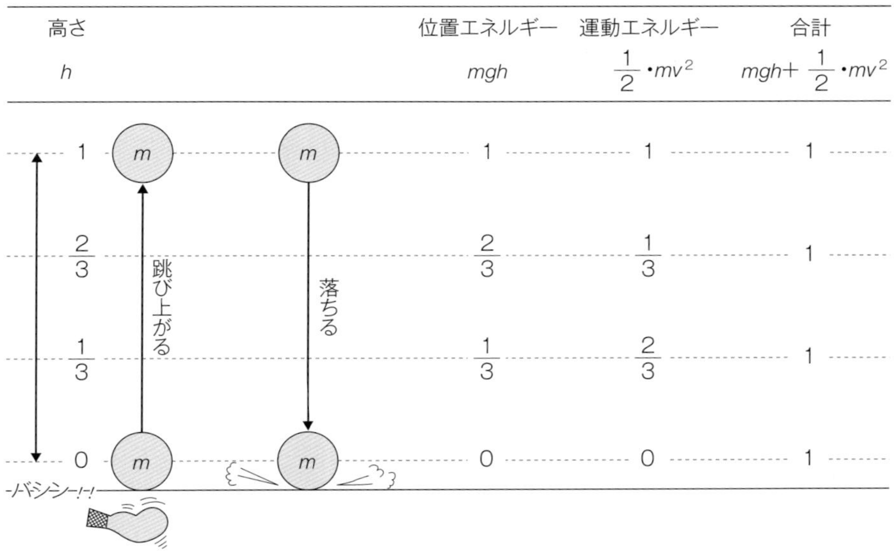

高さ h			位置エネルギー mgh	運動エネルギー $\frac{1}{2}\cdot mv^2$	合計 $mgh+\frac{1}{2}\cdot mv^2$
1	m(跳び上がる)	m(落ちる)	1	1	1
$\frac{2}{3}$			$\frac{2}{3}$	$\frac{1}{3}$	1
$\frac{1}{3}$			$\frac{1}{3}$	$\frac{2}{3}$	1
0	m	m	0	0	1

図6-2　運動エネルギー（$1/2\cdot mv^2$）と位置エネルギー（mgh）の変換（金子，2006）

　最近とくに筋腱複合体のはたらきで注目されている弾性エネルギー elastic energy（バネのエネルギー）は，位置エネルギーに属すると考えることになっている．

　改めて「エネルギーとは何か」を力学用語でいえば，「力を生み出し，物体の運動を引き起こして仕事をすることのできる潜在能力」という表現がもっとも適切のようである．ここで「仕事」とは，物体にある力がはたらいて移動したとき，その力と移動距離の積であり，単位はエネルギーと同じジュール（J）である．

　具体例をあげよう．図6-2のように，あらゆる質量の物体（m）がある高さ（h）にあるとき，その物体は「mgh の位置エネルギーをもつ」という（ただし，g は重力加速度）．この物体が落下してある速度（v）になったとき，その物体は「$1/2\cdot mv^2$ をもつ」という．しかも「エネルギー保存の法則」に従うので，

$$mgh - 1/2\cdot mv^2 = 0$$

$$mgh = 1/2 \cdot mv^2$$

の関係になる（図6-2右の表）．

　これを力学的仕事との関係で説明すると次のようになる．まず「バシン」と打った力が重力（mg）の力に対抗して物体（m）を（h）の高さまで持ち上げたとき，その力は，力×距離すなわち「$mg \times h$の仕事をした」ことになり，その結果，物体は（図6-2の場合）「$mgh = 1$の位置エネルギーをもった」ことになる．次にこの物体はmghという位置エネルギー（潜在能力）をもち，重力によってhだけ落下してVの速度を得たとする．すると，mgの力が物体mをhだけ落下させて$mg \times h$の仕事をし，その結果として物体は「$1/2 \cdot mv^2$の運動エネルギーを得た」ということになる（この運動エネルギーもまた何かに衝突すれば仕事をする潜在能力をもっている）．ここで注意すべきは，位置エネルギーが直接的な落下の原因ではなく，仕事はあくまでも「力（上記の例では重力）」によってなされるのである．つまり，仕事はエネルギーによってなされるのではなく，重力という力によってなされる，ということに注意する必要がある．

　ここでエネルギー保存の法則が登場する．図6-2のように上昇過程でも下降過程でも，位置エネルギーが減った分は運動エネルギーによって保存され，その逆もあるので結局$mgh + 1/2 \cdot mv^2$はどの高さでも一定（$= 1$）ということになる．

　振子時計（図6-3）は，運動エネルギーと位置エネルギーの相互交換を示すよい例である．位置エネルギーと運動エネルギーが保存されるため，外部からは少しのエネルギーを（昔はゼンマイで，今は電池などで）補給すれば，長時間の振子運動がなされる．このようにエネルギー消費が少なく，多量の仕事がなされる運動を「効率がよい」という．

　またトランポリン（図6-4）では，身体の落下によって位置エネルギーがバネに蓄えられて弾性エネルギー（位置エネルギーの一種）となり，その蓄えられた弾性エネルギーがバネの力となって体を放り上げる，という運動である．

　運動エネルギーには，運動の形式が並進運動（単に直進するものと，正面

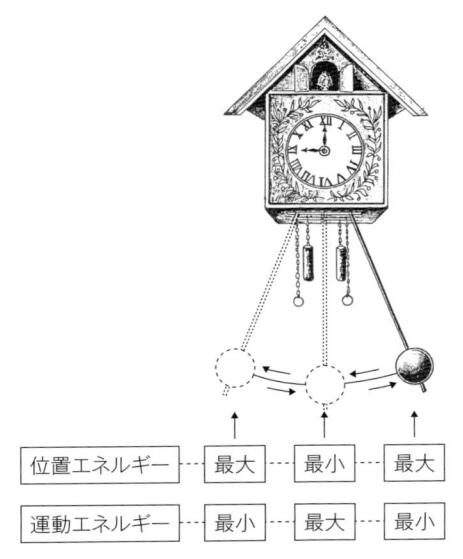

図6-3　振り子時計の運動エネルギーと位置エネルギー
　　　　（Lodge, 1957）

| 位置エネルギー | 最大 | 最小 | 最大 |
| 運動エネルギー | 最小 | 最大 | 最小 |

図6-4　弾性エネルギー（位置エネルギーの一種）の利用
トランポリンでは，バネに蓄えられた弾性エネルギーによる力で弾ね上げられる．身体のエネルギーは，トランポリンを離れるときに運動エネルギーが最大，頂点に上ったときに位置エネルギーが最大となる．

を向きながら斜め方向に移動する直進運動があるため，並進運動という）と，回転運動（物体が回転する）とがあり，同じ運動エネルギーでも回転運動になると上記とは計算法が異なる．

6-3 並進運動と回転運動のエネルギー

並進運動では，動かしやすさ（難さ）の原因が質量（m）そのものでよかった（重量で考えたほうがわかりやすいかもしれない）．つまり，重いものほど動かし難く，軽い物ほど動かしやすいのは当然のことと受け止められるからである．ところが回転運動では，この動かしやすさ（難さ）の原因が，並進運動の m と違って，慣性モーメント moment of inertia となる．結論からいえば，回転運動のエネルギー（rotational energy）は，慣性モーメントを I，回転速度を ω とすれば，

$$\text{回転運動のエネルギー}(Er) = \frac{1}{2} \cdot I\omega^2 \quad \cdots\cdots\cdots\cdots (1)$$

となる．ここで並進運動の物体（m_i）に代わる慣性モーメント（I）とは，

$$\text{慣性モーメント}(I) = \Sigma m_i r_i^2 \quad \cdots\cdots\cdots\cdots (2)$$

と表現されるように，質量の分布が回転半径からの距離（r_i）に関係し，しかも半径の2乗（r_i^2）でかかわってくる．バットを振るときに短くもてば，(慣性モーメントが小さくなって)バットが軽く感ずるのはそのためである．そこで，この慣性モーメントに角速度（ω）を乗ずると角運動量（$I\omega$），$1/2 \cdot I\omega^2$ が回転運動のエネルギーとなる．

しかし理屈はそうであっても，慣性モーメントを求めるのが困難なケースもある．そこでひとつの簡単な方法を紹介したものが図6-5で，図のように一方のワイヤーを車輪に巻きつけ，ワイヤーの他端を荷重に結んで荷重を落下させる．するとエネルギー保存の法則によって，荷重 mg の位置エネルギー mgh は，車輪の回転運動のエネルギー $1/2 \cdot I\omega^2$ と，荷重自体の運動エネルギー $1/2 \cdot mv^2$ とに変わる．エネルギーの量的関係は，

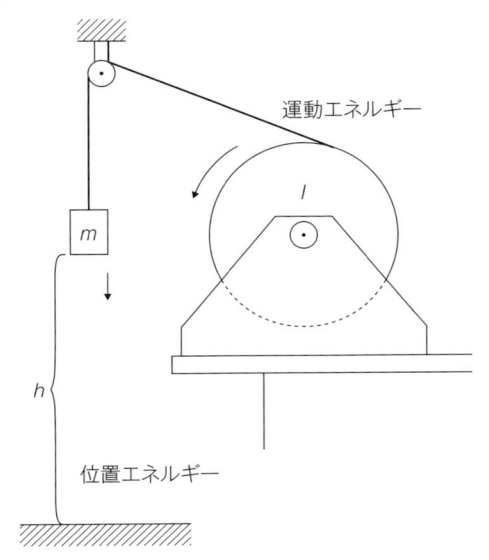

図6-5 位置エネルギーの運動エネルギーへの変換(金子, 1974)

$$mgh = 1/2 \cdot I\omega^2 + 1/2 \cdot mv^2$$

となる．ここで厄介な未知数は慣性モーメント（I）だけである．荷重は mg が高さ h から落下するとき，そのほとんどが最大の位置エネルギーが h の低下分だけ減少する．車輪には簡単な電気接点をつけておけば，1秒間に何回転したかを知ることができ，回転半径の最終速度 v は，車輪の半径 r と回転速度 ω とすると，$v=r\omega$ で計算できるから，未知数の慣性モーメント（I）と，残るは荷重の得た運動エネルギーである．すなわち，

$$1/2 \cdot I\omega^2 + 1/2 \cdot mv^2 - mgh = 0$$

ここで m は荷重の質量，g は重力の加速度，h は荷重を落下する高さ，I は車輪の慣性モーメント，ω は車輪の回転速度（角度は弧度法（ラジアン）を真数に変換して用いる）．

仕事とパワーは，その間に時間が介在するという違いがあるだけである．仕事を厳密にいえば「力学的仕事（mechanical work）」であり，それは（大きさと方向をもつベクトル量とは異なる）スカラー量（大きさだけで方向が

ない) であって，ある力 (F) がある物体 (m；質量) にはたらいて，ある距離 (s) だけ動かした場合，「$F×s$ の仕事をした」という．

他方の力「パワーmechanical power」とは「単位時間当たりの力学的仕事」(端的には「仕事÷時間」と定義される) で，

　　　　パワー＝仕事÷時間＝（力×距離）÷時間＝力×（距離÷時間）
　　　　　　　＝力×速度

となり，平均化する場合のパワーは「仕事÷時間」で計算されるが，瞬時値は「力×速度」で求めることが多い．

位置エネルギーの変化で説明したように，仕事とエネルギーは量的に一致する．したがって，実際上は「単位時間の仕事」を「単位時間当たりのエネルギー変化」と置き換えて，とくに「筋パワーmuscle power」では，短時間にエネルギーが爆発的に発揮される場合に用いることが多い．

また「単位時間当たりの最大酸素摂取量」を「最大パワー」と呼ぶことがあるが，この場合は「単位時間当たりの化学的エネルギーの変化量」を指している．

6-4　慣性負荷の特徴

「筋パワーという言葉は，muscle power に対応する邦語として著者たちが使いはじめたものであって，まだ専門用語とし熟している訳ではない．…」(金子 (1974) の冒頭) と述べたように，当時としては「何のことだい？」と聞かれることが多かった．要するに力を爆発的に発揮する能力のことであるという説明には，それなら垂直跳で測る「瞬発力」があるではないかと反論される．しかし「垂直跳」では力学的な意味があいまいで，パワーの構成要素である力や速度の条件を簡単に変化させるわけにはいかない．したがって，時には瞬発的な等尺性収縮（パワー＝0）までが，瞬発力として取り扱われていた．時代が進んで，改訂された文部科学省の新体力テストでは，垂直跳が立幅跳に変わったとはいえ「筋パワーテスト」という言葉が用いられるようになった．

当時としては，握力や背筋力といった筋力（等尺性最大筋力）が筋機能を代表する指標であったところに，「力×速度」という速さを加味した「筋パワー」なるテスト法が導入されたので，それなりに新鮮味があった．しかしながら，体育・スポーツ科学の発達した今日でも，「筋パワー」の重要性と実際への応用が十分であるとはいえない．著者は「伝承の義務」を念頭に，ここに「筋パワーテスト」を勧めたい．

閑話コラム（7）＜臨床医と生理学者の違い＞

　しばしば思い出されるのは，A.V. Hill が「Lancet（メス）」という雑誌に書いた「臨床医と生理学者は違う」という一文である．直訳すると次のようになる．「臨床医の場合，無知を告白するには勇気のいることだといわれる．しかし生理学者にはそれが必要でない．たとえその研究で十分な結論に至っていなくても，何かを主張することのほうがむしろ勇気ある行為である．私はしばしば摘出筋で得た観察結果をヒトに当てはめてきた．それは危険なことには違いないが，生理学者はそれを修正しながら育ててゆくことが許される．ただし，大切なことは，妙な理論が事実（実験結果など）を曖昧なものにしてはならない．理論も重要だが事実はさらに重要だからである」と．

　注釈をつけるのはおこがましいが，思い当たることが少なくない．臨床医は生死をかけた患者を前に，自らの無知を告白することはきわめて辛いことに違いない．臨床に携わる医師は「石橋を何度も叩いて渡り，生理学者は石橋を叩いて何か危険を感じても大胆に渡れ」という意味であろうか．それはまさに生理学者 A.V. Hill 自身の人生の歩み方そのものであったように思われる．わが師の猪飼も「恥をかきながら人生を歩もう」としばしば著者を諭し，自らもその手本を示された．本書の執筆もその例に漏れない．

6-5 慣性負荷によるパワーテストのすすめ

筋パワーテストには「どんな負荷を使うか」がひとつの大きなポイントである．

重力負荷については，体重や荷重などが「負荷」としてよく理解されている．しかし慣性負荷については「宇宙における負荷です」などといってもピンとこない．ところが，ニュートンの法則では，第一法則に「質量」があって，第二法則で「質量×重力の加速度」が定義されるように，「まず質量ありき」から始まるのである．つまり，

$$\text{慣性負荷（質量）} \quad F = ma \quad \cdots\cdots\cdots (1)$$

$$\text{重力負荷（荷重）} \quad F' = mg + ma \quad \cdots\cdots\cdots (2)$$

であるから，違いは「重力負荷の場合は重力 mg が加わる」という点である（図6-6）．

図6-6で，物体（質量：m）を手で投げる場合，真横に投げるときには負荷が「慣性負荷（質量：m）」となる．このときはたらく力（f）は加速度（a）に比例する．すなわち，（1）式である．この場合は，ほんの少しでも力が与

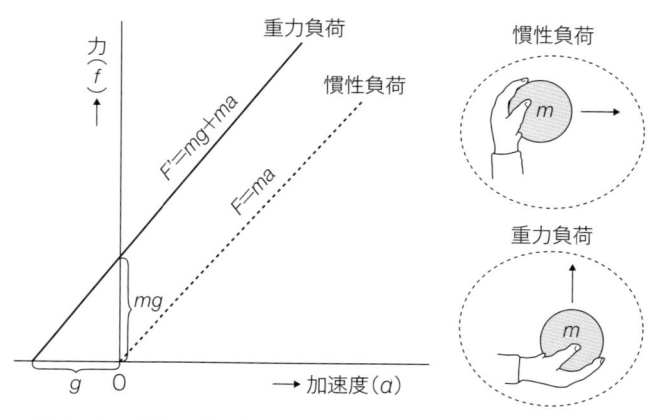

図6-6　慣性負荷（質量）と重力負荷（荷重）（金子，1974）

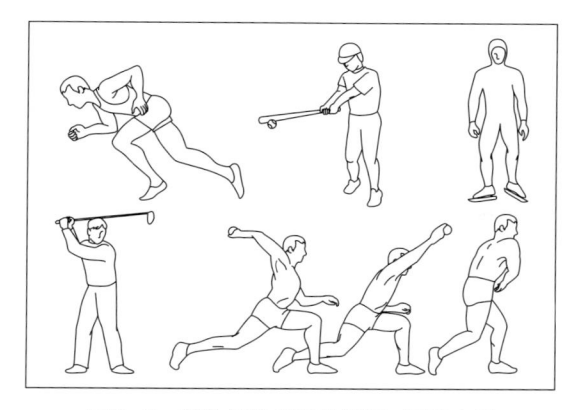

図6-7 慣性負荷の需要が多い運動の例

えられれば，その力に応じて正直に物体は加速される．つまり確実に加速度 a で「動く」のである．

一方の荷重ともいわれる重力負荷は，重力加速度 (g) の作用する負荷 (mg) を支えたうえで，慣性負荷 (ma) が関係する．つまり (2) 式である．この場合は，いくら力を加えてもその力が荷重 (mg) を上回らなければ上方へは投げられない．等しければ「支える」ことはできる．重力負荷で「等速度，すなわち加速度 a がゼロ」で上方へ投げたときにも，力はゼロである．つまり荷重の場合は，支えているだけのときと，等速で動いているときは，外部からの力がはたらいていない．

図6-7に種々の運動例を示した．たとえば，スケートを例にとれば，体重を支えるのは重力負荷であるが，身体を推進するのは慣性負荷（質量：m）である．したがって，スケートシューズを履いて立っている人は，子どもが押しただけでも滑りだす．野球のバットやゴルフのクラブを振る場合にも，重力負荷の関係する部分より，慣性負荷の関係する負荷のほうが圧倒的に多いと考えられる．サッカーのシュートはもとより，ランニングでも前方への推進力は「対質量」の問題である．野球などのように水平方向のボールを投げる場合も，ボールが慣性負荷として抵抗（慣性抵抗）を与えていると考えられる．

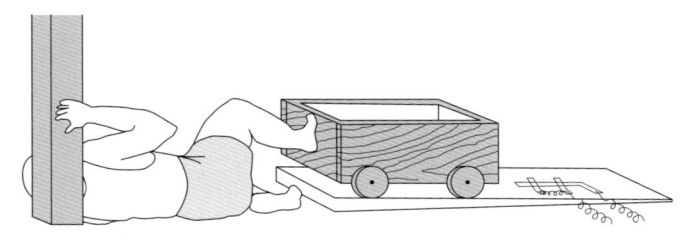

図6-8 慣性負荷に対するキック速度の測定（星野，1961）
車輪の摩擦を考慮して床を斜面にしている．

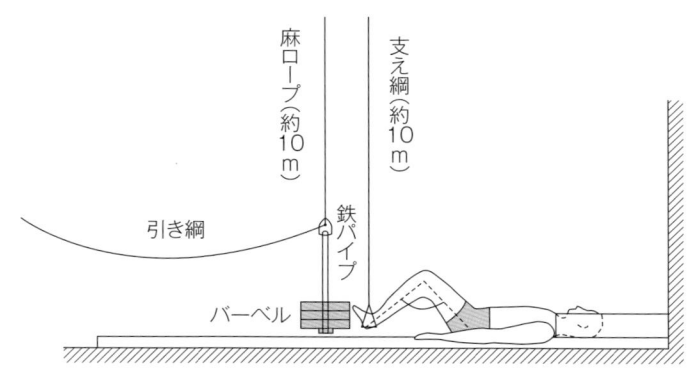

図6-9 慣性負荷による脚伸展パワーの測定（小林，1961）

　物理学者はやはりニュートンの法則である「質量」負荷をもとにテスト法を考えるようで，図6-8は物理学出身の星野（1961）が考えた脚パワーテスト法である．車輪の摩擦分として少し斜面をつけてあり，箱車の先には速度を測るための「電鍵」が取り付けられていて，全力で種々の重さの負荷を載せた箱車を蹴ることによって，脚伸展による負荷―速度関係の法則性を調べることができる．

　図6-9は，これもまた物理学出身でバイオメカニクスの先達である小林（1961）の脚伸展パワーテスト法である．重力は天井からのロープで支え，負荷は完全な慣性負荷となっている．この方法で負荷―速度関係が調べられた．

　興味深いことに，両物理学者の考えた慣性負荷テストと同じテストが可能

図6-10　慣性車輪による"最大仕事"の測定（Hill，1922）

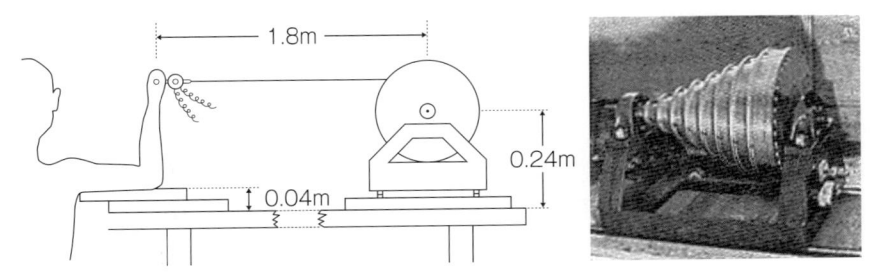

図6-11　慣性車輪による"筋パワー"の測定（金子，1974）

な方法に，Hill（1922a）の使用した慣性車輪 inertia wheel（図6-10）があることを知った．文献には設計図もあったが，どうしても数値が読み取れないため，適当な半径と慣性モーメントで車輪を作成した（図6-11）．この慣性車輪の慣性モーメントの計算は，図6-5の方法で較正した結果，慣性モーメント（I）は 27.4×10^5 g·cm であった．全体の慣性モーメントが決定したが，ワイヤーを巻きつけて引く車輪の半径によって負荷（等価質量）が異なる．その負荷こそが慣性負荷（質量：m）に外ならない．この算出には，「力のモーメントは角運動量の時間微分に等しい」という角運動量の定理から，

$$Fr = I \cdot d\omega / dt$$

となり，したがって，

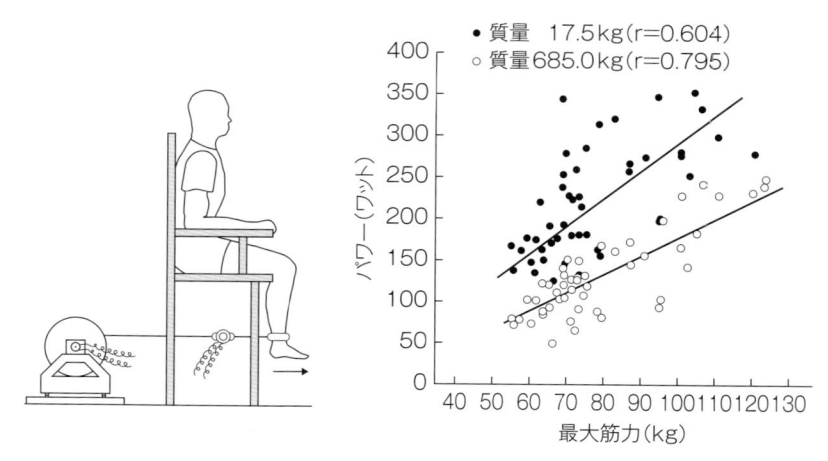

図6-12　慣性車輪による膝伸展パワーの測定（左）と測定結果（筋力とパワーの相関）（猪飼と金子，1963；金子，1974）

$$F = I/r^2 \cdot d\omega/dt$$

となる．

　ここで，$r \cdot d\omega/dt$ は力の作用点における接線方向の加速度であり，I/r^2 は半径 r における質量（m）と同じことになるので，各半径の質量（等価質量といった）がわかる．厄介なのは全体の慣性モーメントであるが，それは前に述べた実験（図6-5参照）で求めればよい．後は車輪に巻きつけるワイヤーの半径を考慮する程度で難しいことはない．是非ともこの慣性車輪を再現して，図6-12のような運動能力の基礎となる筋機能のテストを行って欲しい．

　図6-11は著者が A.V. Hill を倣ねて作製した慣性車輪である．Hill との相違は，Hill が慣性車輪を肘屈曲の「仕事 work の測定」に用いたのに対し，猪飼と金子（1963），金子（1974）は，肘屈曲と膝伸展の「筋パワー muscle power の測定」に用いた点にある．図6-11，12の測定風景にみられるように，牽引ワイヤーにストレインゲージ式の張力計を連結し，牽引時間（t）を同時に調べたのはそのためで，回転速度から仕事（$W = 1/2 \cdot I\omega^2$）を知り，これを牽引時間（t）で除してパワー（P）を求める．すなわち，パワー（P）$= W/t = (1/2 \cdot I\omega^2)/t$ である．

閑話コラム（8）
＜慣性車輪を懐かしむA.V. Hillと猪飼の心境＞

　定年後1965年に著した「Trails and Trials in Physiology」でA.V. Hillは，研究室と密接に関連する研究を年代順にリストアップし，それぞれを「寸評」している．たとえば，ある論文では「この結果はカエル筋と同じで目新しいものは何もない」とか，またある論文では「時には役立つかも」とか，W.O. Fennについては随所に触れ，「Fennの洞察は歴史的なものだった」と褒めたり，チョッピリ皮肉ったり，弟子でありながらFennが論敵でもあったことが伺われる．

　そんなな中で慣性車輪について触れ，「この論文を書いた40年後に，東京大学教育学部の猪飼道夫教授のところで同じような慣性車輪がつくられ，多くの近代的な改良を加えて競技者の"パワーと筋力"の測定が行われていることを知った（p86）」と書かれていた．望外の喜びとはこのことである．

　慣性車輪を思い立った心境を猪飼教授は，遺稿（1972）の中で次のように述懐している．「…端的に言えば人体をエネルギー発生機関としてみたとき，その性質と容量はどんなものかが分析の対象となり，ヒル先生の著書 Living Machinaryそのものである．そのころわたしたち東大体育の研究室の狭い空間は，A.V. Hillのスピリットで充満する数年が続いた．そしてヒル先生ご本尊が1965年に尋ねてこられたときが，わが研究グループの頂点の一つであったろう」と．

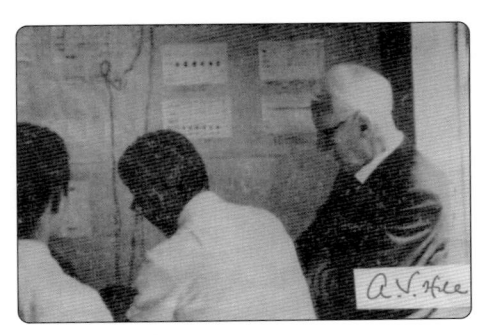

慣性車輪の説明（著者）を聞くA.V. Hill（1965）

6-6 慣性車輪の利点

慣性車輪法の利点（面白さ）をもう少し述べよう．慣性車輪を使うと，半径の異なる滑車にワイヤーを巻くだけで，慣性負荷を 17.5～685 kg に変化させることができる．たとえば 685 kg の負荷とは，$F=mg$ の質量 m であるから，685 kg 重の物体を天井から吊るしてあるのと同じである．水平方向に押すと，（力の大きさによって加速度が変わるだけで）指一本でも，赤ん坊の力でも動かすことができる．ただし，その車輪の回転速度（したがって仕事やパワー）は，「いかに速くワイヤーを引くことができるか」にかかっており，それがテストの評価対象となる．

これを利用してスポーツ選手の膝伸展パワー（＝力×速度）を調べ，最大筋力（静的筋力）との相関を調べた結果が図6-12右のグラフである．○が

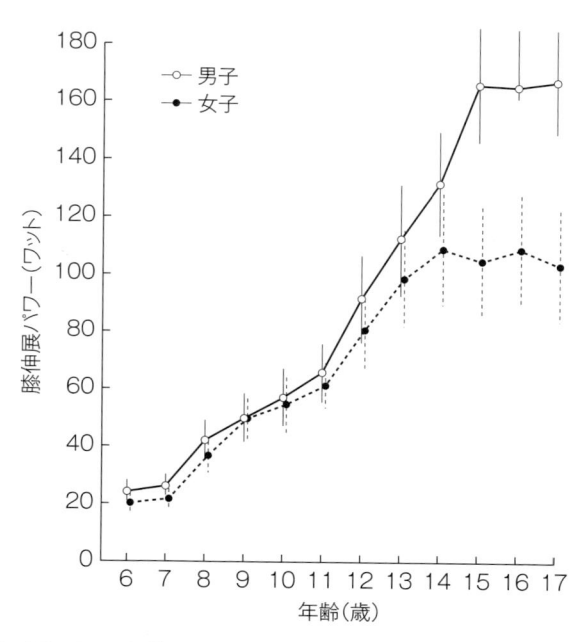

図6-13 同一負荷（質量30.3kg）を全年齢の被験者に適用したときの膝伸展パワーの発達（金子，1974）

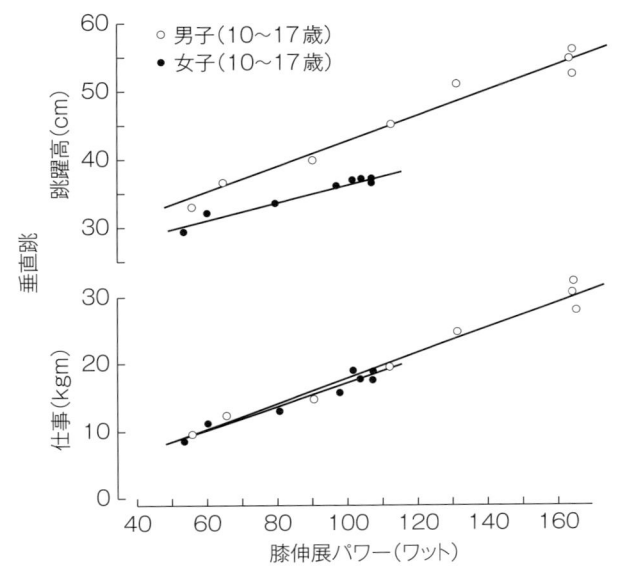

図6-14 図6-13のパワーと垂直跳（各被験者の体重が負荷）の跳躍高と仕事量の関係（金子，1974）

685 kgの負荷，●が17.5 kgの小さな負荷（重力に関係のない質量）に対するパワーの場合である．大きな負荷のとき（●）は，重いものを引くように強い筋力を使うため最大筋力との相関が高いが，負荷が小さい場合は速度のかかわる度合いが大きくなるため，最大筋力との相関は小さくなる．実際にテストを受けてみると，大きな車輪にワイヤーをかけて17.5 kgの小さな負荷にした場合は，まるで「空振り」をさせられるかのような気持ちになる．すなわちテスト結果が，筋収縮の速度と加速度に大きく依存する．

車輪の面白さは，先述のように牽引される負荷（m）が純粋に$F=ma$に従うものであるという点にある．したがって，たとえば発育にともなう筋パワーの発達をテストする場合，まったく同一の負荷を全年齢の被験者に適用することができる．図6-13は30.3 kgという一定の質量負荷に対して，全力の膝伸展をさせた場合の筋パワーの年齢による変化（発育）を示したものである．垂直跳では個人の体重（重量）が負荷となるので，発育にともなう体重

の増加によって負荷が増加することになる．

　しかしながらこれまた興味深いことに，図6-14が示すように，慣性車輪で得られた膝伸展パワーの成績と垂直跳の跳躍高と力学的仕事（体重×跳躍高）は，いずれも直線関係で示されるような，密接な関係にある．つまりこのことは，垂直跳の発育が膝伸展の筋パワーの発育に直接影響していることを示すものであり，同時に，垂直跳テストがいかに脚パワーを代表する優れたテストであるかを示唆するものである．

7章
筋力学の展開

　ダイナミックな筋収縮の原理となる法則に「力―速度関係 force-velocity relation」がある．この法則をめぐるドラマを紹介する前に，「力―速度関係」とはどのような法則なのかを説明すると，Hill（1922a）は「ヒトが最大努力で腕の屈筋を収縮させた場合，腕屈曲の速度は外的な負荷条件に左右される．つまり負荷が大きければ屈曲速度は小さく，負荷が小さければ速く屈曲する」と表現している．Hill 門下の Wilkie（1950）は，「軽いものは重いものより素早く持ち上げることができる．つまり，物を持ち上げる速度は物体が重ければ重いほど遅く，極端に重くなれば動かすことさえできない」と説明しているように，「大きな負荷ほど動かす速度が遅くなる」現象は，誰もが感覚的に知っている．
　当然のようにも思えるこの力と速度の法則が，師弟の間で15年にもわたり議論された．

7-1　Hill の「粘性理論」否定に至るドラマ

　「筋力学」「人間機械」といった言葉は，スポーツマンであった A.V. Hill が好んで用いた言葉である．すなわち，筋力学 muscle mechanics では，筋収縮の力がエンジンのはたらきをしてさまざまな運動・スポーツを展開し，あたかも人間機械 human machinery をみるような世界が現出する，ということであろう．
　われわれの筋は，軽い物体であればあるほど速く動かすことができるが，大きな力を発揮することはできない．逆に表現すれば，重い物体であればあ

るほど，大きな力が発揮されるが運動の速さは低下する．きわめて当然のことのように思えるこの「力―速度関係」が，初期の筋生理学（筋力学）におけるひとつの大きなドラマとなった．

　筋が長さを変える等張性収縮（短縮）をするとき，短縮速度には負荷によってある限界があり，負荷がゼロの状態でも無限に速くはならない．その原因は何か．この課題を前にして Hill（1920）は，慣性負荷（慣性車輪と同原理）を用いたカエル筋の実験から，「筋収縮速度に限界を与える原因が筋肉のもつ粘性 viscosity にあるのではないか」という結果を得た．そして Hill はこの事実を確かめるべく慣性車輪 inertia wheel を作製し（図6-10，p73参照），人体筋の肘屈曲運動における仕事（W）と速度（v）の間を調べて，仕事と速度の間には，

$$W = W_0 - \frac{k}{t} \quad \cdots\cdots\cdots\cdots\cdots\cdots\cdots\cdots\cdots\cdots\cdots\cdots\cdots\cdots\cdots\cdots\cdots\cdots\cdots (1)$$

ここで，W_0 は理論的最大仕事，k は粘性を想定した係数，t は時間．という一次関数の力―速度関係があることを確かめ，この結果を基に「筋収縮の速度制限因子は粘性にあり」とする粘性理論 viscous theory を提唱した．すなわち，筋の発生するエネルギーは一定で，短縮速度が増すにつれて粘性抵抗に奪われるエネルギーが増加し，そのため速度が小さくなる．最高速度に限界があるのもそのためであるとした（ここで仕事は，力に距離を乗じたものであるが，距離を一定としたため「仕事―速度」が「力―速度」に読み替えられ，「力―速度関係は直線」の理論になったものと思われる）．

　この理論に真っ向から反対したのは，アメリカからロンドン大学の Hill の下に留学していた W.O. Fenn である．Fenn（1923）は，負荷が一定となる Levin-Wyman Ergometer（図7-1）を用いて，カエルの摘出筋の速度が（Hill のいうような直線ではなく）曲線的であることを示した．この結果を元に Fenn は，短縮速度に限界があるのは（Hill がいうような機械的な粘性ではなく），化学的なエネルギーの反応速度に限界があるからであるとした（著者はこの論文がなぜ Fenn の"単独論文"として発表されたのかわからなかった）．その後このドラマの背景には，Fenn の論文が師の Hill の見解

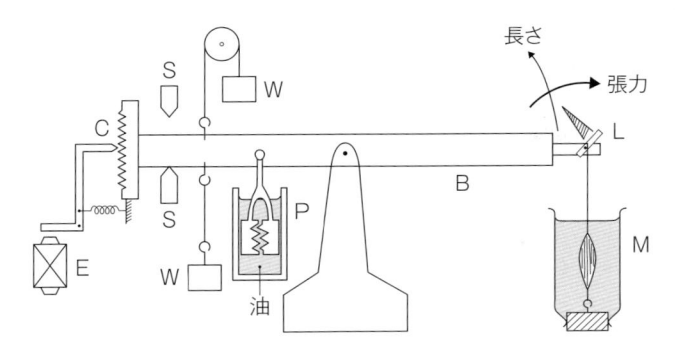

図7-1　Levin-Wymanのエルゴメータ(Fenn, 1923)
Bは等張性てこ．重りWでBを動かす．Sはストップ．Pはダッシュポットとピストンで，負荷が一定になるように調節する．Cは掛け金で電磁石EによりこれをはずしてBを解放する．Mは筋．Lは等尺性てこ．Lにより筋の張力の，Bにより筋の長さの変化を記録するので，張力―長さ曲線が得られる．

とは異なる結論を導いていたためではないか，と推察するに至った．Fennはまた同論文（1923）で，「等張性収縮における産熱量はつねに等尺性収縮のときより多く，その産熱量は短縮量に比例する」という，後にフェンの効果（Fenn's effect）と呼ばれる法則を発見している（3章参照）．アメリカに戻ったFennは，Marshとともにカエルとネコで実験し（FennとMarsh，1935），力―速度関係が次のような指数関数であることを示した（図7-2）．

$log(W+kv) = log W_0 - av\, log\, e$

または，

$$W = W_0 e^{-av} - kv \quad \cdots\cdots\cdots\cdots\cdots\cdots\cdots\cdots\cdots\cdots\cdots\cdots (2)$$

ここでWは力，W_0は等尺性最大張力，kは粘性係数，aは張力ロス係数．

このFennとMarsh（1935）の導いた式は，Hillによる（1）式と対応している（ただし，Wが仕事ではなく「力」であることに注意）．それは，Hillの式との相違を明確にする意図からであろう．なお，図7-2ではまた（直線の勾配が示すように）低い温度になればなるほど定数aが大きくなること，つまり張力ロスの比率が増加することも明らかにしている．

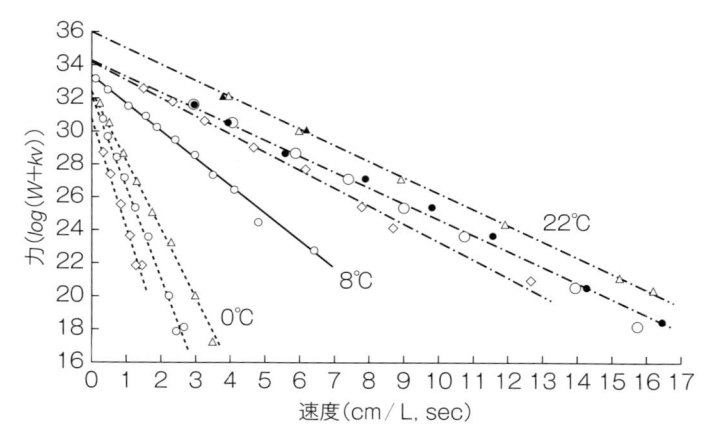

図7-2 力（W）と速度（V）の関係（Fenn, 1935）
ただし，Y軸は（$W+kv$）の対数，k は粘性定数，X軸は筋長当たりの短縮速度．

7-2　荷重法による力―速度関係の確認

　上記は Hill 門下の Fenn による研究結果（後に Hill は歴史的偉業と賞賛）であるが，Fenn が「力―速度関係は直線ではなく曲線であり，したがって，速度制限因子として単純に「粘性理論」を提唱することは適当でない．むしろ化学的エネルギーの生成に時間を要するからと考えたほうが妥当である」，と師匠に反論した．

　最初の反論が 1923 年，それから数えると 15 年の歳月を経て，Hill（1938）は Fenn の異論を徹底的に検証した．生涯にわたり Hill を支えた技師の A.C. Daowson 氏が精度の高い熱電対の製作に成功したためにできた実験だ，との理由が述べられている．以前は慣性負荷を用いていたが，この時は Fenn と同じく Levin-Wyman エルゴメータ（負荷が一定となる）を使用した．その結果，次式（3）で示される直角双曲線型の式（後に Hill の特性方程式と呼ばれた）を得て，Fenn（1923）以来の彼の研究が妥当（曲線）であったことを認めた．そして退官直後に出版した著書「Trails and Trials in Physiology」では，「Fenn の結果は正しく，その時に彼が述べた言葉も今や歴史的といえる」

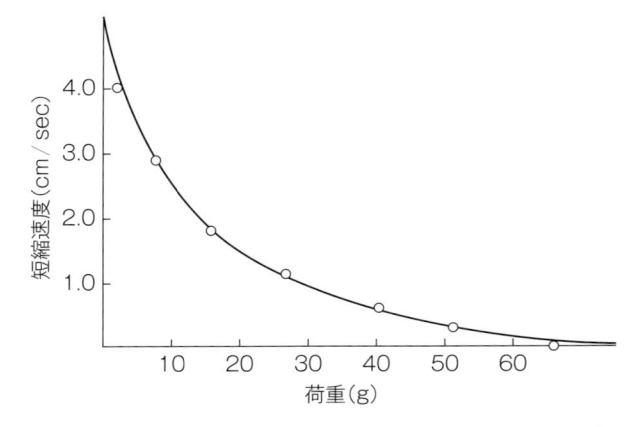

図7-3 等張性収縮における力―速度関係(Hill, 1938)
カエルの縫工筋.筋長38mm. 0℃リンゲル液11.4回/ secの刺激頻度（強縮）. 方程式 (P+14.35)(v+1.03)=87.6

と賞賛した.また英国流の皮肉を交えて「あの時私が彼に貸した（精度の悪い）計器では不可能だったはずだが, 彼の洞察は正しかった」とも付け加えている.

新たに得られた式は次のとおりで（図7-3）, Hill の特性方程式（Hill's characteristic equation）と呼ばれている.

$$(P+a)(V+b) = (P_0+a)$$

または,

$$(P+a)(V+b) = b(P_0+P) \quad \cdots\cdots (3)$$

ただし, P は力, V は速度, P_0 は最大筋力, a, b は定数（dynamic constants）である.

この式を導くには,

$$P = \frac{b(P_0-P)}{V-a} \quad \cdots\cdots (4)$$

P（力）を縦軸に, $(P_0-P)/V$ を横軸にして（4）式に測定値を代入すると,

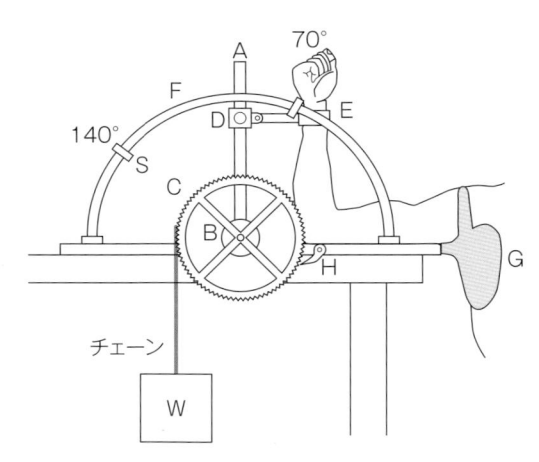

図7-4 荷重を用いたパワーエルゴメータ(金子,1974)
A:前腕とともに回転するレバー,B:レバーに直結したエレクトロゴニオメータ,C:チェーンをかける円型ギア,D:手首の長さに合わせて調節する留め金,E:手首のベルト,F:レバーの移動範囲を規定するブリッジ,G:脇を密着するパッド,H:ギアが引かれた後の逆回転を防ぐストッパー,S:レバー回転のスタート点,W:荷重

$(P_0-P)/V$ の勾配が定数「b」であり,$(P_0-P)/V$ と P 軸との切片が定数の「a」となる.

この力—速度関係を求めるうえで重要なことは,以下の2点である.
(1)重力負荷法を用いて,運動の終末時(速度が最高になることろ)に測る.
(2)筋の「力」と「速度」の値を,筋の長さが等しい条件下で測定する.

(1)の重力負荷は,運動の終末で等張力,等速度条件が得られやすいからである.慣性負荷は力が一定にならないので不適当である.最近ではアイソキネティック装置を使った実験も行われているが,なぜかHillの特性方程式には当てはまり難い曲線が得られる.また,力と速度の測定を同時点で行わない場合は,あたかも力を疾走開始時に測定し,速度は最高速度を測定するようなもので,力—速度関係に当てはめることはできない.つまり,慣性車輪やアイソキネティック装置では,筋収縮の張力と速度が同時に一定にならない.直角双曲線型の力—速度関係が得られないのはそのためである.事

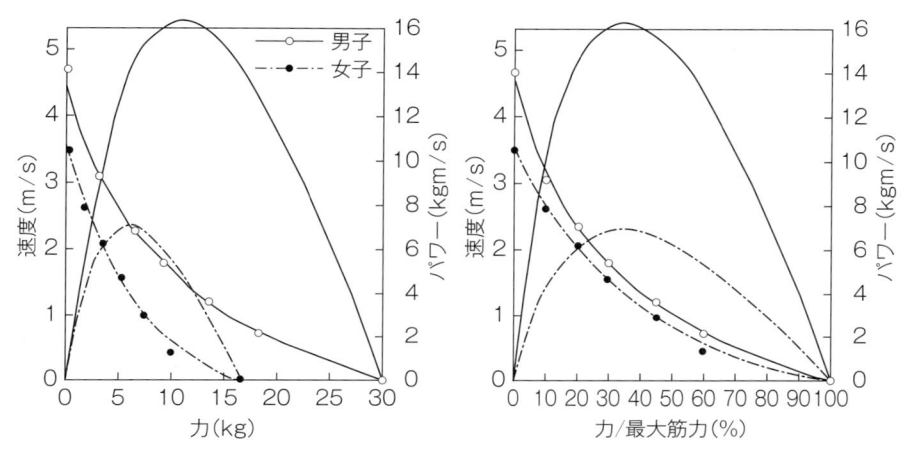

図7-5　荷重法による力—速度関係とパワー（金子，1974）

　実，数学出身のA.V. Hillが，あれこれ難解な数式を駆使して慣性車輪のデータを過重負荷法の力—速度関係に変換する道を探ったが，どうやら無理だったようである（Hill，1940）．

　図7-4は著者が最初に作製した重力負荷（荷重負荷）装置である．実際には腕と長レバーの間に張力計を挟んで，肘屈曲の終末には腕にかかる力が一定（等張力）で速度も一定であることを確かめた（金子，1974）．力＝荷重であるから，それに終末の速度を測れば力—速度関係となり，それぞれの座標の力と速度を掛け合わせれば，上に凸の力パワー曲線が得られる．図7-5は男子13名，女子15名の平均曲線で，男女比（女／男）は，最大筋力が約55％，最大速度は約70％であった．

　力—速度関係からパワーを算出するに，先の（3）式を書き換えて，

$$V = \frac{(P_0+a)b}{P+a} - b$$

$$= b\left\{\frac{P_0+a}{P+a} - 1\right\}$$

となり，両辺にPを乗じると，

が得られ，これが力（P）に対するパワー（PV）の曲線を表す式である．

そこで，パワーが極大値をとるときのPの値を得るために$d(PV)/dP=0$とおいて（5）式を微分すると，

$$P = a\left\{\sqrt{1+\frac{P_0}{a}}-1\right\} \quad\cdots\cdots\cdots\cdots\cdots\cdots\cdots\cdots (6)$$

$$PV = bP\left\{\frac{P_0+a}{P+a}-1\right\} \quad\cdots\cdots\cdots\cdots\cdots\cdots\cdots\cdots (5)$$

が得られ，もし力を等尺性筋力に対する割合とするなら，

$$\frac{P}{P_0} = \frac{a}{P_0}\left\{\sqrt{1+\frac{P_0}{a}}-1\right\} \quad\cdots\cdots\cdots\cdots\cdots\cdots\cdots\cdots (7)$$

である．

したがって，（6）式または（7）式のa，P_0の値を代入し，得られたP（またはP/P_0）が最大パワーの出現する条件であり，Pの値を代入すれば速度の条件がわかる．

7-3　ヒトの最大パワーの出現条件

上記のように筋による実験はまずカエル筋で行われるが，それがヒトにも適用できるかどうかは，分野を問わず大切なことである．A.V. Hill の力—速度関係（特性方程式）がヒトの筋（肘屈筋）でも成り立つことを最初に証明したのは Hill 門下の Wilkie（1950）である．彼は5名の被験者の力—速度関係がいずれも Hill の特性方程式に合致することを示した．先に示した著者の例では，最大筋力が男女群でともに最大筋力の約35％の発揮にともなって出現した．文献的には，動物の相違（カエル，カメ，ウサギなど）や筋の種類（速筋と遅筋）などにより，15～50％の幅がある（金子，1988）が，著者が実験した人体筋では「最大筋力の約1/3のときに発現する」と結論した．

もっとも，$P = b(P_0-P/V) - a$ が直線となれば，直角双曲線に見事に乗るはずであり，そうなれば，最大パワーは最大筋力の約30％で出現することになる．この点については，近年の日本体育学会大会で篠原ら（1997）が，1,000

表7-1 筋線維の分類とその対応

収縮特性	収縮・代謝特性		色調
遅筋線維（ST線維）	SO線維		赤筋線維
速筋線維（FT線維）	FTa線維	FOG線維	中間筋線維
	FTb線維	FG線維	白筋線維

余名の被験者について著者と同様の方法で力―速度関係を調査した結果を発表した．その結果は著者のもの（金子，1974）と同じであったという．

7-4 筋線維タイプと可塑性

　筋肉には赤味の多い赤筋と白身の多い白筋のあることが古くから（19世紀末以来）知られていたが，その内容（組成や機能）が詳しくわかってきたのは，ニードルバイオプシー（針生検法）による研究が（とくに北欧において）盛んになった1960年代以後のことである．

　針生検法は大腿四頭筋の外側広筋（上肢なら肩の三角筋）で行われる．局部麻酔をして1cmほど切開し，細いペンシルほどの太さの針を差し込んで筋標本を抜き取る．赤白の色調は赤味を帯びたミオグロビン（ミオは筋，血液ではヘモグロビン（ヘモが血液））が多いか少ないかに関係している．赤筋は酸素を含むミオグロビンが多く，収縮は遅いが持久性にすぐれている特徴があり，白筋は逆に短縮速度は速いが持久性に欠けることがわかってきた．その名称が研究者によって相違するという不都合が出てきて，文献を読む者にとっては甚だ厄介となった．

　そこで著者なりに整理してみたものが表7-1である（この方面の専門家からみると，若干の異論があるかもしれない）．また，遅筋線維をタイプⅠ（またはST），速筋線維をタイプⅡのタイプⅡa（FTa）を中間筋に近い速筋線維，タイプⅡb（FTb）を明確な速筋線維とする文献も少なくない．

　これらの性質を異にする筋線維をトレーニングするとどうなるか．どうや

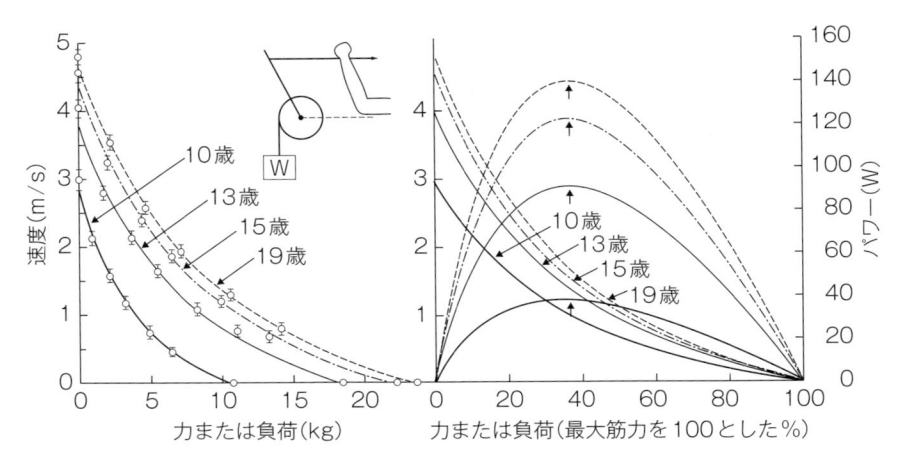

図7-6　発育期の肘屈曲動作にみられる力―速度関係の発達（淵本と金子，1981）

ら中間筋線維がその変化（可塑性）の鍵を握っているらしい（詳細は拙著「パワーアップの科学」参照）．

　ヒトの変化でもっとも著しいのは発育による変化（図7-6）である．ここでも，ヒトの最大筋パワーは，年齢に関係なく，最大筋力の約1/3であることがわかる．こうした筋機能の発達は，最大筋力の発達（福永，1978）に関係しているように思われる．一方，最大速度（無負荷）にも明らかな発達が起こるが，最大速度と最大筋力とは互いに相関のない別物なのである（金子，1974）．筋力と速度の量要素を併せ持つパワーの発育発達を調べ，（スキャモンの発達曲線に照らすと）最大速度より最大筋力に近い発達パターンを示す（Kanekoら，1987a）．

7-5　筋パワーの可塑性

　筋パワーのトレーニングに関する研究結果はすでにその詳細を報告した（金子，1974・1988）が，そのもっとも重要な点は図7-7に示したような「トレーニングの特異性」であった．つまり，最大パワーをもっとも効果的に高める負荷は最大パワーが発揮される負荷（最大筋力の約30％）であり，また，

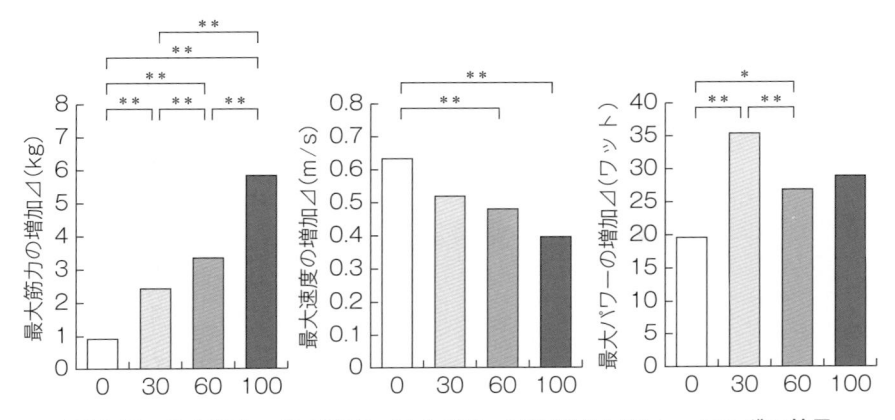

図7-7 最大筋力，最大速度，最大パワーに及ぼす4種トレーニングの効果
（金子ら，1981）
Y軸：トレーニングによる増加分，X軸：最大筋力を100％とした負荷強度（％）．最大筋力は最大筋力の発揮（100％）により，最大速度は最大速度の発揮（0％）により，最大パワーは最大パワーの発揮（30％）によりそれぞれ効果的に高められる．

最大速度は最大速度の反復によって，最大筋力は最大筋力の反復によって，それぞれもっとも効果的に向上することを報告した．

7-6 力―速度関係と複合トレーニング

次のステップとして，この「トレーニングの特異性」を上回るトレーニング負荷を模索した結果，たとえば最大パワーをより一層効果的に高めるのは，最大パワーの発揮される30％負荷に加えて，同時に筋力トレーニング（最大筋力の100％負荷）を行ったらどうか，という「複合トレーニング方式 combined training」に思い至った（田路ら，1989）．この考え方を適用して肘屈筋による複合トレーングを行った（田路ら，1995；Toji ら，1997・1999）．

図7-8はこのトレーニングに使われた荷重負荷装置である．一見すると金子（1974）の最初の装置（図6-11参照）とよく似ているが，負荷を吊る

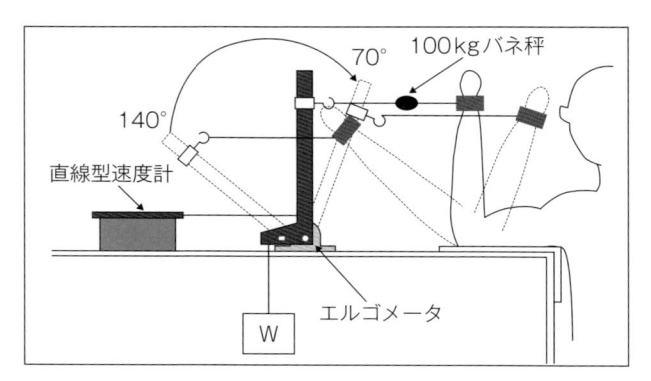

図7-8　複合トレーニング実験に用いられたウィルキー型エルゴメータ（金子ら，1981）

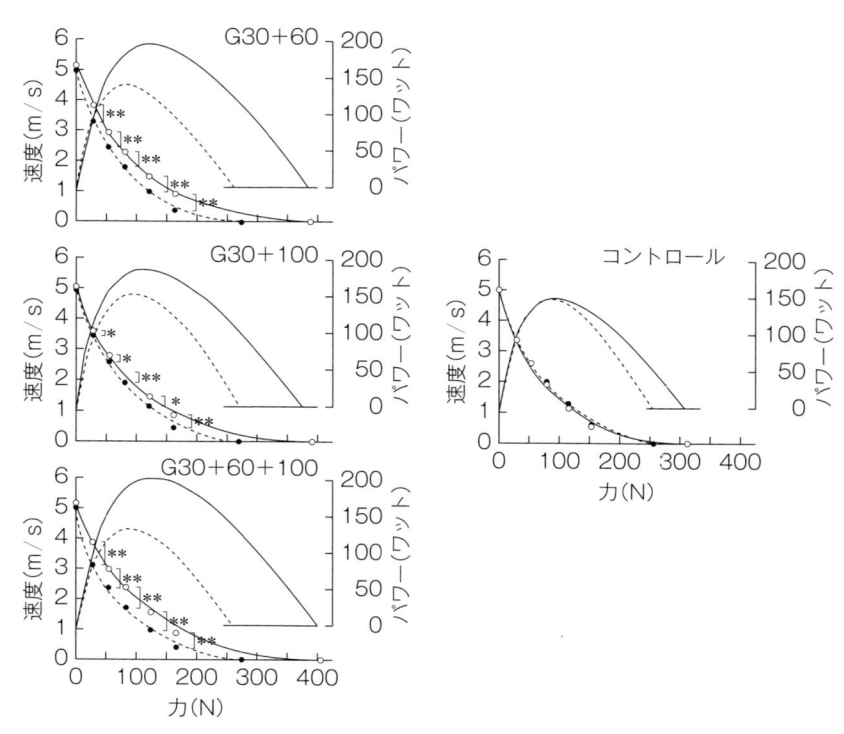

図7-9　肘屈筋の力―速度関係（下に凹）とパワー（上に凸）に及ぼす複合トレーニングの効果（田路と金子，2002）
*: $p<0.05$, **: $p<0.01$

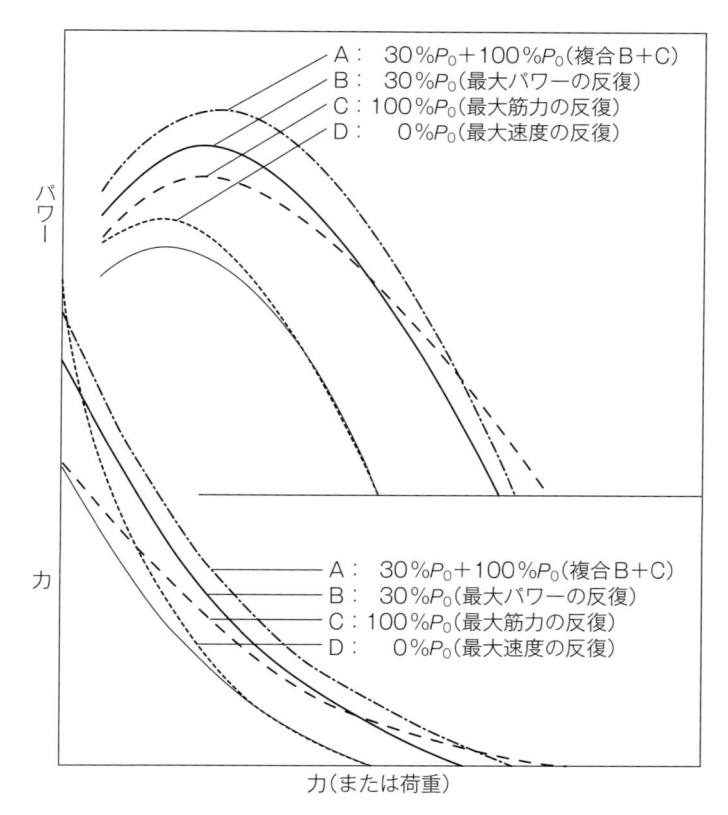

図中ラベル:
- A: $30\%P_0 + 100\%P_0$（複合B＋C）
- B: $30\%P_0$（最大パワーの反復）
- C: $100\%P_0$（最大筋力の反復）
- D: $0\%P_0$（最大速度の反復）

縦軸:パワー / 力　横軸:力(または荷重)

図7-10　筋の力—速度関係とパワーに及ぼす種々トレーニングの効果
（田路と金子（2002），TojiとKaneko（2004）より作図）

す部分が直角のフックに変わって，より一層 Wilkie（1950）の原型に近いものとなっている．

単一負荷のトレーニングでは，最大筋力の出現する最大筋力の約30％がもっとも効果的であったが，その後の複合した負荷を種々組み合わせる複合トレーニングによって，さらに効果的なトレーニング法は，最大筋力の30％＋60％＋100％の3種を同時に行うトレーニングであることが明らかとなった（Toji と Kaneko，2004；図7-9）．

図7-10はこれまでのトレーング効果をまとめたものであるが，最新の

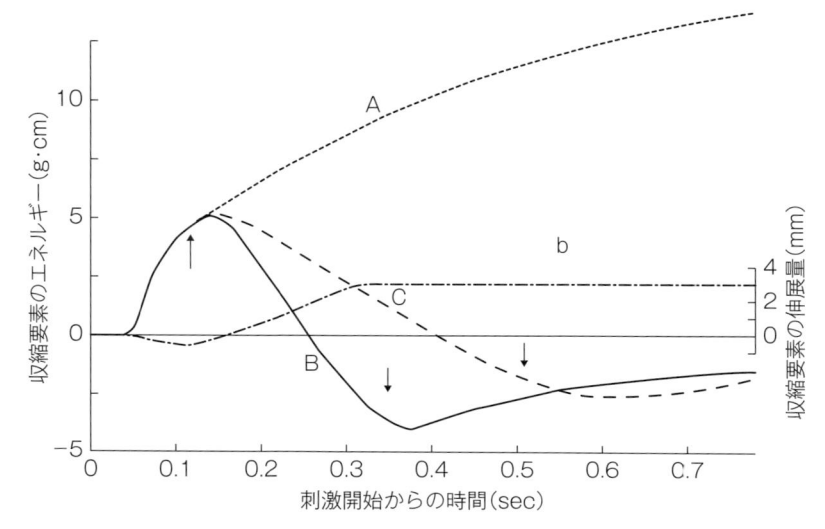

図7-11　カエルの摘出筋におけるネガティブワークの実験結果(Hill, 1960)
伸張開始（↑）から熱とエネルギーの和はAの曲線になるが，外部からの力によるネガティブワークでは，負の仕事が大きいため，BとCの曲線のように伸張中（↓）は下向きとなる．つまり，「外部の力が筋に対して仕事をした」ことになる．

もっとも効果的な負荷（30％＋60％＋100％）が含まれていない．その他の負荷の組み合わせによる複合効果にも興味深いものが多いが，それは田路の総説（田路，2000）に譲る．

7-7　伸張によるネガティブワーク

　筋が収縮しているときに収縮力より大きな力で外部から伸張されると，筋は（力が短縮する方向にはたらいているにもかかわらず）伸張されるかたちでネガティブワーク negative work をする．ポジティブワーク positive work のときには Negative Fenn's effect が生じ，筋のエネルギーで仕事がなされるのとは逆に，エネルギーの吸収 absorption of energy が起こる．
　この negative work の現象は古くから注目され，Chauveau が 1896 年に同じ方向を向いた階段の昇降について，また 1901 年にはトレッドミルを使っ

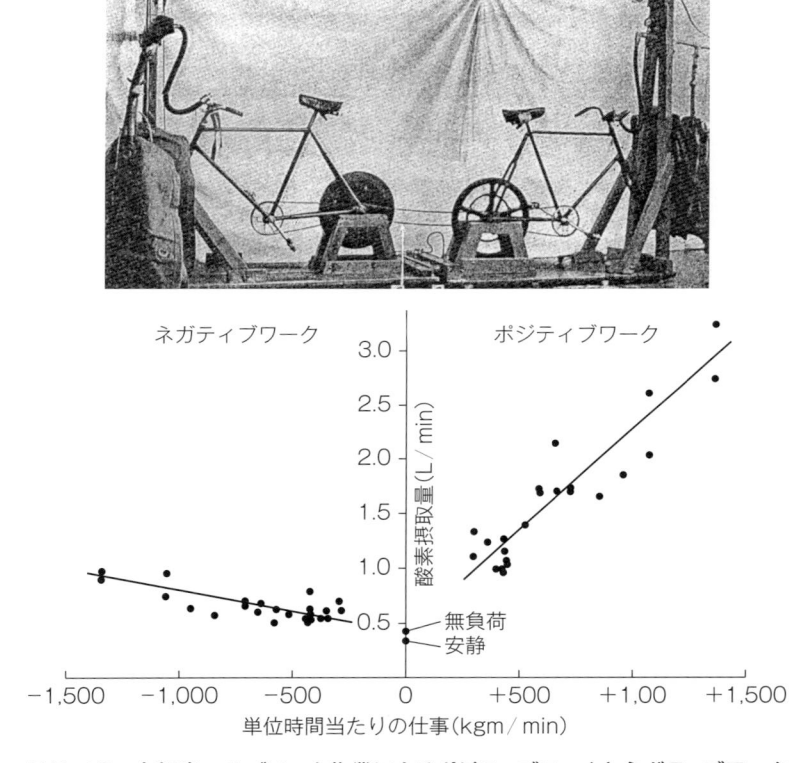

図7-12　自転車エルゴメータ作業によるポジティブワークとネガティブワーク
　　　　（Abbottら，1952）
2台の自転車エルゴメータを後ろ向きに連結し，一方の被験者が与える抵抗（ネガティブワーク）に対し，他方が積極的にこぐ（ポジティブワーク）．
下段の図は，パワー（単位時間当たりの仕事）に対するネガティブワーク（左）とポジティブワーク（右）の酸素摂取量．

た実験において，いずれもネガティブワークの酸素消費量がポジティブワークの場合より遥かに少ないことを報告していると Fenn が述べたことを Hill（1965，p150）が記している．Hill 自身も negative work に関する研究を何篇か報告しているが，それらの論文をふまえて Science 誌（Hill，1960）にこの「筋伸張 stretch にともなう熱とエネルギーの吸収」の不思議な現象を解説している．図7-11の例は摘出筋の等尺性収縮における熱と仕事に関する

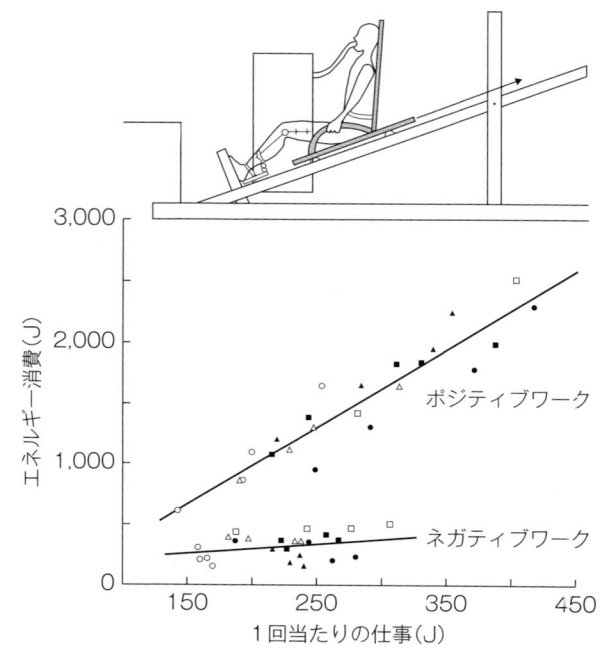

図7-13 瞬発的運動のポジティブワークとネガティブワーク(Kanekoら, 1984)

結果である．

　等尺性収縮の実験であるが，同図の場合（ヒキガエル筋，0℃）でも収縮要素は3mmほど短縮した．まず伸張 stretch を開始すると（上向きの矢印），熱＋エネルギーはAの経過をたどるが，伸張 stretch の場合（BとC）には外部の力（伸張）による仕事（negative work：W）が大きいため（下向き矢印まで伸張），B，C曲線は下降の一途をたどる．つまり，通常の筋収縮では筋が外部に対して仕事をするが，ネガティブワークでは外部の力が筋に対して仕事をすることになる．

　しかし，ヒトがネガティブワークをする場合は，ポジティブワークより少ないとはいえ，エネルギー消費量がマイナスになることはない．この点について Hill（1960）は，摘出筋の実験結果でヒトのネガティブワークを説明することはできないとし，Abbott ら（1952）の実験を引用しながら，摘出筋で

図7-14 Margariaらの用いたトレッドミル（多数の"コロ"によってベルトが移動する．Margariaら，1963a）

みられる現象はヒトのネガティブワークの理解には役立たないことを繰り返し強調している．

そのヒトのネガティブワークに関する興味深い実験がAbbottら（1952）による図7-12である．すなわち，2台の自転車エルゴメータを互いに後ろ向きになるように連結し，片方の被験者（A）が前方へのペダリングをするときに（35回転/分），他方の被験者（B）は抵抗を与えながら後方にペダリングする．機械的仕事は等しいはずなのに，ポジティブワークを行った被験者（A）の酸素消費量は，ネガティブワークをした被験者（B）の酸素消費量の3.7倍であった．その後すぐに念のため行った実験（AbbottとBigland，1953）では抵抗をモーターに置き換えて，同様の結果を得ている．

このように踏み台昇降，自転車作業，トレッドミル走行などでは，ポジティブワークとネガティブワークの比較が報告されているが，瞬発的な運動でポジティブワークとネガティブワークを分離して比較した研究がないため，Kanekoら（1984）は，斜め上方へのジャンプ運動ができるような斜面型の

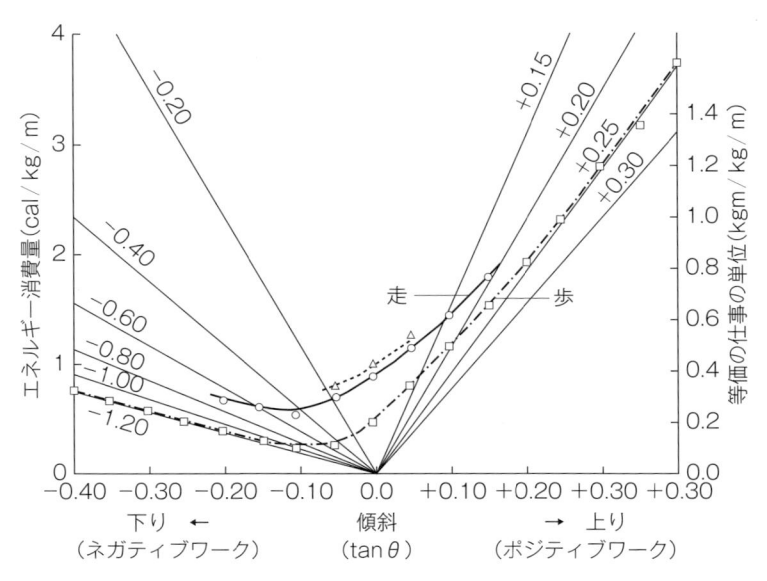

図7-15 トレッドミル歩・走によるポジティブワークとネガティブワーク（Margariaら，1963a）

被験者は鍛錬者，点線は一般人，傾斜は$\tan\theta$（たとえば，0.20＝20％傾斜）．放射線は効率で，上り歩行では0.25，下り歩行では-1.2となる．

　滑り台（sledge）を作製し実験した．実験におけるポジティブワークでは，被験者が斜め上方にジャンプしたところで検者がこれを受け止め，ネガティブワークの場合は，あらかじめ被験者を所定の高さまで引き上げておき，そこから滑り落として着地するときだけのネガティブワークをさせた．これを上りのシリーズと下りのシリーズに分けて数十回ずつ行わせて酸素摂取量を調べた．その結果が図7-13である．

　歩・走運動では，よく知られたMargariaら（1963a）の研究がある．図7-14と図7-15がそれで，トレッドミルの傾斜を変えた実験では，酸素消費量が登り坂では平地に比して15〜40％も多くなり，下り坂では逆に5〜40％も少なくなる．その結果として効率が上り坂では25％，下り坂では-1.2％となる．この結果にHill（1965，pp150-151）も「大変興味深い結果だ」と感想を述べている．

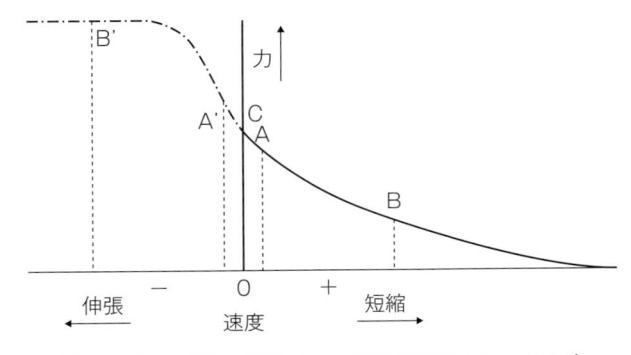

図7-16　短縮・伸張の力―速度関係(Hill, 1951)
右側のA（B）と左側のA'（B'）は，プラスとマイナスの方向であるが，大きさは等しい．

7-8　ネガティブワークの原因

　ネガティブワークに関する研究は数多く，いずれもがポジティブワークより少ないエネルギーでなされることが報告されている．現象としては古くから認められているが，なぜ起こるのかについてHill（1965）は，すべては力―速度関係に原因があり，ネガティブワークでは，図7-16にみられるように，ネガティブ相の速度に対する力が，ポジティブ相を遥かに超えて発揮される．すなわち，ネガティブワークのほうが力を発揮する能力が高いため，同一の負荷で仕事をする場合は余裕をもって収縮することができる．ネガティブワークのエネルギーが少ないのはこのためである，と説明している．

　しかし，もっと本質的な分子レベル（フィラメント滑走）ではどのように説明されているのだろうか．HuxleyとSimmons（1971，p535）は次のように推定している．ストレッチ（伸張）される場合は，クロスブリッジ（フィラメントの重合部）の動きが少なく，ミオシンヘッドの回転が少ないエネルギーでできるような仕組みがあるからではないか．FlitneyとHirst（1975）もやや詳細だが同様のメカニズムに言及している．筋生理学者にその謎を尋ねたところ，「未だ短縮のメカニズムも不明なため，ネガティブワークまで手がまわらないのだろう」とのことであった．

7-9　高強度の伸張による筋損傷

　エクセントリック収縮による筋伸張 stretch は，伸張効果によって効率を高める一方，それが筋収縮とは逆方向に強制的に起こる伸張であるためか，筋損傷との関係が指摘されている．たとえば，筋肉痛は筋伸張を多分に含む運動後 24〜48 時間程してから発症する（Komi と Buskirk，1972）といった報告もなされてきた．この筋損傷は発症が遅く，1 週間程度で自然に治るところから「遅発性筋肉痛（delayed onset muscle soreness：DOMS）」と呼ばれる．短縮性収縮や等尺性収縮の運動ではあまり発症せず，その多くがエクセントリック収縮による運動後であることから，筋伸張による筋の弾性要素との関連が強く疑われてきた（Komi と Rusko，1974）．

　その後も，たとえば Newham ら（1983）の実験では，4 人の被験者が片方で上り，反対の足で下りるステップテストを 20 分間行わせて，ポジティブワークとネガティブワークを等しくした．このうち 3 人の被験者について，運動前と運動後 24〜48 時間（筋肉が痛み始めるころ）に大腿四頭筋の外側頭からバイオプシーを行って比較したところ，Eccentric 側の組織にはより多くの筋線維に損傷が発見された．その原因として機械的な原因と化学的原因が考えられた．

　確かに伸張性収縮は，飛び降りて着地したり，坂道を下ったりするときのように，外力によって急速に，あるいは強制的に引き伸ばされるので，筋肉に無理がかかることは想像に難くない．しかしネガティブワークはポジティブワークより能力が高く，エネルギーも経済的であり，余裕をもってなされることを考えると不思議な現象だともいえるが，ここでいう遅発性筋肉痛は，比較的強い運動で反復されることが多い場合のことで，「ネガティブワークの余裕」などとは事情が異なるのかも知れない．

　その真の原因は不明だという（野坂，2004）．組織学的な損傷が分子レベルにまで及ぶことは確かであるが（Newham ら，1983），それが直接的に神経を刺激するのか否か，である．かつては「筋肉痛＝乳酸の蓄積」のようにいわれた時代もあるが，「ネガティブワークの原因」で述べたように，同じ

仕事をしてもポジティブワークよりネガティブワークのほうがエネルギー消費量は少ないのであるから，筋肉痛＝乳酸蓄積には説得力がない．どうやら痛みの原因は，筋伸張によって生じた損傷修復のために大食細胞のはたらきが活発になり，その活動や細胞の壊死，あるいは筋内圧の上昇などによって痛覚受容器が刺激されるからではないか（CarlsonとFaulkner，1983），と思われる．

閑話コラム（9）＜猪飼山人の詠んだ歌＞

　師匠の故猪飼道夫教授は，流れるような文章を書き，旅先では水彩画のデッサンを楽しんだ．退屈な会議中には，手帳の端に何やら落書きらしい絵を描いていた．また師匠は，短歌のような歌を詠むことが得意で，自らを猪飼山人と号し，平安時代の「返し歌」さながらに故渡辺俊男教授（お茶の水女子大学）を相手に歌詠みを楽しんでいた．そんな歌の中で著者の脳裏に焼きついている歌を三首紹介しよう．
　　　焦りとは　　時間の軸の読みちがい
　　　多忙とは　　人の運命（さだめ）か偶然か
　　　刀折れ　　矢射つくして　　昼寝かな
　師がいかに多忙であったか，またそれを歌にして笑い飛ばそうとしていたか．58歳の早逝が悔まれるが，書き残した書物やわれわれの中に，師は今も生きている．

8章 エネルギーの変換効率

8-1 効率とは何か

「効率」という言葉の意味を広辞苑に尋ねると「機械によってなされた有用な仕事，人体筋の機械的効率の量と機械に供給された全エネルギー量の比」とある．この工学的には機械的効率と称し次のように定義される．

$$機械的効率 = \frac{出力エネルギー（または出力パワー）}{入力エネルギー（または入力パワー）}$$

$$= \frac{なされた仕事の総量}{仕事に使われたエネルギーの総量}$$

パワーは「単位時間当たりの仕事」であり，単位時間内に発揮されたエネルギー変化ともいえる．単純明快にみえるこの効率が，実は一筋縄ではいかない代物なのである．

「効率」という工学用語的概念が，古くから生体機能のひとつの性能を表すに言葉として用いられてきた．生体ないしその一部器官を生命のない機械にたとえることは，時に危険をともなう．しかし，洞察によってそこに何らかの共通点を見いだし，その共通点の違いをたどって生体の機能を考察することは，応用科学にとって大変重要なことのように思われる．なぜなら，これが許されなければ，たとえばバイオメカニクスなどという学問は成り立たないことになるからである．

本書ではしばしばヒトの筋肉をエンジンに見立てているが，大きな相違は，機械のエンジンが熱機関 heat engine であるのに対し，筋肉は化学機関

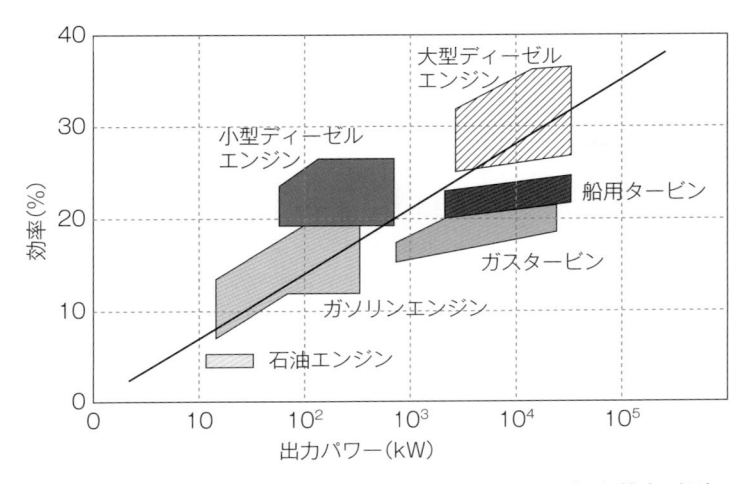

図8-1 熱機関（heat engine）の出力パワー（kW）と効率（%）
（森ら，1980より引用改変）

chemical engine であるという点である．いうまでもなく筋力は機械（たとえばパワーシャベル）に遠く及ばないが，効率では筋肉も機械もあまり変わらない（図8-1）．最近のもっとも効率のよいディーゼルエンジンでも，熱効率は高々50％程度だといわれる．共通点は，筋肉もエンジンも動きの動力源という点にある．エンジンのように力を発揮する器官は，筋肉を除いて見当たらない．神経も電気的エネルギーを生みだす一種の変換器であるが，機械的仕事はしない．また心臓をエンジンにたとえる人もあるが，それはどちらも「生命の要」という意味でのたとえである．

8-2 筋作業の効率における種々の定義

生理学の用語としては，筋肉ではなく筋 muscle である．筋の機能は，「化学的エネルギーを機械的エネルギーに変換すること」にあり，「収縮によって機械的仕事をする」．この「仕事をする」という点で機械に似ているところから，一種の"エンジン"だともいわれる（Margaria，1978）．著者もこのエンジンのたとえが気に入って，しばしば「筋エンジン」などと表現する．

「効率」は正式には「機械的効率 mechanical efficiency」と呼ばれる工学用語で，消費したエネルギーの何％が機械的仕事に変換されたかという比率（ratio）を示すもので，19世紀半ばから盛んに効率の研究がなされてきた．また，効率（％）を直接求めず，一定負荷に対する酸素消費量から効率を推定したり，運動の至適スピードを求めたり，スキルの指標とする試みもなされてきた．エネルギー消費量だけで評価する running efficiency（山地，2001）はそのよい例である．

表8-1は，著者の手許にある限られた文献の中から，効率値（％）を明示したものだけを抽出して一覧にしたものである．文献の多くは省略したが，詳しくは金子（1976・1978a・1980）を参照されたい（なお最近のデータに漏れが多いと思われるので注意）．効率値は筋の種類や作業様式（作業の強度や速度）によって変わるだけでなく，計算方法の違いによっても変わる．計算法とは要するに「効率をどう定義するか」の問題である．表中の「計算法」についてはすでに拙著で説明したが（金子，1988，p172），ここでもその概略を説明しよう．

摘出筋の効率（Efficiency：E）は（同表にも示したので繰り返しになるが）次の方法で求められる．

$$E = \frac{W}{W+H} \quad \cdots\cdots\cdots\cdots\cdots\cdots\cdots\cdots\cdots\cdots\cdots\cdots\cdots\cdots\cdots\cdots\cdots\cdots (1)$$

ただし，Wはなされた仕事，Hは産熱量である．産熱量は筋の収縮期（初期熱）と回復期（回復熱）を加えたものとする（Hill，1964）．

ヒトの効率に関するさまざまな計算法の名称は，主として Gaesser と Brooks（1975）によった．Gross Efficiency（$Gross\ E$）は分母の作業時代謝（E_t）から安静時の代謝量を差し引かないのに対し，Net Efficiency（$Net\ E$）では安静値（E_r）を差し引く点が異なる．分子のWはいずれも作業の仕事量である．また，安静値の変わりにたとえば自転車作業なら空振りペダリング時の代謝（E_l）を差し引く方法を Work Efficiency（$Work\ E$）という．

$$Gross\ E = \frac{W}{E_t} \quad \cdots\cdots\cdots\cdots\cdots\cdots\cdots\cdots\cdots\cdots\cdots\cdots\cdots\cdots\cdots\cdots\cdots (2)$$

表8-1　　筋活動の効率～その1（金子, 1978a）

筋・作業様式	計算法	機械的効率(%)	適　用	報告者(年)
摘出筋（カエル）	W/W+H（初期熱）	25～30	W/W+H（全熱）なら10～12%（推定）	Fenn(1923)
摘出筋（カエル）	W/W+H（初期熱）	26.0	W/W+H（全熱）なら12.5%（推定）	HartreeとHill(1928)
摘出筋（カエル）	H/W+H（初期熱）	45	0.45 P_0で極大値	Hill(1964)
摘出筋（カメ）	H/W+H（全熱）	35	H/W+H（初期熱）なら72%, カエルより大	Woledge(1968)
摘出筋（ラット遅筋）	W/W+H（全熱）	18.5(～38.5)	0.4 P_0で極大値, 速筋より効率大	GibbsとGibson(1972)
摘出筋（ラット速筋）	W/W+H（全熱）	9.0(～23)	0.4 P_0で極大値, 遅筋より効率小	WendtとGibbs(1973)
摘出筋（カエル）	W/Total O_2	24.4	D.K. Hillの方法でO_2消費測定, 法則性	Buskin(1965)
腕・屈曲（慣性エルゴ）	Net E.	25～26	筋収縮時間1secのとき極大値	Hill(1922a)
腕・屈伸（両腕作業）	Net E.	23, 24.7	自作脚エルゴを腕に応用	Cathcartら(1924)
腕・屈曲（自作エルゴ）	Net E.	1.9～5.3	肘屈筋の仕事, En消費の法則性	石河(1952)
腕・屈伸（クランク）	App. E.	20.3	歩行, 自転車より効率小	Bobbert(1960)
腕・屈伸（荷重移動）	Net E.(?)	2.8～9.0	負荷の反復上下, 至適テンポ	Ronnholmら(1962)
脚・屈伸	Net	21.9～26.1	反動をつけると39.4～41.0%	AsmussenとBonde-Petersen(1974a)
脚・屈伸	Work E.	18.8	反動をつけると25.8%	Thysら(1972)
脚・膝屈伸で跳躍	Work E.	58	膝屈伸より効率大	Thysら(1975)
踏台昇降	Net E.	13.6～16.9	年齢差(7～19歳)小, 身長大が効率大	指田(1952)
踏台昇降	Net E.	14.2～17.3	至適テンポ15～20歩/分	白井ら(1955)
踏台昇降	Net E.	14.1～15.8	毎分20と16ステップの差なし	RodeとShephard(1973)
自転車（エルゴ）	Net E.	30 (22.4～41.0)	GrossよりNetが3%大, Workさらに大	BenedictとCatheart(1913)
自転車（エルゴ）	Net E.	21.5	33rpmで極大値, 法則性	Dickinson(1929)
自転車（エルゴ）	Work E.	17.3～36.5	強度増で効率増加, Net, Delta E.試算	GarryとWishhart(1931)
自転車（エルゴ）	Work E.	26.0 (24.2～30.6)	鍛錬者が大, No-loadのEn大ゆえ	GarryとWishhart(1934)
自転車（エルゴ）	Net E.	17～22	断続のほうが継時的より効率大	Crowden(1950)

表8-1　筋活動の効率〜その2（金子，1978a）

筋・作業様式	計算法	機械的効率(%)	適　用	報告者(年)
自転車（エルゴ）	Net E.	21.2	690kgm/minのとき強度増(920)19.3%	HenryとDeMoor(1950)
自転車（エルゴ）	Net E.	24.6	Gross E.は13.0%，若年者効率大	Taylorら(1950)
自転車（エルゴ）	Net E.	22.5〜23.7	強度の影響なし，性差なし	Astrand(1952)
自転車（エルゴ）	App. E.	22.1	Absolute E.と称するもApp. E.に同じ	Bobbert(1960)
自転車（エルゴ）	Net E.	20〜21	長時間作業	Michael ED Jrら(1961)
自転車（エルゴ）	Work E.	29.8	Net E. 20.2%，理論値29%	WhippとWasserman(1969)
自転車（グラウンド）	Net E.	29	30km/時で極大値，法則性	服部ら(1969)
自転車（エルゴ）	Work E.	22〜32	3分以内の無酸素的運動では効率小	Whippら(1970)
自転車（エルゴ）	Net E.	17〜19.3	男子≒女子，女子は若年者が効率大	RodeとShephard(1973)
自転車（トレッド・水平負荷）	App. E.	25.9〜26.1	歩行より効率小	Zacks(1973)
自転車（トレッド・水平負荷）	App. E.	25.1	歩・走より効率小	AsmussenとBonde-Petersen(1974a)
自転車（エルゴ）	Delta E.	28.0	各種算出法の比較（Net，Work，Delta）	GaesserとBrooks(1975)
自転車（エルゴ）	"True" E.	23.3〜29.2	肢運動の内的他仕事を加えて計算	KanekoとYamazaki(1978)
歩行（階段登）	Net E.	24.4	1歩が1.3secのとき極大値	Lupton(1923)
歩行（階段登）	(Net ?)	29〜55	W/En(上り)－[En(下り)+W⁻]	OrsiniとPassmore(1951)
歩行（トレッド・上斜）	Net E.	15〜16	体重×hの仕事，体格との相関	Seltzer(1940)
歩行（トレッド・上斜）	Net E.	35.2〜40.3	体重×h/消費En(斜面－平地)	Ericksonら(1946)
歩行（トレッド・上斜）	Net E.	32〜36	平地Enを差し引かないと23〜26%	Durnin(1955)
歩行（トレッド・上斜）	App. E.	30.0	Gross E.なら16%（仕事はΔEp）	Bobbert(1960)
歩行（トレッド・上斜）	Net E.	25	トレッド・下斜なら1.2，最大効率	Margariaら(1963a)
歩行（トレッド・上斜）	Gross E.	15.4〜23.6	体重×hの仕事，強度増で効率増	Seaburyら(1977)
歩行（トレッド・水平）	Net E.	23.9	体幹の上下動のみの効率	Lukinら(1967)
歩行（トレッド・水平）	Gross E.	21〜24	体幹・四肢に糸をつけて仕事測定	RalstonとLukin(1969)

表8-1　筋活動の効率〜その3（金子，1978a）

筋・作業様式	計算法	機械的効率(%)	適用	報告者(年)
歩行（トレッド・水平負荷）	App. E.	32.3	走より大，自転車より小	AsmussenとBonde-Petersen (1974a)
歩行（トレッド・水平負荷）	Work E.	31.8	Delta E.：30（平均），算出法の比較	DonovanとBrooks (1977)
歩行（トレッド・風抵抗）	App. E.	43.7 (42.1〜45.6)	トレッド・上斜の効率：33.4%	Pugh (1971)
歩行（グラウンド）	"True" E.	34.7	重心上下動のみなら22.6%	奥山・古沢 (1936)
歩行（グラウンド・水平）	"True" E.	35〜40	約7km/時で極大値	CavagnaとKaneko (1977)
走（スプリント）	Net E.	37.7 (35.0〜41.1)	仕事＝推進力(fMg)×距離	Furusawaら (1927a)
走（スプリント）	(App. E.)	50	電算機の走スピード予測には25%より50%	LloydとMoran (1966)
走（等速・風抵抗）	App. E.	69.0 (52.8〜82.3)	トレッド・上斜の効率：45.6%	Pugh (1971)
走（等速・水平負荷）	App. E.	36.1	25%より大は弾性エネルギー説によるか	LloydとZacks (1972)
走（等速・水平負荷）	App. E.	34.0〜45.7	自転車より効率大	Zacks (1973)
走（等速・水平負荷）	App. E.	53.8	歩行・自転車より大	AsmussenとBonde-Petersen (1974a)
走（等速・平面）	"True" E.	22.7	機械的仕事のすべてを算出	Fenn (1930a)
走（等速・平面）	"True" E.	40〜50	効率大は弾性エネルギー利用のためか	Cavagnaら (1964)
走（等速・平面）	"True" E.	45〜60	スピード増で効率増	CavagnaとKaneko (1977)
水泳	Net E.(?)	0.52〜2.2	水抵抗(KV^2)×速度＝$\dot{W}$	KarpovichとPestrecov (1939)
水泳	Net E.	3.0〜5.5	自由型4.8，背泳5.5，バタフライ4.1，平泳ぎ3.0	阿久津 (1964)
水泳	Net E.	1.71〜3.99	脚のみ0.05〜1.23，腕のみ0.56〜6.92	Adrianら (1966)
水泳	(Net E.)	3.3〜7.5	スピード増で効率減少，法則性	宮下 (1970)
水泳	Net E.	1.6〜3.7	自由型3.7，背泳2.6，平泳ぎ1.6	Holmer (1972)
水泳	App. E.	2.61〜5.24	水平負荷牽引，スピード増で効率増	Di Pramperoら (1974)
水泳（水トレッド・潜水）	Net E.	1.8〜5.6	水抵抗×水流速＝$\dot{W}$，上達で効率大	Goffら (1957)
水泳（水トレッド・潜水）	Net E.	2〜8	スピードに関係なし，スキルで変化	Spechtら (1957)

$$\text{Net } E = \frac{W}{E_t - E_r} \quad \cdots\cdots (3)$$

$$\text{Work } E = \frac{W}{W_t - E_l} \quad \cdots\cdots (4)$$

(2)(3)(4)の順に値が大きくなることは容易に予想されるが，(4)は(3)より約10％高くなる（WhippとWasserman，1969）．Apparent Efficiency（Apparent E）は，作業強度（W/t）を種々変化させて，これに応じて変化する代謝量（E/t）との回帰直線を求め（$E/t = a + bW/t$）を求め，その直線の勾配bの逆数から求める方法である．

$$\text{Apparent } E = \frac{1}{b} = \frac{\varDelta W/t}{\varDelta E/t} \quad \cdots\cdots (5)$$

上記のW/tとE/tが直線にならない場合は，そのままの値とするのがDelta Efficiency（Delta E）である．

$$\text{Delta } E = \frac{\varDelta W/t}{\varDelta E/t} \quad \cdots\cdots (6)$$

GaesserとBrooks（1975）がこの方法を推奨しているが，負荷が変わるごとに効率値が変化するという問題点がある．

上記の計算法では，すべてが外的仕事（W_{ext}）で，四肢を動かす仕事が入っていない．そこでFenn（1930a・b）が肢運動の仕事（W_{int}）を考慮した計算法を示した．ここではFennの方法を仮に"True Efficiency（True E）"と呼ぶ．

$$\text{True } E = \frac{W_{ext} + W_{int}}{E_t - E_r} \quad \cdots\cdots (7)$$

この他にもJoint Power Methodがあるが，表8-1には用いられていないので，走行の話題の際に述べることとしたい．

8-3　摘出筋のタイプと効率

先に示した表8-1には，摘出筋の効率がわずかであるが，おおよその見

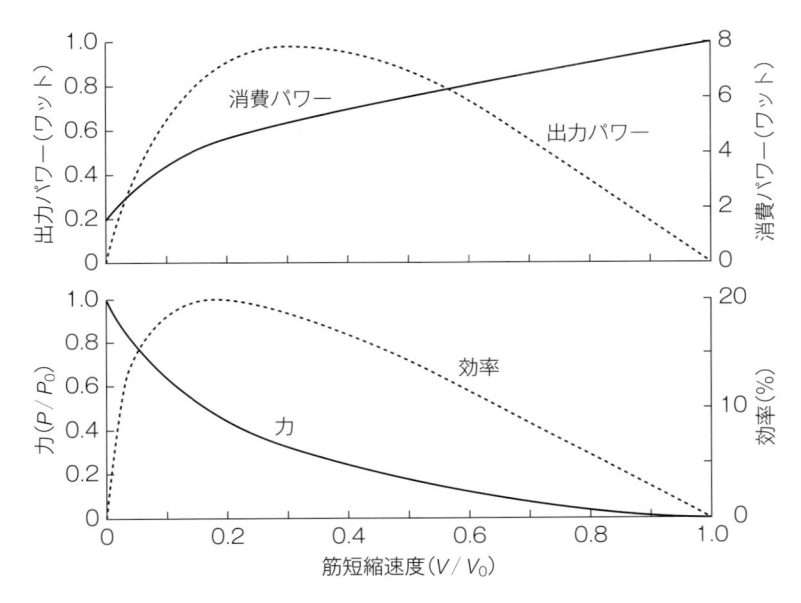

図8-2 筋短縮速度に対する力，パワー，効率の関係（Hill，1950）
速度は最大速度（V_0）に対する相対値，力は最大筋力（P_0）に対する相対値で表されている．また，消費パワーは，出力/効率から求めた．

当はつく．身体運動の入力エネルギーは酸素消費量の測定によって知ることができる．生体は食物を燃料が，摘出筋では微小な酸素消費のため（Hill DK，1940），A.V. Hillらは摘出筋の効率を次式で求めている．

$$効率 = \frac{仕事}{仕事 + 産熱量} \tag{8}$$

この（8）式をもとにHartreeとHill（1928）は，早々と摘出筋の効率＝0.24であると報告したが，この時点ではまだ"粘性理論"を基にしたものであった．その後，新たな双曲線型の力—速度関係（Hillの特性方程式）を踏まえて（8）式による効率を再検討し，「カエル筋の効率は初期過程（初期熱のみで計算）では40％，したがって回復過程を含めた全過程での効率は20％である」と明言した．

摘出筋の効率が，動物の種類や筋の性質（速筋や遅筋など）により異な

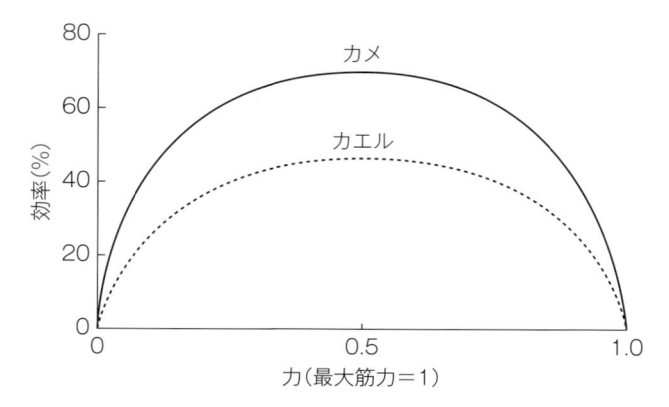

図8-3　1回収縮におけるカエルとカメの筋の効率（Woledge, 1968）
収縮速度はカエルのほうがカメより速いが，効率は逆にカメの筋のほうが高いことに注意．

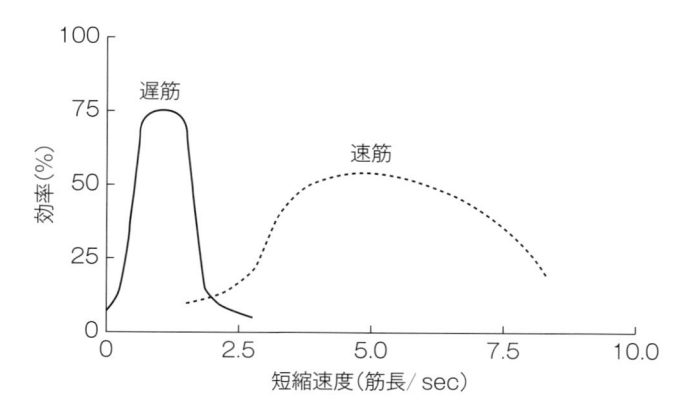

図8-4　トリの飛翔に関与する速筋と遅筋の効率（Goldspink, 1977）
最大効率は，遅筋が約33%，速筋が約26%となる．遅筋は遅い収縮で，速筋は速い収縮で効率が高くなることに注意．

ることが示されてきた．Hill（1950）が改めて行ったカエル筋の最大効率は，最大速度の20%となっているが（図8-2），他の文献ではカエルの場合，最大筋力の約50%（=0.5）のときに最大効率が出現している．Woledge（1968）によればカメとカエルの筋肉では，カメのほうが筋短縮速度は遅いが，効率は明らかにカエルより高く（図8-3），またGoldspink（1977）は

トリの飛翔筋の速筋と遅筋を比較し，速筋（FT）は遅い収縮（短縮）のときに効率が高く，遅筋（ST）は速い筋収縮のときに高い効率を示す（図8-4）としており，Coyle ら（1979）も同様に，FT 線維の多いグループのほうが効率よくパワーを発揮すると報告している．他の文献をみても，効率は ST＞FT というのが定説のようである．

8-4　高熱を発生しない「筋エンジン」

　自動車の力強さを示す加速力やパワーは，いわゆる自動車の「馬力 horse power」（英国の旧パワー単位）に相当し，効率はガソリンの燃料消費率を意味する「燃費 mileage」に関係する．パワーシャベルにみられるような巨大なパワーは，人力の遠く及ばないところであるが，効率は必ずしも人間の効率が機械のエンジンに劣るとは限らないことは先に述べた．今日のような「省エネ時代」にあっては，「効率のよさ」が各方面で重要視されている．

　人間の労働に関する効率は，古くから労働科学分野の重要課題であり，荷物の運び方による効率（とくに最適効率の経済速度など）が「労働科学」誌に多数掲載された．一方，スポーツ科学の分野では，「無駄な動きの少ない，巧みな動作」が効率のよい運動とされてきた．巧みな神経支配のもとでなされる無駄の少ない動きは，エネルギーの浪費が少ないことを意味し，したがって効率も高いことが容易に推察される．

　エネルギーの変換（ないしパワーの変換）についてはすでに若干触れたが，食物のエネルギー変換は工学系の書物で論じられる効率とは若干異なる．たとえば，グリコーゲンを試験管内で燃焼させれば，間違いなく高熱を発する．自動車のエンジンは熱機関であるから，気体を圧縮するだけで数百度に，燃焼の段階では二千数百度にも達するといわれる（森ら，1980）．

　これに対し，エネルギーの変換量は等しいのに，ヒトの場合は食物を段階的に燃焼（分解）しつつ ATP として蓄えておくため，体温程度の熱しか発生せず，火傷をすることもない．それでいて効率はどうかというと，筋肉の効率と機械のエンジンの効率と大差はない（図8-1参照）．このことは「工学

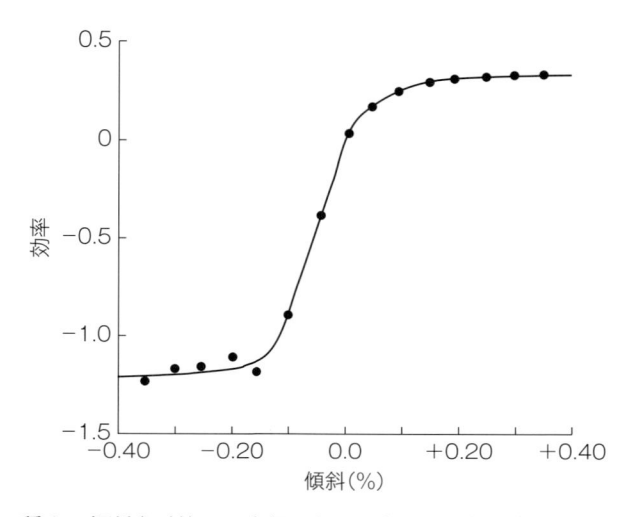

図8-5 種々の傾斜（X軸）での歩行における真の最大効率（Margaria, 1978）
傾斜は一般に％で表される．この％値は，tanθの真数であり，たとえば，tan5°≒0.08となり，傾斜8％と表現される．下り傾斜では効率値が-1.2（-120％）となる．

的にみてヒトの身体がよくできている」を示すもので，ヒトの筋収縮は「フィラメントの滑走」とういう分子レベルのメカニズムによって説明されているが，そのようなメカニズムのエンジンは工学には未だなく，「そのような高分子材料の発見があれば，将来，新しい機関（エンジン）へのひとつの重要な課題を秘めている」（森ら，1980）という（p24のコラム参照）．

8-5　種々傾斜での歩行における効率

　効率の計算法は先に述べたとおり多々あるが，斜面を歩行する場合の身体重心の鉛直変化から位置エネルギーの変化を取り出し，重力に対する仕事をエネルギー消費量で除して求めた結果が図8-5である．このような計算法では，水平面を歩く場合は仕事がゼロとなるので，効率もゼロとなる．上り傾斜を歩行する際の効率は，傾斜が約20％（約11°）のとき0.25（25％）である．下り傾斜の場合は仕事がマイナス（negative work）になるので"効

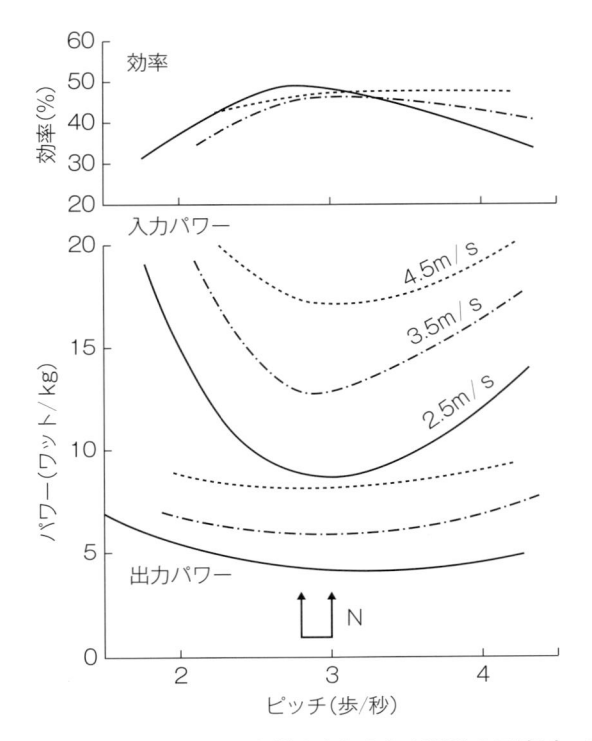

図8-6　出・入力パワーと効率からみた走運動の至適ピッチ
　　　（optimum frequency）（Kanekoら，1987b）

率"もマイナスとなる．このマイナスの効率は傾斜が11〜12％のときに−12％に近づくが，それ以上に傾斜が急峻（例：−40％）になっても変わらない．傾斜（％）については，金子（2007，p102）を参照されたい．
　このような身体重心の上昇（位置エネルギー変化）から仕事を算出する方法は，傾斜のある場合のひとつの便法である．

8-6　出・入力パワーからみた効率のよい走運動のピッチ

　歩行運動や物を背負って歩くときの経済速度（効率のよい速度）が，労働科学分野では盛んに研究された．労働と密接に結びついているからであろう．

それに対し走運動では，余程の距離を走る（例：アースマラソン）ならいざ知らず，経済的な速度や走り方に関する研究がほとんどなされなかった．しかしジョギングを考えたのか Cavanagh と Williams（1982）が，種々の速度でのエネルギー消費量を調べ，3.35 m/s の速度で走る場合の至適ストライドは 260 cm（2 歩）がもっとも経済的であることを指摘した．

　Kaneko ら（1987b）は，エネルギー消費量だけでなく力学的な仕事をも測定して，種々の速度で走るときの至適ピッチを探った．その結果が図 8-6 である．興味深かったのは，もっとも効率のよいピッチが，無意識に楽に走るときのピッチ（N：2.8〜3.0 歩/秒）とほとんど変わらなかったことである．すなわち，入力パワー（＝エネルギー消費量）も出力パワー（仕事/時間）もともに無意識に走ったピッチのときにほぼ最小値を示し，機械的効率が最大となった．ストライドについても同様の至適ストライドがある（Ito と Kaneko，1988）．われわれの身体は，無意識にもっとも経済的に走るストライドを承知しているようである．

9章
「効率」から生まれた "ばね作用"

9-1　高い効率の謎

　反動動作，伸張効果，伸張—短縮サイクルという用語は，内容において基本的に同じことを指している．身体の動作からみれば反動動作 counter movement であり，時間的なタイミングからみれば伸張—短縮サイクル（stretch-shortening cycle：SSC），エネルギーからみれば弾性エネルギー再利用 elastic energy recoil である．さらに神経生理学的にみれば伸張反射 stretch reflex の対象ともなろう（図9-1，図9-2）．

　実際に突発的な短い伸張を与えると伸張反射の起こることが報告されている（Komi, 1986；Ishikawa と Komi, 2008）．それがまた，エネルギーの出・入力からみれば見過ごせない「効率」の問題と密接に関係している可能性がある．しかし本書は「エネルギー」が主題であるから神経系にはあまり触れ

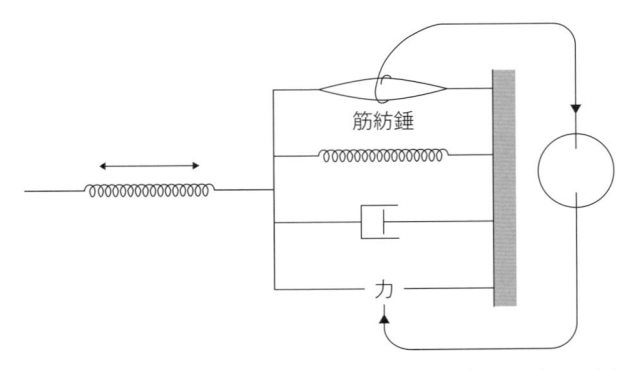

図9-1　筋腱複合体における伸張反射のモデル（Rackら，1983）

図9-2　ランニングにおける伸張―短縮サイクル（Cavagna, 1977）

図9-3　ミラノ大学で講演した米国のProf. W.O. Fennを囲む討論風景（1963年頃）
左からいずれも世界的に著明なR. Margaria, W.O. Fenn, G.A. Cavagna, T. Gualtierotti, E. Agostoni（写真提供Prof. G.A. Cavagna）

ない．むしろ伸張効果のメカニズムを筋線維レベルで解明した福永哲夫氏らの研究グループの成果（Fukunagaら，2002）がハイライトとなるが，項目を改めてその基礎や，歩行運動・跳躍運動の関係などを取り上げたい．

　われわれが跳ぶ・投げるといった運動をする際，必ずといってよいほど反対方向への運動（反動動作）をともなう．それは一見，主運動に先行する反対方向への動作であって，力学的にみれば「物体を動かす距離を長くするため」といった程度のメリットしかなく，むしろ不合理な動作のようにも思われる．しかし，この反動動作が，筋・腱・結合組織などを伸張stretchすることにより，伸張で蓄えられた弾性エネルギーが，バネ様の効果（以下「バネ作用」という）によって後続の運動のパフォーマンスを高めるのに有用な

はずである．

この点について Hill（1950）は好意的な意見を述べている．つまり「筋収縮の力が四肢や外部抵抗に抗する場合，弾性エネルギーが収縮要素の運動終末速度を高め得る．これは跳ぶ・投げるといった運動において重要である」と．Asmussen と Bonde-Petersen（1974a）によれば，「反動効果の歴史は古く，19世紀（1885年）には Murey と Demeny による記述がある」という．また，カンガルーなどの動物の筋・腱に関する報告も多くなされている（Alexander，1974；Alexander と Ker，1990）．

9-2　伸張効果の実験

しかし，Cavagna ら（1964）が猛然と伸張効果に関する研究を始めたのは，ランニングの効率にその理由があった．すなわち，Fenn（1930a・b）によるランニング研究（等速度で最高速度を持続）の効率は 0.227（22.7％）で，当時報告されていた Lupton（1923）の階段登行や，Dickinson（1929）の自転車作業の 21.5％，あるいは摘出筋の 25〜30％（Fenn，1923；Hartree と Hill，1928）と比べて明らかに大きかった．言い換えれば Hill（1927a）がこれらを踏まえて「ヒトの機械的効率は約25％」としていた値に比べると，Cavagna ら（1964）がランニング実験で得た効率（外的仕事のみ）は 0.4〜0.5（すなわち40〜50％）は高過ぎるように思われた．そこで Cavagna らは「ランニングのように筋が短縮前に強く伸張される（ネガティブワークをする）運動では，着地時に弾性エネルギーが蓄えられ，それが直後に続く筋短縮（ポジティブワーク）に利用され，それが故に高い効率になったのではないか，と推論した．その推論だけで終わらないのが Cavagna らの執念の凄さである．Cavagna ら（1965）は，図9-4の装置を使って図9-5の結果を得た．

図9-5の（A）はコントロールで，等尺性収縮 d（原寸）から伸張なしでしかも伸ばした点で刺激もせず弛緩させた場合，（B）は伸びたところで刺激し短縮させた場合，（C）は初期張力 d を c まで高めておいて刺激し続けたまま短縮させた場合である．この結果から，彼らは強縮中の筋が伸張され

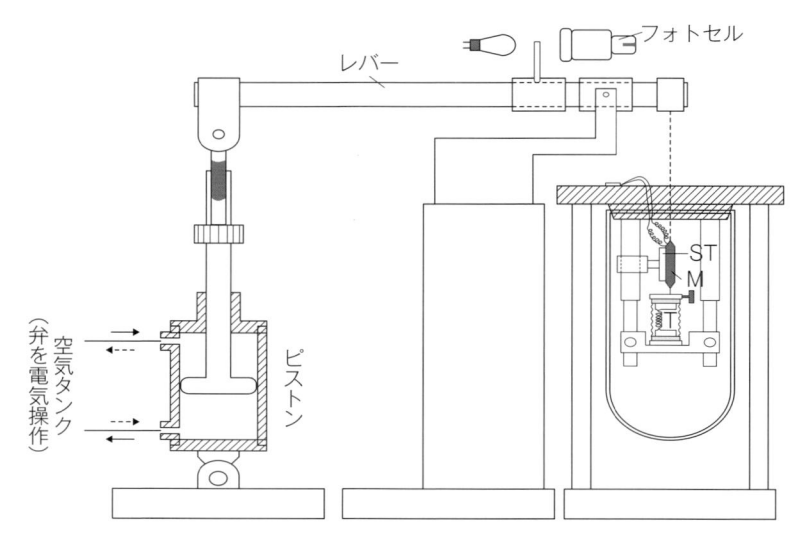

図9-4　カエルの摘出筋の短縮に及ぼす伸張（stretch）の効果を調べた実験装置（Cavagnaら，1965）

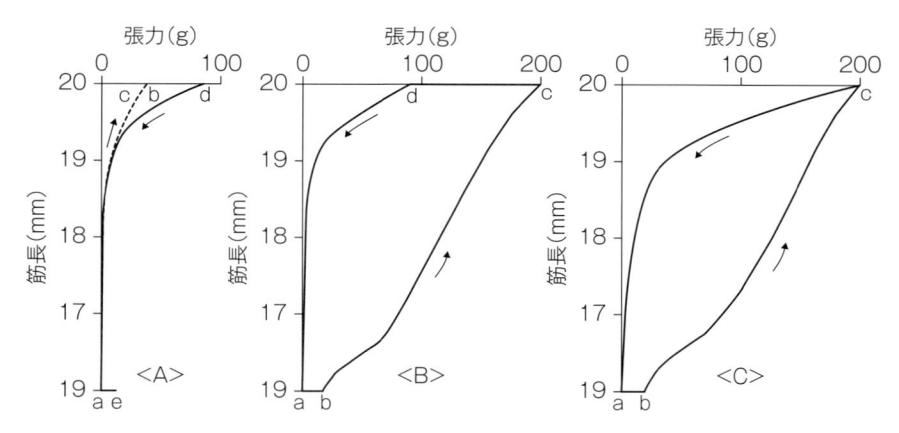

図9-5　短縮の仕事に及ぼす伸張効果（Cavagnaら，1965）

摘出した腓腹筋を静止張力（b）から等尺性収縮をさせて伸ばし（b→a），(A)では弛緩状態で短縮させたが（a→c），(B)では初期張力は同じでも伸ばしたところで伸張の張力を高め（a→b），電気刺激を与えて短縮させた（a→b）．(C)ではあらかじめ静止張力を高めて（c）おいてから，(B)と同じ（b→c）をさせた．なお，(B)では伸張した後にやや遅れて短縮をさせたが，(C)では伸張後，即座に短縮させた．短縮時の仕事量はA<B<Cである．

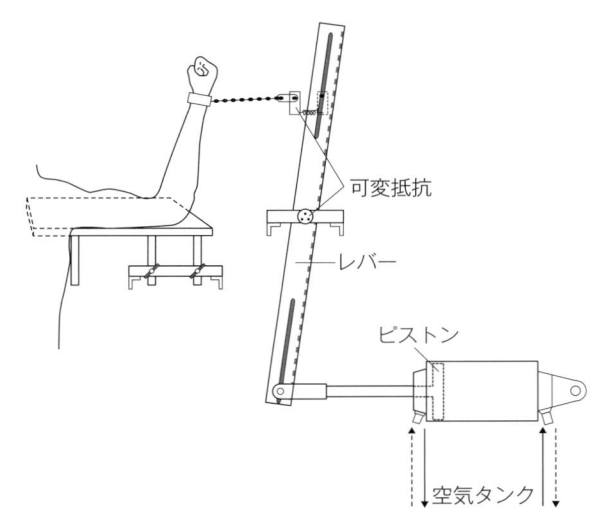

図9-6　肘屈筋に及ぼす伸張効果の実験法(Cavagnaら，1968)

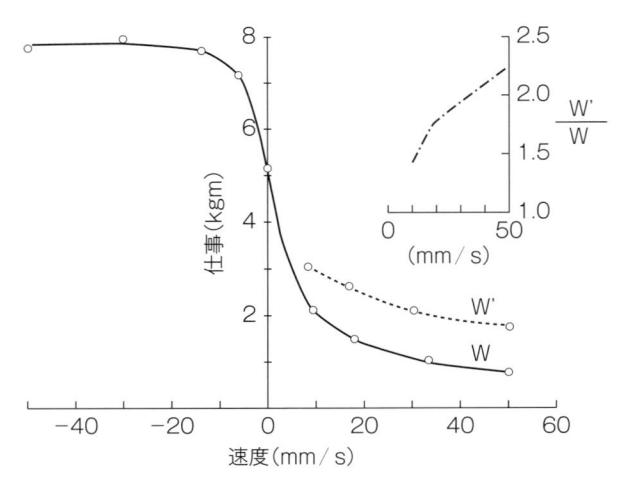

図9-7　肘屈筋の仕事―速度関係における短縮速度への伸張効果
　　　（Cavagnaら，1968）
　　　通常の短縮による仕事（W）に比して，伸張後の短縮速度
　　　（W'）のほうが大きい．

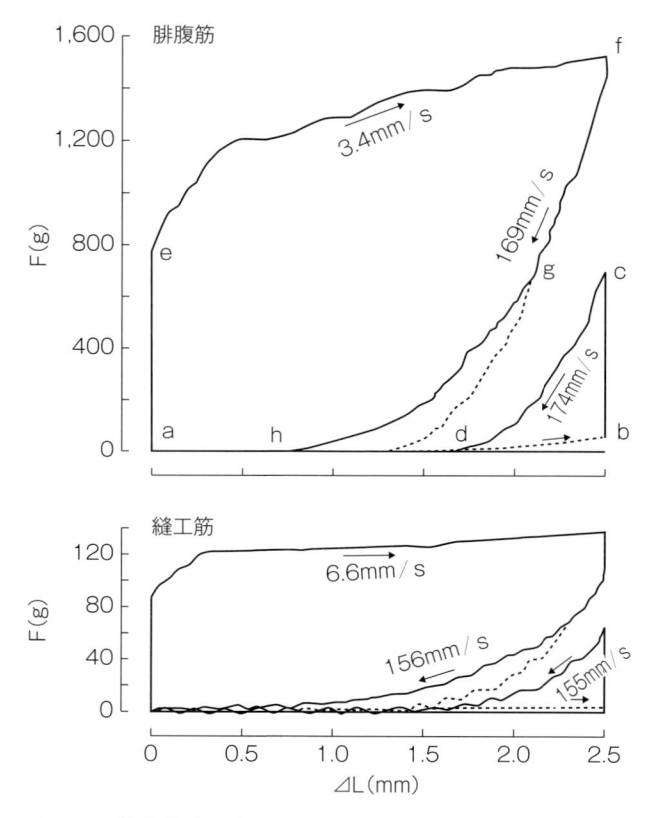

図9-8 カエルの摘出筋（0℃）における動的張力―筋長図（Cavagna, 1973）
Levin-Wyman Ergometerを使用し，X-Yレコーダで記録したもの．上段の図に便宜的に記号を付し，記号の説明は以下のとおりである．
休息筋を伸張した（a→b）後，等尺性収縮をさせ（b→c）解放する（c―d）．伸張前（a）に等尺性収縮をさせて伸張すると，伸張以前に張力はeに達した後，伸展されつつ大きな張力を発生してfに達し，直後の解放でf→hの経過をたどり短縮する．cに等しい張力（g）を経過した後の短縮量（g→h）がc―dから予測される短縮量（点線）より大きいことに注意．

ると短縮時のポジティブワークが大きく増大することを証明した．また（C）が示すように，反復運動では伸張―短縮の切り替えを素早く行ったほうがよいことも示した．

図9-6のピストンは図9-7におけるヒトの力―速度関係に対する伸張効

果を調べたもので，短縮相の破線 W' が伸張後の値で，ヒトでも弾性エネルギー再利用の効果は同様であることを示した実験である．図9-8も（図9-4の装置を使って）カエルの摘出筋において伸張効果を証明した実験結果である．

すなわち，右端がコントロールで，等尺性収縮を高め（b→c），そこから伸張せずに短縮させた場合である．大きな円が伸張効果を示したもので，筋が短い状態（a）で等尺性収縮をさせ（a→e），eからfまで張力を高め，そこから短縮させる（f→h）．すると，その下（f-h）に囲まれる面積（ポジティブワーク）がコントロール（c-dの下）より明らかに大きくなる．また，ここでは腓腹筋（上）と縫工筋（下）を例示し，伸張効果が筋の種類によっても異なることを示している．以来，この研究を糸口としてCavagnaらの執拗な「弾性エネルギー再利用 elastic energy recoil」の研究が続いている．

著者の経験では，腱を等尺性収縮と（内部的に）伸張させると，急速な解放によって弾性エネルギーが爆発的に発揮される（Kaneko, 1978b）．

9-3　ヒトの反動動作

AsmussenとBonnde-Petersen（1974a・b）も，Cavagnaらの基礎研究に影響されていくつかの研究を行っている．以下はそのひとつで，垂直跳の反動効果をより具体的に調べるためにドロップジャンプを含む次の条件を用意した．

(1) 中腰から反動を使わずに跳ぶ
(2) 直立から反動を使って跳ぶ
(3) 高い台（0.233 m, 0.404 m, 0.690 m の3段階）から飛び降りて跳ぶ（ドロップジャンプ）

その結果，反動「あり」のほうが「なし」より明らかに高く跳べること，そしてもっとも高く跳べるのは台高0.404 mのときで，3 kgm（29.7 J；ジュール）の弾性エネルギーが利用され，それより低くても高くても効果は落ちるとした．この29.7 Jは，Cavagna（1970）が行った直立飛び降り実験（Elastic bounce of the body）における 62.7 J と数値が似ており，落下時の弾性エネルギーの約 1/3 が利用されたことを示唆していると受け止めることもできて興味深い．

　これとよく似た実験が Thys ら（1975）により行われた．膝を曲げずに直立姿勢で 5 分間ジャンプを繰り返すのである．弾みを使って跳ぶ場合（反動跳躍）と，反動を使わずに跳ぶ場合（無反動跳躍）との効率を比較した．結果，反動跳躍のほうが明らかに使われたエネルギー消費量が少なかったことから，反動を使うとエネルギー消費量が 1/2〜1/3 になると結論した．Komi と Bosco（1978）も，いろいろな高さの台から跳び降りて跳び上がるドロップジャンプ実験を行い，台高には「至適な高さがある」としている．また，stiffness の硬さに可塑性があることも指摘されている（Kubo ら，2001）．その他「効率」はエネルギーの出・入力に必ず関係するため，随所で当該運動との関係を論ずることなる．

10章
ヒトの筋腱複合体における微細機構の解明

10-1　超音波研究の歴史

　ここで扱う内容すなわち「伸張効果」の対象は，これまでの Fenn（1924）や Cavagna ら（1965）などの提出した伸張効果の対象と変わるものではない．以前の伸張効果に関する研究では，確かに「筋 muscle」が前面に出て，「腱 tendon」が隠れていることが多かった．しかし，応用例やメカニズムでは，筋と同時に腱の役割が論じられた．ではどこが違うのかというと，①伸張効果の中で腱の役割が大きくクローズアップされてきたこと，②伸張効果の話題は「筋腱複合体 muscle tendon complex」という用語で語られるようになったこと，③福永グループによる研究（Fukunaga ら，1992）以来，筋と腱を区別して論ずることができるようになったことである．

　かつて福永（1978）は，当時まだ開発されたばかりの超音波装置を用い，「ヒトの筋では筋断面積 1 cm^2 当たりの筋力（絶対筋力または固有筋力）が男女・年齢を問わず一定の約 6.5 kg である」とした．この結果は，金久ら（1985）とともに若干の修正を行ったとはいえ，この分野に大きな衝撃を与えた．当時は超音波が高価であったため外国の研究でも上腕の皮下脂肪をつまんでその半分が周縁の軟組織とし，X 線の映像から推定した骨の太さを幾何学的に差し引いて筋の太さと仮定して（屈筋と伸筋の割合は適当），「筋断面積当たりの筋力は 5〜10 kg」という程度であった．そこへ屈筋と伸筋を見事に区別した映像とともに，子どもから成人までの多数被験者の結果を提示したのであるから，誰もがこの快挙に脱帽し，「筋断面積当たりの筋力は？」の議論

A. 3次元画像　　　　B. 2次元画像

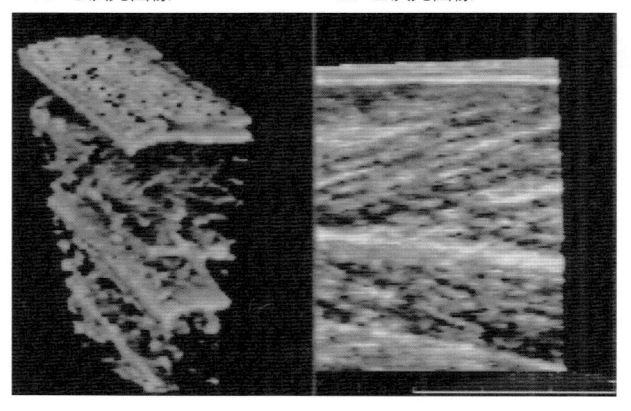

図10-1 ヒトの生体筋（*in vivo*）における筋束の超音波画像（Fukunagaら，2002）
腓腹筋内側頭（筋膜中央部）の筋束配置で，右側（B）が2次元画像（手前方向が近位），左側（A）が再構築した3次元画像．腱膜と筋束の配列状態がみえる．

は収束した．

それから20年余の歳月を経てTetsuo Fukunaga（福永哲夫）らの研究グループによる超音波研究の成果が，The Journal of Physiology誌をはじめ有力な学術誌に多数掲載された．図10-1が示すような超音波画像（コンピュータ処理を含め）の著しい進歩を背景に，超音波画像の中の筋束（fascicle）を見抜き，それを基に，ヒトの筋長─筋力関係を筋線維レベルでの関係にまで発展させた．まさに執念と慧眼によるものといえよう．その成果は今やスポーツ科学の枠を越えて，筋の分子生物学における最先端のサルコメア（筋の分節）の長さと張力の関係にまで及ぶところとなった（図2-4，p20参照）．

10-2　新たな超音波実験の方法

骨格筋のはたらきは一般に，腱を介して骨に付着し関節運動を起こすこと

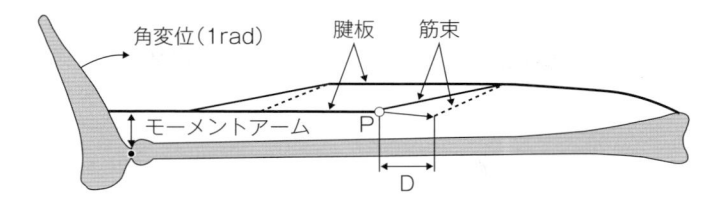

図10-2 足関節の背屈を1rad（ラジアン）行ったときの前脛骨筋の腱の移動（D）はモーメントアームに等しくなる（福永，1998）

である．したがって，これまでも関節角変化から筋線維の長さを推定し，関節トルクから筋線維の発揮する力を推定する試みがなされてきた．しかし，筋線維の長さを正確に知るには腱の長さを知らなければならない．腱は筋線維の束と直列であるが，筋線維がとくに羽状筋のような場合は，筋線維と腱の走行方向が異なる（図10-2）．したがって逆にいえば，筋線維の力がある角度（羽状角 pennation angle）をもって腱に伝わり，腱の力（腱張力）となって関節トルクが生まれる．この関節トルクは一般に次の関係にある．

腱張力＝筋線維張力×羽状角（$\cos\theta$）
関節トルク＝腱張力×モーメントアーム

ところがこれらの値は運動にともなって変化する．等尺性収縮でも筋束は短縮する（Ito ら，1998）．つまり筋張力の発揮にともなって，筋の形状などの諸要因がすべて変化すれば，筋線維の力の推定に必要なモーメントアームも変化する．そこで福永グループの研究では，最新の超音波装置を用いて比較的容易な運動中のモーメントアームの算出方法を考案して（Ito ら，2000），その他の部位（膝関節など）にも適用した．

10-3　ヒラメ筋の潜在的パワー発揮能力

足関節の前面の筋（前脛骨筋）と後面の筋（下腿三頭筋）のパワー発揮能力を比較した実験結果が図10-3である．筋群の（解剖学的ではない）生理学的断面積は，並行する筋線維の断面積の総和であるから，明らかに筋力に関係する指標として筋量/筋線維長で求める．また筋線維長は直列のサルコメ

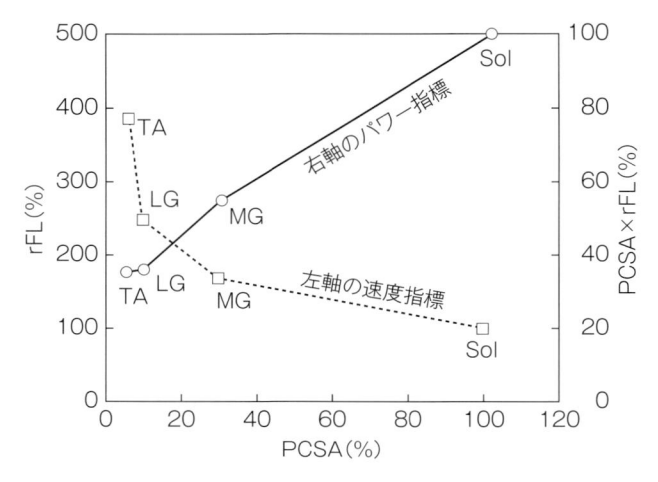

図10-3 ヒトの下腿筋群の生理学的断面積と筋線維長との関係
（Fukunagaら，1992）

rFL：筋線維長FLer K（ただしKは羽状角），PCSA：生理学的断面積，LG：腓腹筋（外側），MG：腓腹筋（内側），Sol：ヒラメ筋，TA：前脛骨筋

ア数に関係するとされているので，収縮速度に関係する指標である．したがって，断面積（PCSA）と筋線維長（FL）を掛け合わせた指数は，潜在的な筋パワーの指標になる．

図10-3の場合は，ヒラメ筋（Sol）の断面積が大変に大きく（右上に注意），力の発揮に優れていることを示している．これに対して外側広筋（LG）は，筋線維長が大きいので速度に優れているとみられる．足背屈にはたらく前脛骨筋（TA）は，ヒラメ筋のような足底屈筋よりはるかに筋線維長が長い（約4倍）ので，力より速度に優れているとみられる．パワーは力と速度の積であるから，力に関係する筋断面積に速度と関係する筋線維長に羽状角を考慮して（rFL）掛け合わせると，外側広筋や前脛骨筋のパワー潜在力に比べて，ヒラメ筋のほうがはるかにパワー発揮能力に優れていることがわかる．これは「ヒラメ筋は遅筋のためパワーは小さいのではないか」とする従来の推測を覆すものである．

図10-4の実験では，被験者が水平の滑り台上に腰・膝を伸ばした姿

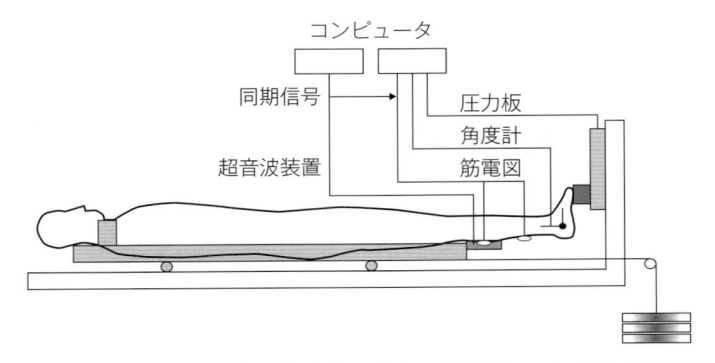

図10-4 反動動作中の筋腱複合体の動きを筋線維レベルで調べる実験法（Kawakamiら，2002）

被験者は滑走台に膝を伸ばした姿勢で仰臥する．滑走台は荷重に連結．この姿勢から「反動あり（CM）」と「反動なし（NoCM）」で足関節の伸展を行わせ，このときのキック力，足関節角，腓腹筋の内側頭と外側頭およびヒラメ筋の筋電図を記録するとともに，リアルタイムの超音波画像から腓腹筋（内側頭）の筋束長を計測した．

勢で仰臥し（慣性負荷），足関節の屈伸による反動動作で筋腱複合体がどのような振る舞いをするかを筋線維レベルで調べたときの実験風景である（Kawakamiら，2002）．足先で蹴るときの力がフォースプレートに記録され，足関節の角変化や筋電図も記録される．実験条件は足関節をいったん屈曲（背底屈）してから蹴る（背底屈）場合，すなわち反動動作を行う場合（反動あり；CM）と，蹴る前に足背屈を行わない場合（反動なし；NoCM）とする．このときの腓腹筋の超音波画像からリアルタイムで運動中の筋束長（fascicle length）を測定し，図10-5のような記録を得た．すなわち「A」は反動あり（CM），Bは反動なし（NoCM）である．

「反動あり（A）」では，荷重の重さで足関節を110°まで背屈し，そこから蹴る（足関節の底屈）．すると腓腹筋の筋束は受動的に伸ばされ，その後（やや下降気味ではあるが）ほぼ一定で，やがて蹴りにともなって下降（短縮）する．他方，「反動なし（B）」の場合は，初めに少し背屈した位置（80°）で荷重を支え，その位置から反動を使わずに蹴る（底屈する）と，筋束は終始下降線をたどって短縮する，というわけである．

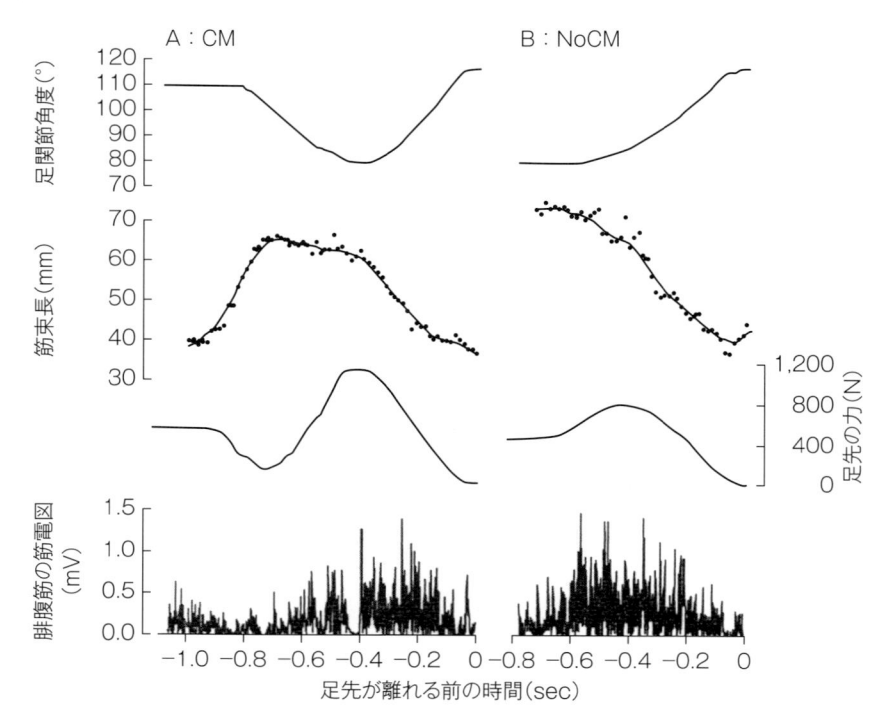

図10-5 図10-4の装置で足関節の反動動作を行った場合（左A：CM）と反動動作を行わなかった場合（右B：NoCM）の足関節角，筋束長，足先の力，腓腹筋内側頭の筋電図（Kawakamiら，2002）

10-4　ヒトの筋組織と腱組織のパワー

　図10-5のような結果から，足関節角と筋束長の相互関係，筋束長とアキレス腱張力との相互関係，足関節角と筋腱複合体のパワーの相互関係を示す図を描いて，反動あり（CM）と反動なし（NoCM）を比較検討した．その結果，今までにはわからなかった伸張効果のメカズムがみえてきた．それをわかりやすくまとめた模式図が図10-6である（Kawakamiら，2002）．

　すなわち上段の（A）が反動動作をした場合（CM），下段（B）が反動動作のない場合（NoCM）の筋腱複合体における変化の時系列を，運動の始め（左端）から終わり（右端）まで模式的に示したものである．太い線が筋線維

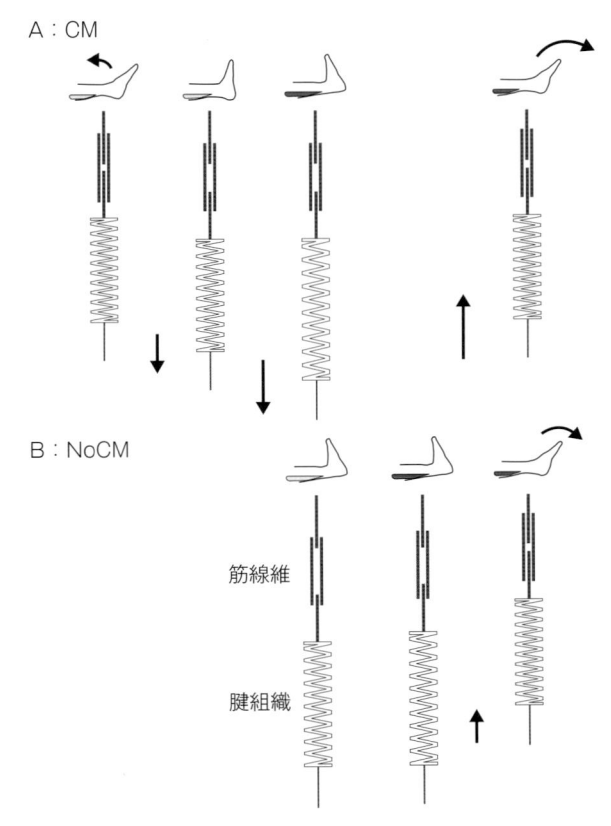

図10-6 図10-5の結果を分析して，反動動作にともなう筋腱複合体の振る舞いをわかりやすく説明したモデル（Kawakamiら，2002）

の重合部（cross bridge）の重合状況（中央の太いフィラメントと上下に動く細いフィラメントとの重なりが多いほど張力が大）を示す（足底屈筋の色が濃いときほど活性化されている）．なお，スプリングは腱組織を表す．

　反動なしのBと比べて反動ありのAでは，まず足背屈の段階で筋腱複合体は短くなり，筋線維も腱組織も短縮している（上段左端）．上段左から3列目で元の位置に戻るが，そのときに腱組織は大きく伸びているが筋線維のクロスブリッジに相当する部分（細いフィラメントと太いフィラメントの重合幅）があまり変わらない（Bと比較すれば明らかである）．

次に蹴る（底屈）段階になると，Bの反動なしでは筋線維のクロスブリッジ幅が大幅に短くなり，底屈初期（下段右から2つ目）に腱組織がやや伸びながら，終局を迎える．Aの反動ありでは，筋線維もわずかに短縮するが，腱組織が一気に短縮して終局を迎える．つまり反動動作をすると，筋線維の収縮要素があまり短縮することなく短縮した状態のまま（あまり仕事をしない）であるが，腱組織の弾性エネルギーが大いにはたらいて大きなパワーが発揮される，ということである．

11章
歩く運動のエネルギー

　歩・走運動がヒトのロコモーション（移動運動）の代表である．水中運動なら水泳が水中ロコモーションの代表かもしれない．道具を使ったロコモーションでは，陸上なら自転車やスキー，水中ならボートやカヌーなど，どちらも運動例は枚挙にいとまがない．またヒトは通常，空中を飛ばないが，スキーのジャンプやハングライダーのようなスポーツもある．

　また同じヒトのロコモーションでも，乳幼児期には「這い這い crawl」で移動し，やがて立ち上がって歩行や走行ができるようになるが，老年期には杖歩行なることも少なくない．しかしこれらはいずれも「動作学的な特徴」による区別であって，「エネルギーからの特徴」を直接的に示すものではない．

11-1　歩行における筋線維と腱組織のはたらき

　直立2足歩行がヒトたるものの最大の特徴であると人類学者はいう．それほど大袈裟に考えなくても，歩行は日常生活をするうえでの基本的な運動として，分野を問わず多くの研究が行われてきたが，歩行中の筋線維の振る舞いを明らかにした研究はない．そこで福永グループの研究では，圧力板を組み込んだトレッドミルを使用して，歩行中の筋線維の動態を探った（Fukunaga ら，2001）．図 11-1 はその実験方法と結果（一部）を示すものである．すなわち，トレッドミル上を 3 km/h で歩く被験者について，そのときの腓腹筋内側頭の筋線維長（筋束長），羽状角，筋電図，膝関節および足関節角度，右足に作用する前後，左右，垂直の3方向の床反力を測定した．また，高速度カメラにより歩行動作も撮影した．図 11-1 下段のグラフは，

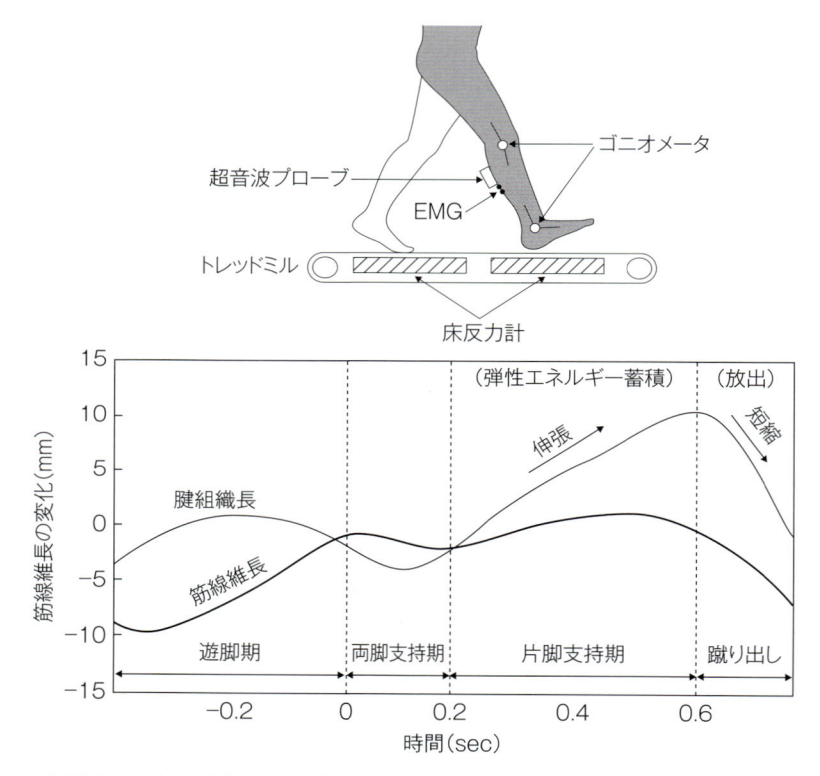

図11-1 トレッドミル歩行中の腓腹筋における筋線維長と腱組織長の変化（Fukunagaら，2001）

　筋線推と腱組織の各長さ変化を示したもので，もっとも注目すべき点は，腓腹筋がもっとも活動している相（片脚支持期）では，筋線推長にほとんど変化がみられず，その間における筋束長の変化は腱組織のそれに依存しているということである．すなわち，身体重心を加速するときに筋線維は等尺性活動によって力を発揮をしていることになり，力—速度関係からみれば，力発揮に有利な活動状態にあるといえる（この点は後で述べるジャンプ動作中の筋線推の動態についても当てはまる）．

　一方，筋が等尺性の活動を行っている間は腱組織が伸長され，それに応じる形で筋束も長くなる．そして，片脚支持期の終わりから踏み出しにかけて

の動作は，主に腱組織に蓄えられた弾性エネルギーによるものであることが推察される．すなわち，歩行動作中における伸張—短縮サイクルは，これまで考えられてきた筋線維によるものではなく，腱組織によるものと考えられるという，画期的な結果である．

11-2　歩く運動の力学的エネルギーと「外的仕事」

歩く運動（歩行）には走る運動（走行）と比べてどんな違いがあるのだろうか．この点について Margaria（1978）と Cavagna ら（1976）は身体重心のエネルギー変化から次のように歩行と走行の違いを述べている．すなわち，歩行 walking では，位置エネルギー（E_p）と運動エネルギー（E_k）の変化が逆位相（一方が増加するとき他方が減少）となるところから，転がる卵

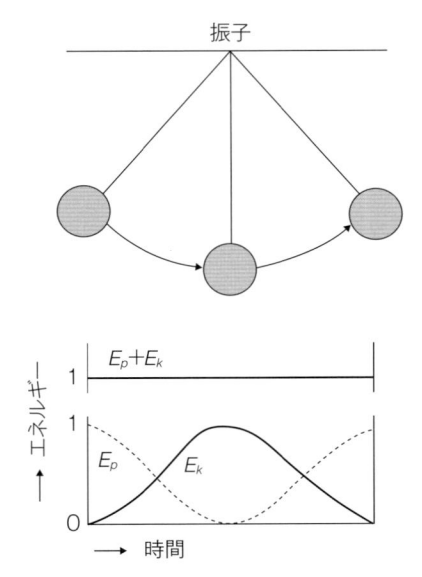

図11-2　振子運動のエネルギー（金子，2006）
左から右へ振られるとき，高さに比例する位置エネルギー（E_p）は減少し，運動の速さの2乗に比例する運動エネルギー（E_k）は増加する．両エネルギー変化が完全な逆位相ならば，総エネルギー（E_{tot}）＝E_p＋E_kは一定（水平線）となる．

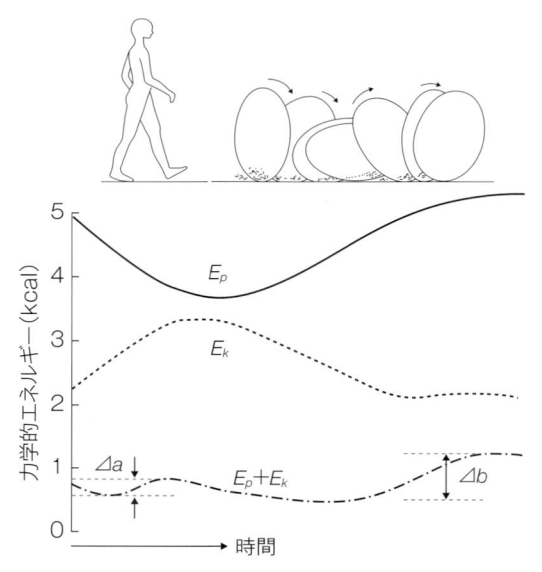

図11-3 歩行運動の力学的エネルギー（Cavagnaら，1976）
歩行運動のエネルギー変化は振子運動（または転がる卵）によく似ている．しかしE_pとE_kが完全には逆位相にはならず，E_p+E_k曲線は，前方への推進時（Δa）と片脚で立つとき（Δb）に増加する．この増加はキック力によるもので，これを外的仕事という．

rolling egg または振子運動 pendulum movement に似ているのに対し，走行 running では，E_pとE_kが同位相（両者が同時に増減する）であり，高い効率で運動するところから弾むボール bouncing ball に似ている，としている．

もしも振子運動が永久運動をするような振子であれば，この位置エネルギー（E_p）と運動エネルギー（E_k）の変化は図11-2のように，エネルギー変化の振幅が等しく位相が完全に逆位相となり，したがってエネルギー総量（$E_{tot}=E_p+E_k$）は一定となる（水平の一直線）．言い換えれば，時々刻々変化するE_pとE_kがエネルギーを交換し合い（利用し合う），外部からのエネルギーを必要とせず運動を繰り返すことができる（6章参照）．

実際の歩行における身体重心の位相がこれと似て，かなり明瞭な逆位相を示すことが明らかになった（Cavagnaら，1976；Minettiら，1993）．図11

−3 がそれである（歩行者の絵の位相とエネルギー曲線の位相が一致していないことに注意）．すなわち第1歩を踏み出すと，両手と両脚の開きによって身体重心が下がり，両脚支持期の中間当たりで位置エネルギー（E_p）曲線が最下点に達する．他方，運動エネルギーは，手や脚を前方に振りながら身体重心の進む速度を反映するため，両脚支持期の当たりでは最高点に達する．次に両脚支持期から再び片脚支持期に向かう過程で重心が高まるので E_p が増加し，前進速度が遅くなるので E_k が下降する．

　しかし，両エネルギー相互の変換は完全な逆位相にはならず，振子の場合のような E_{tot} が一定（水平の一直線）とはならない．最初の総エネルギー（E_{tot}）の変化（Δa）は，前方へ足を踏み出すときに身体を押すエネルギーを補足するもので，第2の E_{tot} 曲線の上昇（Δb）は両脚支持期から片脚支持期に移るときに重心を押し上げるのを助けている．言い換えれば，E_{tot} の増加は外部からのエネルギー注入を意味しており，1回目は前方に進むエネルギー，2回目は重心を持ち上げるエネルギーを外部（筋肉）から補給されつつ，歩行運動が行われていると考えられる．

　この外部から重心に対してなされた仕事を「外的仕事（external work：W_{ext}）」という（これに対し，重心の動きに無関係の内部の仕事を「内的仕事（internal work：W_{int}）」と呼ぶ）．

11−3　振子運動に似た歩行の経済性

　身体重心のエネルギーは，歩行サイクルの中で増減を繰り返すが，その増加量は重心に対してなされた仕事量を表している．すなわち，前方への仕事（W_f），重心を持ち上げる仕事（W_v），E_{tot} の増加による外的仕事（external work：W_{ext}）である．

　上記の振子運動を念頭において歩行運動を考えた場合，振子のようにエネルギーが授受されつつ歩けば外部からのエネルギーが少なく，楽に歩くことができるはずである．自動車にたとえれば「燃費がよい」ことになる．これと同様に，エネルギーの使い方がどの程度振子に似ているか（どの程度経

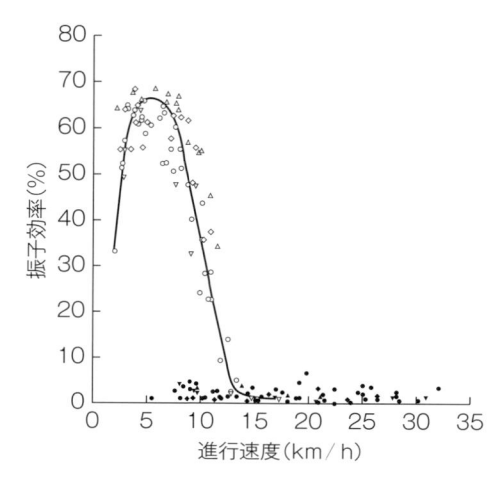

図11-4　歩行および走行の"振子効率"(Cavagnaら, 1976)
歩行は振子のエネルギー授受に似た効率のよい運動である.

済的エネルギー変換がなされているか)を示す指標をCavagnaら(1976)は「％Recovery」という言葉で表現した．金子ら(2003)は，この％Recoveryをもっとわかりやすく「振子効率 pendular efficiency」と言い換えた．

振子効率（％）＝％Recovery＝$(W_f + W_v + W_{ext})/W_f + W_v$

すなわち，この振子効率が100％となる歩行が，もっとも振子に近い，"効率"のよい歩行であることを示す．図11-4は，歩行運動を振子運動に照らしてみた場合，歩行が走行に比べ，いかに効率のよい運動であるかを示している．このような「振子効率」を子どもの発育について調べた研究によると，成人に比べて1〜6歳の子どもは著しく"効率"が低く，3〜4歳，5〜6歳と成長するにつれて成人の「振子効率」に近づくという（Cavagnaら，1983）.

11-4　歩行時の肢運動による「内的仕事」

先に身体重心の動かす仕事を「外的仕事」と呼んだが，今度は「内的仕事」とは何か，である．このような外的仕事(external work)，内的仕事(internal work)という用語は，古くから用いられていた(Lupton, 1922)．たとえ

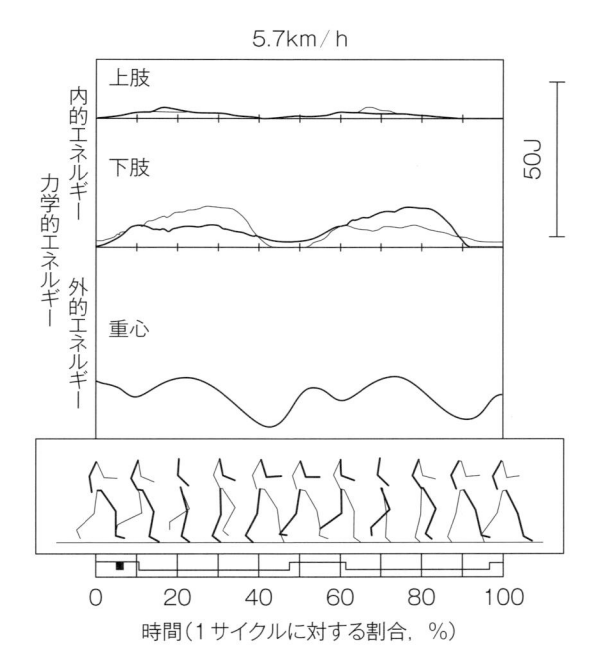

図11-5　歩行中の上肢と下肢の内的エネルギー（変化の合計が内的仕事）と重心移動のエネルギー（変化の合計が外的仕事）（Willemsら，1995）

ば，立位姿勢で両手を左右にゆっくり延ばして十字形の姿勢をしても，身体重心はほとんど動かないが，筋肉にしてみれば「腕を動かす」という（内的）仕事をしている（Kaneko，1990；Minetti，1998）．また，走幅跳をした場合，空中で身体をどんなに動かしても，身体重心の軌跡は変わらない．このように身体重心の移動に影響せず，身体重心周りで行われる仕事を「内的仕事（internal work：W_{int}）」と呼ぶ．この内的仕事は，

$$E_{int} = 1/2 \cdot mv^2 + 1/2 \cdot I\omega^2$$
$$W_{int} = \Sigma \varDelta E_{int}$$

ここで，$1/2 \cdot mv^2$ は並進エネルギー（ただし，m は肢部分節の質量，v はその並進速度）である．また，$1/2 \cdot I\omega^2$ は回転エネルギー（ただし，I は肢部分節の慣性モーメント，ω はその回転速度）である．肢部分節とは前腕，

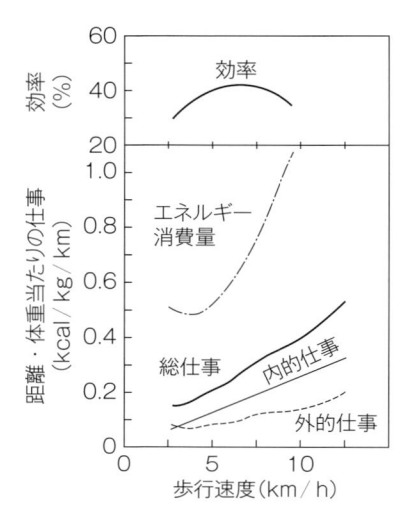

図11-6 種々の速度の歩行運動における仕事，エネルギー消費量，効率（CavagnaとKaneko，1977）

上腕，大腿，下腿などのことである．

　図11-5は，歩行中の上肢と下肢のエネルギー変化（変化の合計が内的仕事）と重心移動のエネルギー変化（変化の合計が外的仕事）の例である．内的仕事の大部分は脚の運動によるもので，腕の内的仕事はきわめて少ない．図11-6は，歩行速度に対する内的仕事と外的仕事の変化を体質量1 kg当たり，距離1 km当たりで示したもので，歩行運動では肢運動による内的仕事のほうが身体重心を動かす外的仕事より大きい．最上段は，エネルギー消費量を多数文献から平均化し，次式で求めた機械的効率である．

　　　　機械的効率＝総仕事／エネルギー消費量

　なお総仕事とは，単なる外的仕事＋内的仕事ではなく，エネルギーの段階で外的エネルギーと内的エネルギーの瞬時値を加え（両エネルギー間のエネルギー転移を考慮して），その変化分を合計して求めたものである．この効率は時速7 km付近で最高になる．

　図11-7は，歩行速度の増加に対する外的パワーと「振子効率」（E_pとE_kの授受率）を示したものである（田中ら，2003）．点線が若年者，実線が高

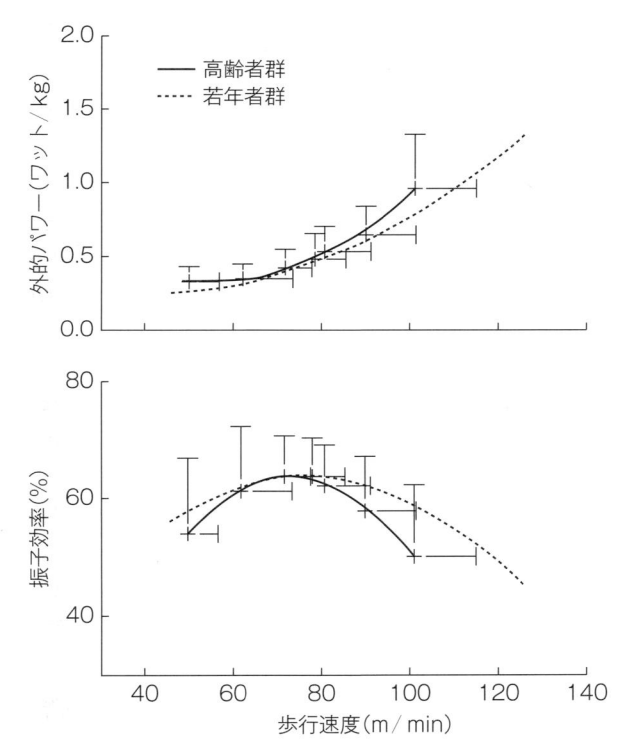

図11-7 高齢者と若年者の自由歩行における"振子効率"と外的パワー(田中ら，2003)

齢者である．身体重心を動かす外的パワーは体重当たりの値であるから，同じ体重だとすると高齢者のほうが高い傾向にある．また「振子効率」（E_pとE_kの授受率）は，自由歩行の速度付近で最高になり，それより速度が速くなっても遅くなっても効率は低下する．すなわち「振子効率」の最高値は，自由歩行では高齢者と若年者の間に差がないのに，速度が自由歩行から外れると，速度が遅くなっても速くなっても，高齢者のほうが若年者より明らかに「効率」の低下が著しい．つまり高齢者は，自然な歩行をしているときは若年者と変わらない効率（振子効率）で歩くことができるが，歩行走度がその至適速度 optimum speed からはずれると，急速に効率の低い歩行に転じ，高齢者の適応の悪さが表出する．

閑話コラム（10）＜古澤や　池にとびこむ…＞

わが国の故古澤一夫教授は Hill の右腕として有名な sprint running の研究をはじめ数々の論文を発表しているが，その中のエピソードのひとつ．著者が鷹野教授の紹介で晩年の古澤先生のお宅を尋ねた折，「先生は摘出筋が完全に脱分極したのを見てすぐさま Hill に電報を打ち，喜びの余り 4 マイルもある池に飛び込んで往復されたそうですね．Hill（1965）がそう書いています」と申し上げた．先生は「オッ，よくそんなことを知っとるね」といわれ，「あのときはプリモスの池の水が凍っていてね．氷を割りながら泳いだのだよ」と懐かしそうに話された．完全な脱分極については 2 篇ほどの論文になっているが，「多分この論文によって神経衝撃のカリウムイオンとの関連の重要性が示唆された」との Hill のコメントがある（Hill，1965，pp22-23）．まだそんな時代だったのであろう．次々と質問する著者に先生は，研究仲間の秘話（人間性やハプニング）を延々と語られ，最近来日された Hill 夫人の土産だとかいうスコッチを何度も「ノミネー，ノミネー」と進められ，一本すっかり空になってしまったのだった．それからもう 40 年も経った．

12章
疾走運動のエネルギー

12-1　速さの限界にいどむ疾走

　歩・走運動の違いは足が地面にどう着くか（着地）にあり，この点が昔から研究されてきた（図12-1）．つまり歩行walkingでは左右いずれかの足が必ず着地しており（片脚支持期），両足が同時に着地するとき（両脚支持期）も必ずある．これに対して走る運動runningでは，両足が同時に空中に浮く瞬間がある点で歩行とハッキリ区別される．しかしそれは動作学的な違いであって，エネルギーからみたらどうなのか等の問題を含め，まずはA.V. Hillらのグループ（Fusrusawaら，1927a・b）の研究をハイライトとして，ロコモーション研究の軌跡をたどってみたい．

　スポーツを愛したA.V. Hillは，著書や講演の中で随所に「スポーツに対する興味」を披瀝していた．同僚のE.H. Starling（心臓への静脈還流が多いときほど心拍量も多いというスターリングの法則の提唱者）もスポーツ好きだったので，"疾走sprint running"の実験の面白さを話そうと思った矢先に彼がこの世を去り，その無念さを「Muscular Movement in Man」（Hill, 1927a）の裏扉に記している．また「競技者ほどすばらしい実験動物はいない」，「彼はとてもよい実験動物だ」という言葉をしばしば漏らしているが，それは生理学的な意味であって，「競技者は人間の極限を教えてくれる存在」という学問的興味と，スポーツに対する愛情と畏敬の念が言わせたものと思われる．いずれにしてもA.V. Hillの実験は，多くの生理学者がヒトの実験を避ける中で，真正面から「ヒト」と取り組んでいる．

図12-1　Marey（1891）のニューモグラフを使ったランニング実験
（Cappozzoら，1992より引用改変）
着地すると靴の中の空気が圧迫され，管を通って記録される．

　われわれの身体運動のエネルギーは，最終的には酸素が体内に取り込まれた量によって知ることができる．このことを，疾走運動というスポーツにおいて最初に示したのがA.V. Hillである．先に述べたようにHillは熱エネルギーの研究で種々の新しい言葉を作ったが，疾走運動の研究においても"酸素需要量 oxygen requirement"，"酸素負債 oxygen debt"，"定常状態 steady state"，あるいは"回復 recovery"といった新しい言葉を創出している．すなわち，今日の運動生理学やバイオメカニクスで用いられている言葉は，実はHillの造語によるところが多い．それは単なる理論ではなく，疾走運動を研究するために「やむにやまれず創り出した」ものであることが推察される．
　実際にFurusawaら（1927a・b）の疾走運動に関する研究では，酸素消費量，酸素負債量から消費エネルギーを測定し，疾走の速度曲線から運動方程

図12-2　Hillらの疾走実験風景(Hill, 1927a) 　　図12-3　Hillらの疾走実験の被験者(Hill, 1927a)

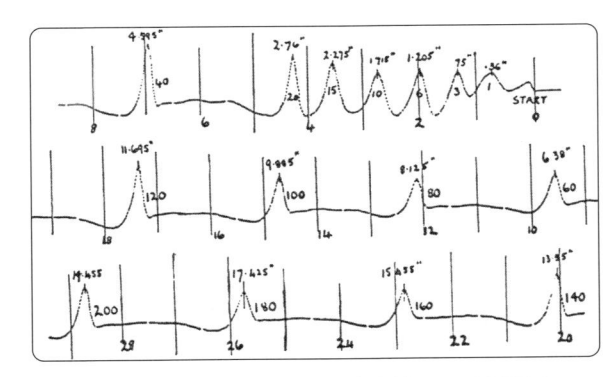

図12-4　Hillらの疾走実験の記録例(Hill, 1927a)
走者の磁石の通過に応じてコイルに生じた電流.

式を立てて力学的仕事を算出し，機械的効率（mechanical efficiency）を算出してみせた．こうしたことから著者は臆面もなく「A.V. Hill こそが"スポーツ科学の父"と呼ぶに相応しい人だ」述べてきた．

疾走 sprint running の研究は，Furusawa ら（1927a・b）の2つの論文で発表された．なお，Furusawa とは日本の古澤一夫元神戸大学教授であり，Parkinson は優れたテクニシャンでもあった．図12-2 はその実験風景で，グラウンドに沿って X 状にみえる柱には菱形の「くもの巣」状にコイルが巻かれており，磁石を胸につけた被験者（図12-3）が通過すると起電流が

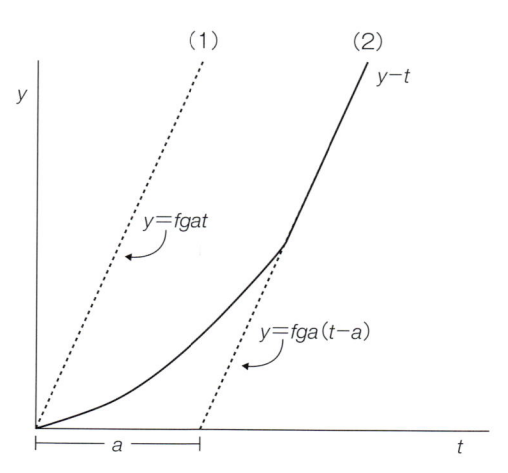

図12-5 Hillの運動方程式（金子，1988）
定数aは速度曲線（y-t）が最大に達するまでの
遅延時間（X軸のa）に等しい．

発生する（図12-4がその記録例）．疾走では，筋収縮のエネルギーが四肢の周期的な運動を引き起こし，地面を蹴る力の反作用から推進力 propelling force が生まれる．この研究では，推進力が坂道を全力で登るときの体重に比例した力であると仮定し，それを原動力として身体の粘性抵抗に対する力との差が，実際の加速度に比例すると考え，次の運動方程式を立てた．すなわち，

$$M\frac{d^2y}{dt^2} = fMg - \frac{M}{a} \cdot \frac{dy}{dt} \quad \cdots\cdots\cdots (1)$$

を導いた（ただし，y は時間 t における走距離，f は推進力係数，a は粘性抵抗に関係する定数，M は身体質量，g は重力加速度）．

$M(d^2y/dt^2)$ は外から観察される推進力であり，$(M/a \cdot dy/dt)$ は粘性抵抗に抗する力である．

（1）式の両辺を M で除し，t について積分すると，t 秒後の走距離 y は，

$$y = fga\{t - a(1 - e^{-\frac{t}{a}})\} \quad \cdots\cdots\cdots (2)$$

図12-6　BestとPartridge（1928）の疾走実験
走者の腰に結ばれた紐の繰り出される速さで
走速度の変化を測定し，"推進力"を検討した．

と表現され，またt秒後のスピード（dy/dt）は，

$$\frac{dy}{dt} = fga(1-e^{-\frac{t}{a}}) \quad \cdots\cdots\cdots\cdots\cdots\cdots (3)$$

となる．時間tが十分に大きくなると，$e^{-t/a}$がゼロに近づくところから（2）式は，

$$y = fga(t-a) \quad \cdots\cdots\cdots\cdots\cdots\cdots (4)$$

と近似できる．すなわちtが大きいときのfgaは最大速度を意味し，粘性定数aは，実際にとび出すときの時間的遅れ（time lag）を意味する（図12-5）．

　この実験では酸素消費量も測定している（Furusawaら，1927b）．すなわち，疾走実験のエネルギー消費量測定は3名の被験者によるダグラスバッグ法で行われた．まず45分間の安静を与えた後，60，100，120，150ヤードの"疾走 sprint running"を全力で行わせ，回復期（安静水準への戻り具合をみて，最長50分まで）の酸素摂取量を測定し，（ほとんど酸素負債から）エネルギー消費量を求めた結果，3名の機械的効率は35.0，41.1，36.9％となり，平均で約38％の値であると結論した．この翌年にHill（1928）は，疾走中の空気抵抗についての論文で，疾走スピードが最高の10.52 m/sに達しても，被験

者が受ける空気抵抗は高々3 kg 程度（推進力 fMg の5％）であるとしている。またBestとPartridge（1928）が、図12-6に示すような、ドラムに巻いたコードで疾走スピードを調べる方法を導入し、Furusawaらと同じ電磁コイルの装置でラップタイムもわかるようにした（この実験準備にはParkinsonが協力）。またドラムにバネ秤で抵抗を与えた場合と与えない自由な疾走の場合を比較する方法で、Furusawaら（1927a）が仮定した「推進力 fMg」の検討を行った。その結果、Furusawaらの研究で用いられた推進力係数と粘性係数が合理的であった、との結論を導いている。

12-2　日本の名スプリンターの研究

猪飼ら（1963）は、このHillらに倣って疾走研究を行った。この研究ではHillらが用いた電磁コイル代わりに光導電セル（フォトセル）が使われた。すなわち走路の各地点に投光部（スポット電球）と受講部（光導電セル）が対をなして立てられ（図12-7）、それらをホイートストン橋回路に組んで（図12-8）走者が光線を遮るごとにシグナルが記録されるようにした（図12-

図12-7　光導電セル（フォトセル）による100m疾走実験（猪飼ら，1963）
被験者は当時の日本記録保持者であった飯島秀雄選手。

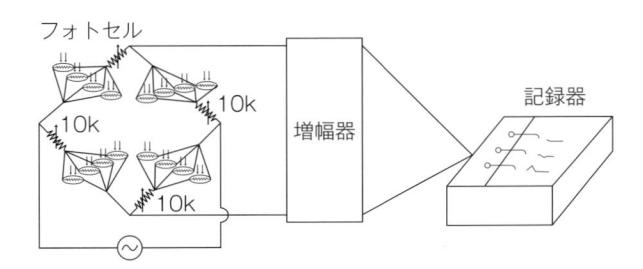

図12-8　光導電セル（フォトセル）による100m疾走実験の模式図（猪飼ら，1963）

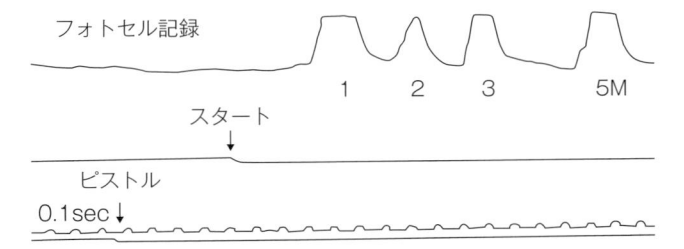

図12-9　光導電セル（フォトセル）による100m疾走実験の記録例（猪飼ら，1963）

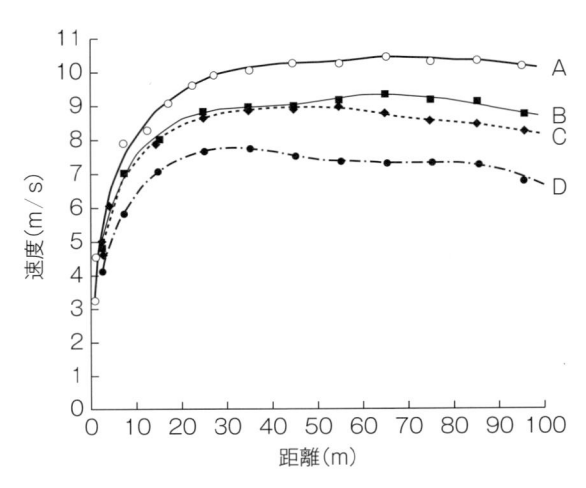

図12-10　100m疾走の速度曲線（猪飼ら，1963）
Aが飯島選手，Bは学連強化選手，CはT大学陸上部選手，Dは非鍛錬者27名の平均速度曲線．

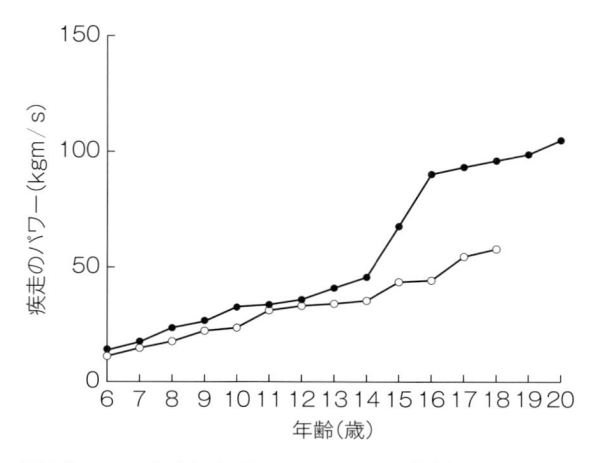

図 12-11　疾走におけるパワーの発達（猪飼ら，1963）

9）．図 12-10 は速度曲線の例で，A の選手は当時の日本記録保持者であった飯島秀雄選手，D は小学生から大学生まで（n＝27）の平均速度曲線である．またパワー（推進力×走速度）も求め，その発達経過も調べた（図 12-11）．このパワーは，スタート時から 1 m までの加速度（推進力）に速度を乗じて求めたもので，推進力の発育曲線とよく似た曲線であった．また彼らの求めた推進力係数（f）は，一般成人男子で 0.60，オリンピック候補選手では 0.98 となり，いずれも Furusawa ら（1927a・b）が予想した 0.5〜0.6 からあまり遠くない値であった．

12-3　疾走スタート時における仕事の変化

　フォースプレートが何 10 m も敷かれているランニングコースはない．そこで Cavagna は考えた．己の実験室には直列に並べて計 4 m（幅 0.5 m）のフォースプレートがある．スタート地点をフォースプレートの直前から試行毎に少しずつ手前に下げていけば，ベテランのランナーなら同じ運動を繰り返してくるだろう．予想どおりで，スタート地点を移す方法によりスタートから 20 歩にも及ぶ記録が得られた．そしてあたかもスプリンターが全力で

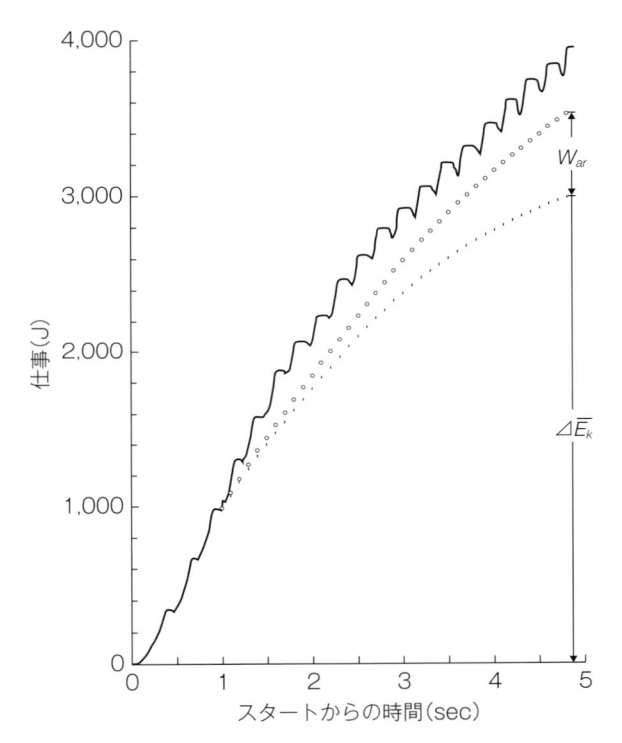

図12-12 疾走スタートにおける仕事の積算値（Cavagnaら，1971）
スタートから1歩毎の総仕事を積算した曲線（実線）．下段の点線は6つの文献をまとめたもの（$\varDelta \overline{E_k}$）中段の点線はそれにHill（1928）の空気抵抗（W_{ar}）を加えたもの．実験はスタート位置を後方へずらして行い，その結果を連ねたもの．

約20歩も疾走したのと同じデータを得て，「疾走加速時における1歩毎の仕事とエネルギー変化」の計測に成功した（Cavagnaら，1971）．その結果が図12-12である．同図の原図は，背丈の2倍もある巻紙に描かれ，広げると5m余りもあった．

改めて図12-12をみてみよう．階段状の実線は1歩毎に身体重心に対してなされた仕事の積算である．最下点の点線は運動エネルギー変化によるもの（$\varDelta \overline{E_k}$），それに空気抵抗（W_{ar}）を加えた線が中間の線（○）である．実測値との差は，スタート点をずらして実験したための誤差である．この原図の分析結果の一枚が図12-13である．パワーはスタート初期の速度が遅い

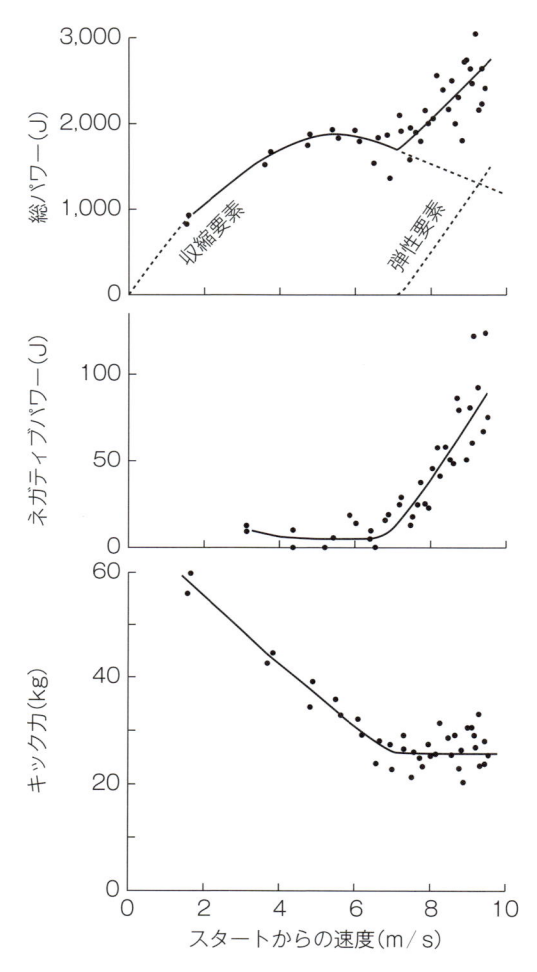

図12-13　疾走スタート時の加速（W^+）と減速（W^-）による仕事（Cavagnaら，1971）
Aは平均パワーの推移，Cは減速期のネガティブワーク（W^-），Cは平均キック力（$\bar{F}$）．

ときには，そのほとんどが収縮要素によるポジティブパワーであるが（最上段），速度が7.5 m/s以上になるとブレーキによるネガティブパワーが増加してくる（中段）．これらの結果から約40年後にCavagna（2010）は，福永グループの諸研究（Fukunagaら，2002）をも参考にしながら，自らの過去の研究（Cavagna，1973）について考察している（図12-14）．同図中の右

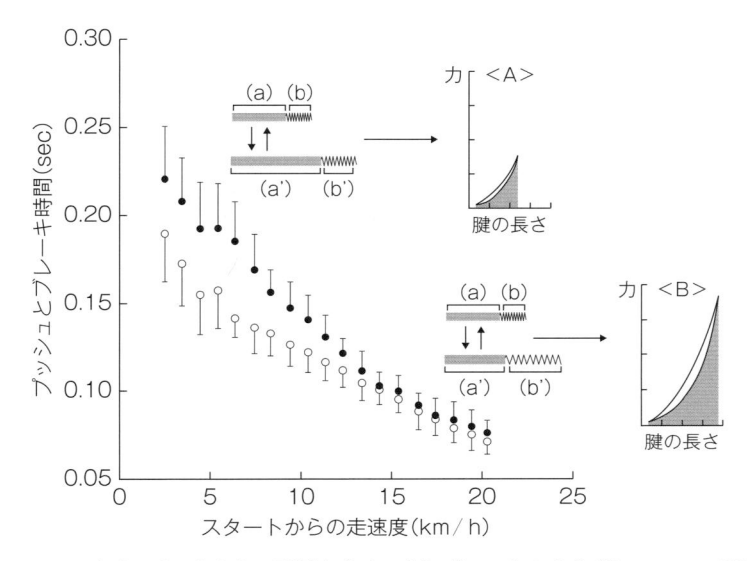

図12-14　疾走スタートからの蹴り（プッシュ）とブレーキの変化（Cavagna, 2010）
速度が遅いときは筋の収縮要素が主として関係するが（A），速度が速くなると腱の弾性要素による仕事（ネガティブワーク）が大きくなる．

に描き込まれた図は，Cavagna と Citterio（1974）の伸張—短縮サイクルによる仕事を示したもので，図13-9（p158，三角形の下の影の部分が仕事）と対応している．研究とはかくして進歩するものだという見本である．

疾走に関する研究は枚挙にいとまがないが，要するに「速く走るには…」が研究の狙いである．この点について伊藤ら（1998）は，これまでの指導では「前方に大腿を高く引き上げ，十分膝を伸ばしてキックする」とされてきたが，それはむしろ誤りで，より速く走るためには（世界の一流走者にもよくみられるように），「前方に意識して膝を高くあげる必要はなく，キックの時は最後まで膝を伸展せずに走ることが大切」と強調している．また，自分で蹴る歩・走マシーンによるパワー研究や（Funatoら，2001），子どもの走・跳・投運動の発達に関する研究も，筋パワーの発達を明らかにするために多数行われている（辻野ら，1974；宮丸，2001）．

13章
等速度で走る運動のエネルギー

13-1 等速走の仕事計測

　短距離における身体重心は，スタートで加速し，トップスピードで等速に達してから減速期に入る．このときの加速度から推進力を得て，速度との積から疾走パワーを得る（Furusawa ら，1927a・b；猪飼ら，1963）という方法が採られてきた．

　しかし，等速走 constant speed running では，加速期がないため，上記のような運動方程式による研究は成り立たない．つまり1歩の中のポジティブワーク（前半）と，後半のネガティブワークとが相殺されて，総仕事がゼロとなってしまうからである．

　これを解決して見せたのが Fenn（1930a）である（図13-1）．Fenn は

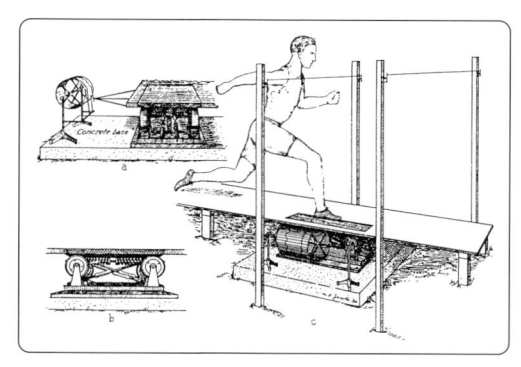

　　図13-1　Fenn（1930a）の用いたバネ式のフォースプレート（圧力板）による実験風景．左上は上下動，左下は前後動の記録装置．

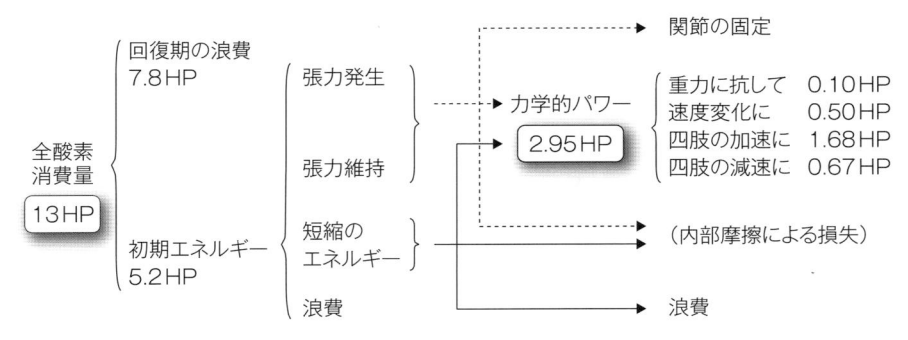

図13-2　走運動（全力疾走）の出力とパワー（Fenn, 1930a）
効率＝2.95馬力／13馬力×100＝22.7％

筋収縮の「フェンの効果」（図3-4, p31参照）でも知られるが，図13-1のバネ式フォースプレートを駆使して身体重心を動かす外的仕事 external work を求め，他方，高速度写真を用いて肢運動による内的仕事 internal work の算出法も示した．

　図13-1では，走行台の一部にフォースプレートと連結したバネとその記録装置を置いた．また胸の高さにスイッチバーを水平に2本おき，これを遮るときの時間から平均速度を出した．今日ではピエゾ電気を利用した高頻度の振動にも対応できるフォースプレートが開発され（キスラー社製），電気的に精度の高い記録を得ることができる．Cavagna（1975）は自作したフォースプレートを用いて，動物や人間のロコモーションにおける外的仕事を測定している．

　また高速度カメラを使って内的仕事を記録し，それらのポジティブワークの増加分を積算することによって，身体重心の動きに無関係な肢運動による仕事を計算することを可能にしたのである．図13-2はそうした外的仕事と内的仕事を考慮した等速度走に関する研究の集大成である（Fenn, 1930a）．すなわち，力学的パワー（出力パワー）が2.95馬力，エネルギー消費量（入力パワー）が13馬力であるから，機械的効率（＝出力パワー／入力パワー）は0.227，すなわち22.7％であることを明らかにした（この低い効率を基に筋肉には"バネ作用"がないことを示唆したことに注意）．

閑話コラム（11）
＜ J Physiol の著者名はアルファベット順だった＞

　この事実はあまり知られていない．The Journal of Physiology（J Physiol）という学術雑誌があることは，論文を書いたことのある人なら誰もが知る高級な学術誌である．Nature や Sicence が最先端のトピックスにピントを合わせているとすれば，こちらはジックリと腰を落とした原著論文で占められ，審査が厳しく，ノーベル賞のひとつの登竜門ともいわれる．

　さてこの J Physiol の著者順が，つい最近（1990年頃）まで，長年にわたりアルファベット順であった．Cavagna と著者の共著論文（1977）も例外ではなかったが，たとえば Hill 関係では Furusawa・Hill・Parkinson 論文（1927a・b），Hartree・Hill 論文（1928），Hill・Long・Lupton 論文（1924a・b）という具合に見事にアルファベット順であり，多人数の場合も整然とアルファベット順になっている．「筆頭著者や最後尾の著者」にある種の意味をもたせた The American Journal of Physiology をはじめとするアメリカ流に，最近ではやはり歩み寄らざるを得なくなったのであろうか．よき時代の「英国流」が終わったのである．

13-2　等速走の外的仕事と内的仕事

　図 13-3 は，Fenn（1930a）の考え方で外的仕事を測定するため，フォースプレートで記録した Cavagna ら（1976）のエネルギー曲線である．1歩間の身体重心のエネルギー変化を示したもので，上段が位置エネルギー変化（E_p），中段が運動エネルギー変化（E_k），下段は両方のエネルギーの瞬時値を足し合わせた一歩の総エネルギー（E_p+E_k）であり，また総エネルギー曲線の変化（Δa）が1歩の外的仕事である．同図上に描かれた弾むボールは，振子のように E_p と E_k が逆位相になる歩行に対して，両エネルギーが同時に（同位相で）上下すること，および後述するように「バネ作用」がランニングと深く関係していることから，Cavagna らが「弾むボール bounding ball」のようだと表現したからである．

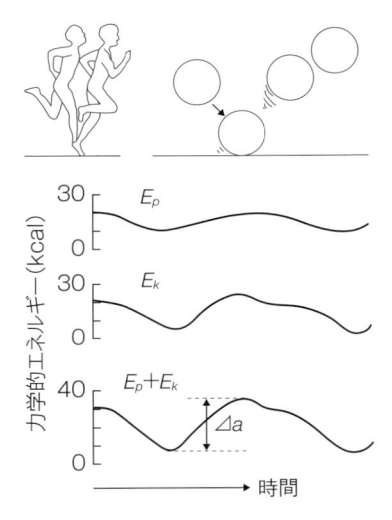

図13-3 走運動（1歩）の位置エネルギー（E_p）と運動エネルギー（E_k）および総エネルギー（E_p+E_k）の変化（Δaは外的仕事）（Cavagnaら，1976）

　図13-4は，多くの被験者について外的パワーを測定結果である（Cavagnaら，1976）．単位時間当たりで表してあるので，「外的パワー」で歩行はやや曲線的に，走行はほぼ一直線に増加することがわかる．

　図13-5は身体重心の動きに影響せず，身体重心周りで肢運動を行う内的パワーの例を示したものである（CavagnaとKaneko，1977）．この方法はFenn（1930a・b）から直接学んだものであるが，その元はKoenigsの法則，すなわち微小構造の全運動エネルギーは次のものの総和で表される，という理論に基づいている．

（1）重心の速度とともに動き，質量Mをもつ点の運動エネルギー，すなわち，

$$E = 1/2 \cdot mv^2$$

（2）質点の重心に対する各部分の相対速度V_{rj}による運動エネルギー，すなわち，

$$E_{kj} = 1/2 \cdot \sum mj V_{rj}^2$$

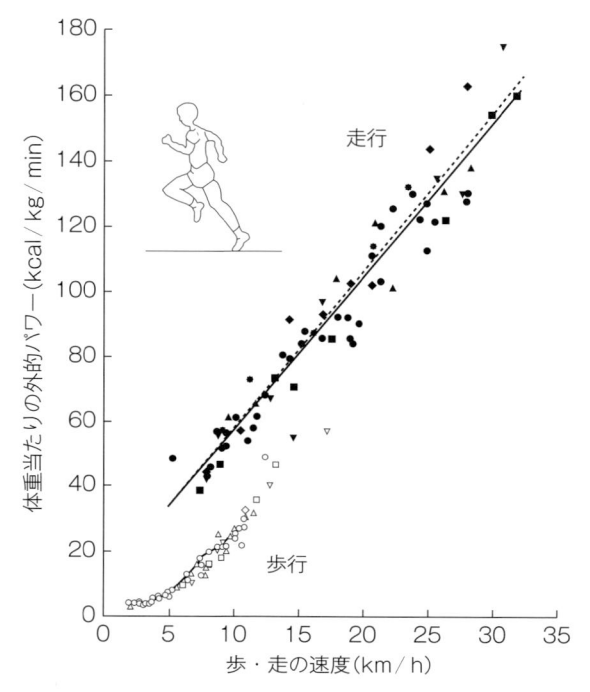

13章 等速度で走る運動のエネルギー

図13-4 歩行と走行の外的パワー(Cavagnaら，1976)

ここで m_j は各部分の質量である．

運動エネルギーのみを考える場合は，ある時間内でのその機構の全運動エネルギーの増加量が，その時間内にその機構に加えられたすべてのエネルギー (E_{kj}) を増加させる外的な力と内的な力によってなされた仕事に等しい．この定義に基づけば，質点と四肢の運動エネルギーを増加させるために筋によってなされる機械的仕事は，$|\Delta E_{ke}|+|\Delta E_{ki}|$ となる．この方法はFenn (1930a・b)，CavagnaとKaneko (1977)，AlexanderとKer (1990) によって採用された．ただし，四肢を持ち上げる仕事は，すでにフォースプレートによる外的仕事によって測定されている成果であるため，全体になると同じ仕事を2度計算する危険性があり，総仕事が17.5％高くなる危険性がある．

そこでFenn (1930a・b) は，四肢を持ち上げる仕事を除いた運動エネ

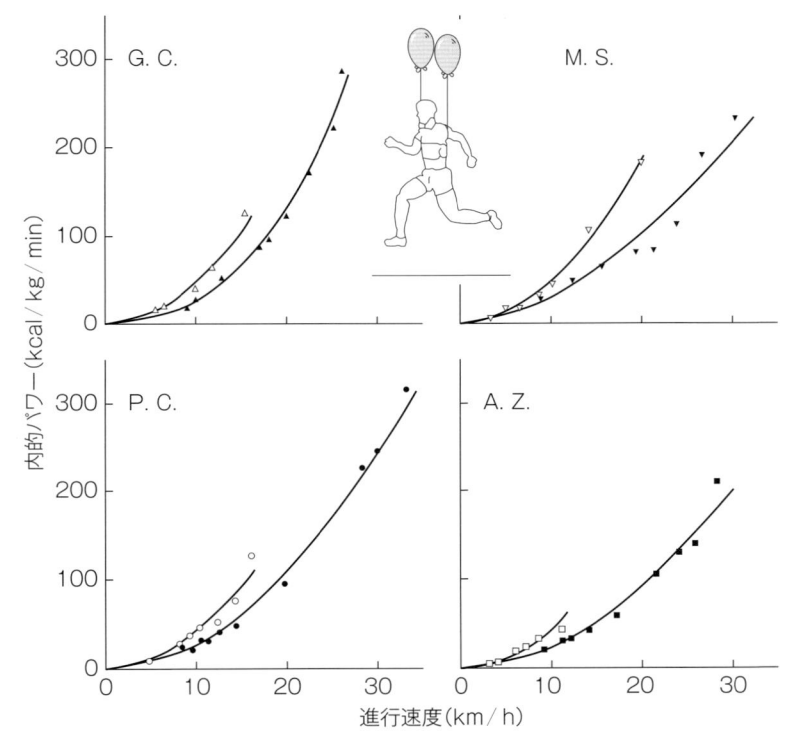

図13-5 種々の等速度の歩行と走行における内的パワー（$\dot{W}_{int}$）の変化
（CavagnaとKaneko，1977）

ギーだけの仕事として計算を行った．このような方法で計算した内的仕事に外的仕事を加えて総仕事とし，これをMargariaら（1963c，1978）によるエネルギー消費（1 kcal/kg/km）で除して効率を求めた（図13-6；風船は空中動作が中心であることを強調するために著者が描いたもので他意はない）．

効率の値はHill（1927）の25％や，Fenn（1930a・b）の22.7％より遥かに高く，45〜70％に及ぶこととなり，従来の研究成果と著しく異なったために論争の火種となった．また，走速度が時速20 kmを超えると，身体重心を動かす外的仕事に比べ，四肢を動かす内的仕事のほうが大きくなることも興味深い．

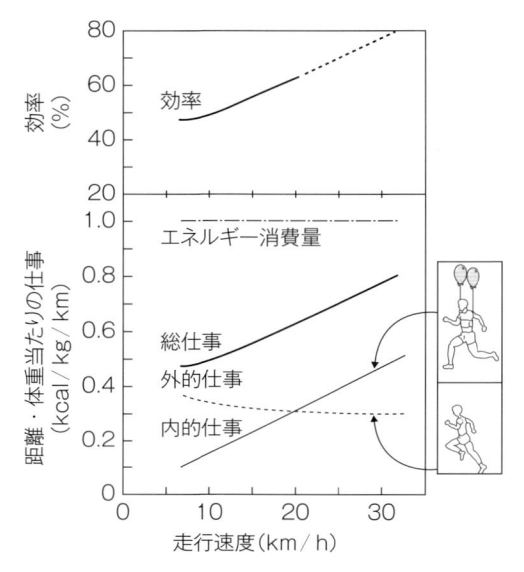

図13-6　種々の速度（等速度）における仕事，エネルギー消費と効率（CavagnaとKaneko，1977）

CavagnaとKaneko（1977）が提示したこれまでの要点は次の3点である．
(1) 効率が45％付近から70％以上と高く，走速度の増加とともに上昇するとしたこと．
(2) 内的仕事と外的仕事を加えて総仕事を求めたこと．
(3) 効率が高い理由は，筋腱の「バネ作用が原因」と論じたこと．
以下はこの手法や結果をめぐる論議（論争）である．

13-3　走速度の増加と効率の変化

　この問題が生じたのは，「走速度の増加とともに効率も増加する」（CavagnaとKaneko，1977）という結果を得た著者が，イタリアから帰国後に行った短距離走者と長距離走者の比較実験で図13-7に示す結果を得たからである（Kanekoら，1985）．なおStuartら（1981）も自転車作業の研究から酷似する結果を得ている（図13-8）．著者は両方の論文に関係しているので苦し

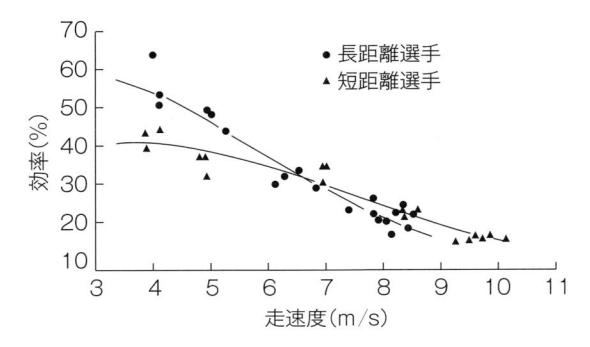

図13-7 種々の走速度における長距離選手と短距離選手の効率(Kanekoら, 1985)

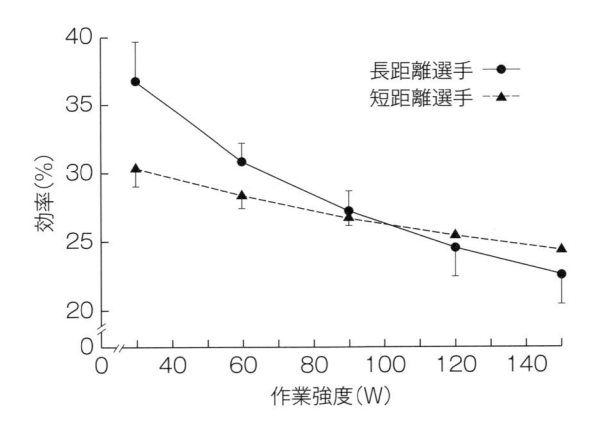

図13-8 自転車作業における長距離選手と短距離選手の効率(Stuartら, 1985)

い立場にあるが，この問題の原因は「無酸素的エネルギーをどのように評価するか」，すなわち「効率＝仕事／エネルギー消費量」の分母に関する問題である．ここで図13-9を見て欲しい．この図中に記した（b）がMargariaの示したエネルギー消費量＝1 kcal/kg/km の根拠（ただしここでは「時間当たり」で表わされている）である．ところがイタリアから帰国してから著者らは，Hill（1924a・b）の方法，すなわち「無酸素的になるに従い酸素摂取量が指数関数的に増加する」データを実測し，その結果として「効率は

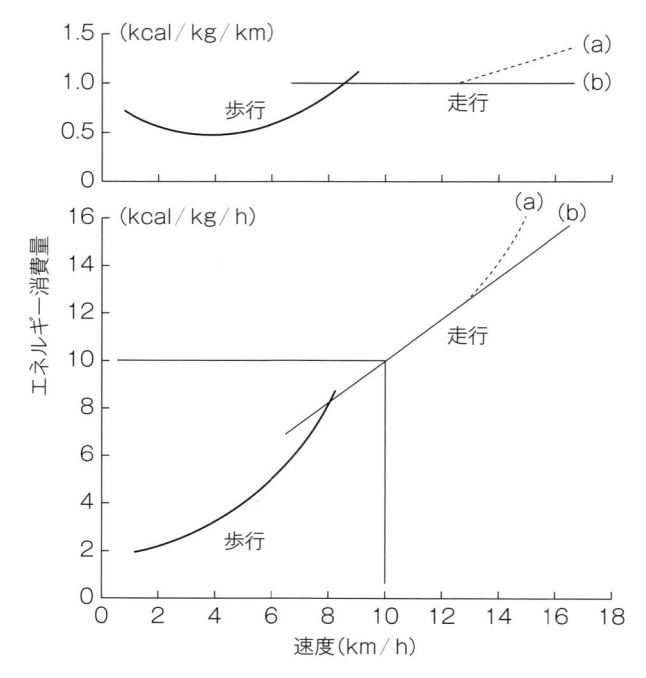

図13-9　歩行と走行のエネルギー消費量(Margariaら, 1963a)
走行時の点線（a）は著者が加筆したHillの方法（b）による傾向．

走速度の増加とともに増加する」と結論したのである．

　図13-9に示したエネルギー曲線が（a）か（b）かは「現時点では直接定量する方法がない」(Kaneko, 1990)，というのが実状のようで，将来に託された大きな問題である．要は，走速度の増加とともに効率が上昇するか下降するかの問題は効率計算における分母いかんによるものであって，仕事の計算法とは無関係である．すなわち，Fenn法であろうとAleshinsky法であろうと，「走速度の増加とともに仕事量は増加する」のである．

13-4　機械的仕事の計算法をめぐる論争

　さて第2の問題を「論争 controversy」としたのは穏やかでないが，「議論」

などのレベルではないのであえて「論争」とした．その論争の口火はJournal of Biomechanics誌上でZatsiorsky（1997）によって火蓋が切られた．彼は，Thysら（1996）が用いたFennの仕事計算法は誤りで，Aleshinsky（1986）の方法が正しいと論じた．仕事の計算法は多々示されているが，Zatiorsky（1997）が「正しい」とした計算法は，Elftman（1940）が創始した方法で，若干の修正がなされながらCappozzoら（1976），Winter（1979），阿江と藤井（1986），Aleshinsky（1986），により用いられている．

われわれの用いたFenn法の最大の特徴は，身体重心を動かす外的仕事（または外的パワー）と，身体重心周りで（身体重心に影響することなく）主として肢運動による内的仕事（または内的パワー）を加えて総仕事（または総パワー）を得る方法である．基本的にFennの原法と変わらないが，Fennが最大仕事を用いたのに対し，われわれは同側の上腕と前腕の間，および大腿と下腿の間にエネルギー転移が起こり，その間を自由にエネルギーが流れる（energy flow）と仮定した変法を用いた．この変法はTaylorとHeglund（1982），Kanekoら（1985），MinettiとSaibene（1992），Willemsら（1995）も使用し，その妥当性が認められている．

一方のAleshinsky（1986）の方法とは，関節トルクによる関節パワーを合計して総パワーを求める方法で，その結果の例を図13-10に示す（阿江ら，1986）．同図は，足が地面を離れて前方に引き出される付近では，股関節の屈筋群トルク（-）が優位になり，股関節が屈曲して（屈筋のトルクが負；-），パワーは正（+）になる．つまり股関節屈筋群はコンセントリックな筋活動によってパワーを発揮している．膝関節では，接地前に屈筋のトルクが優位（-）で，膝関節角が伸展し，角速度は（+）となるため，パワーは負（-）となる．つまりこのパワーは，膝関節筋群のエキセントリック収縮によって発揮されたと考えられる（効率には言及していない）．

その他にも総仕事の計算法は多く，エネルギーの伝達に着目した方法（Winter，1979；Pierrynowskiら，1980）や，負の仕事の取り扱いを工夫した方法（ItoとKomi，1983），あるいは筋力をモデルから推定してすべての筋の仕事を総合する方法（PandyとZajac，1991）など多数がある．

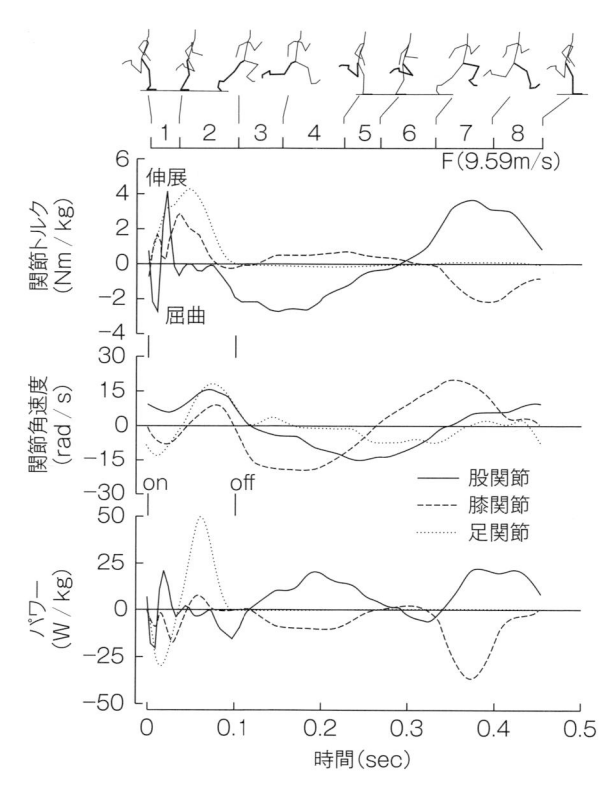

160　13章　等速度で走る運動のエネルギー

図13-10　スプリントにおける下肢の関節トルクおよび関節トルクパワー(阿江ら,1986)

　さて「論争」に話を戻すと，Zatsiorsky (1997) の批判に対して Thys ら (1997・1998) は，Alesynsky の方法は何の実験も伴わない単なる理論であって，実際には Fenn の方法がより妥当であるとし，多数の実測研究例を示して反論した（文句があるなら実績で示せ，と言わんばかりである）．著者も Fenn 法を採用し，総説論文（Kaneko, 1990）を引用されるかたちで間接的に論争にまきこまれた．

　「論より証拠」．著者らは，同一の実験データにつき，Aleshinsky 法と Fenn 法を適用して，論争されている「計算法による違い」を比較した．その結果が図13-11である．物理学の専門的な議論は別としても，事実上どち

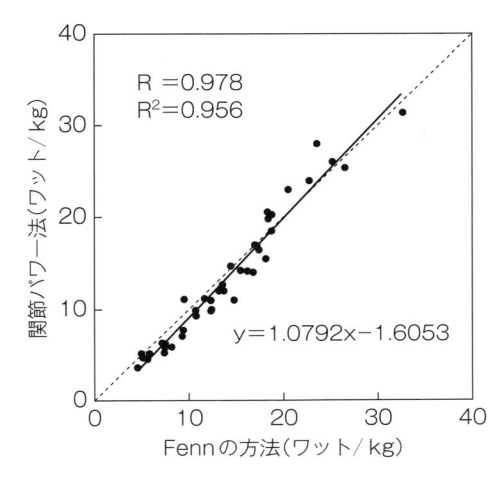

図13-11　Fennの方法と関節パワー法による種々の走速度の総パワーの比較（嶋野ら，2011）

らの計算法を用いても同じ結果が得られるということは重要である．

歴史を振り返れば，Aleshinsky（1986）の原法は Elftman（1940）に始まる．Elftman は，自らの考案した関節パワー法の妥当性を調べるために Fenn（1930a・b）のフィルムを一部借用し，同じデータを当てはめて分析した．そして得られた Elftman の総パワーは 2.89 馬力で，Fenn（1930a）の 2.95 馬力とよく一致する（Elftman，1940，p684），と報告している．

13-5　効率が高い理由は「バネ作用」にあり

第3の問題である「走効率の高い原因」については，すでに本書で詳細を論じたように，Fenn（1930a・b）によって否定されたとはいえ，その後の Cavagna（1977・2010）のレビューや Fukunaga ら（2002）のレビューにみられるとおり，もはや筋腱複合体による反動効果（バネ作用）は「否定」から「肯定」に変わったと考えてよいであろう（次ページの閑話コラム：Fenn から送られたスライドも参照）．

閑話コラム（12）＜ W.O. Fenn が伸張効果を認めた？ ＞

　W.O. Fenn（1930）は，トップスピードのランニング実験から効率を求め，その効率が階段登行や自転車作業のような（伸張の少ない）運動の効率とほとんど変わらない 22.7％であったことから，走運動では筋腱に蓄えられる弾性エネルギーの再利用は考えられないとした．その後，G.A. Cavagna らの研究によって次々と弾性エネルギー再利用の可能性が出てきたのをみて Fenn は，「私は最近，漫画のような図を使って講演している」との書き込みをしたスライドを Cavagan に送ってきた（下図）．その意味は（説明するまでまでもないが），「ボールが弾みながら道路にでてきたら，その後から身体を弾ませた子どもが追って来るのでドライバーは注意すること」という，一見ドライバーへの注意のようであるが，Fenn が言外にいいたかったのは「子どもが弾みながら走って来る」の部分で，「自分はかって弾性エネルギーの再利用を否定したが，いまは君たちの研究を信じている」と言いたかったのであろう．ウイットに富んだ贈り物であった．

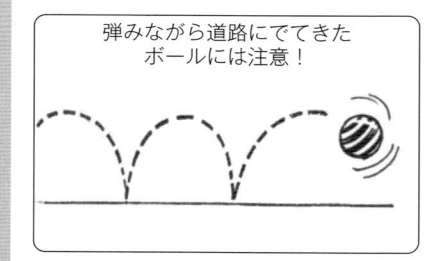

W.O. Fenn が G.A. Cavagna に送ったスライド（1978年頃?）．
走るときの"バネ作用"を否定した Fenn のスライドであるところが興味深い．

14章
跳ぶ運動のエネルギー

14-1　筋パワーテストとしての垂直跳

　垂直跳テストの歴史は，Marey（1985）が空気圧式圧力板（ニューモグラフ）を用いて垂直跳の研究を行った19世紀末まで遡ることができるが（図14-1），体育学の分野で最初に垂直跳テスト vertical jump を行ったのは米国の Sargent（1921）である．彼は垂直跳を Physical Efficiency の評価法として提案したが，その後もう一人の Sargent（1924）が，垂直跳の特性を理論的および統計学的に考察し，跳躍には筋肉の素早い収縮が不可欠であり，力学的には最低限の power が必要であることを指摘した．こうした長い歴史を経て，垂直跳は power test を代表する運動となったのである．

　わが国では戦後，McCloy（1932）や Cureton（1947）の体力テストを参考に「文部省スポーツテスト」が誕生し（松島，1964），その中で power test が「瞬発力テスト」，vertical jump が「垂直跳」とそれぞれ邦訳され，採用された．以来，長年にわたって垂直跳が瞬発力のテスト項目としての位置をしめてきたが，「新体力テスト」の発足（1999）に際して垂直跳は「危険である」との理由で廃止され，代わって立幅跳が「信頼性，妥当性，安全性，簡便性，経済性などの条件を総合的に満たすテスト」として新たな筋パワー（瞬発力）のテスト項目となった．とはいえ垂直跳テストは，学校体育を除く成人や高齢者の体力テストとして今日もなお広く行われている．

　垂直跳テストに関する文献は枚挙にいとまがないほど多い．たとえば跳躍高の判定方法に関しては，頭上の円盤を移動する原法（Sargent，1921）に始まり，リープメータを用いた方法（Bovard と Cozens，1928；松田，

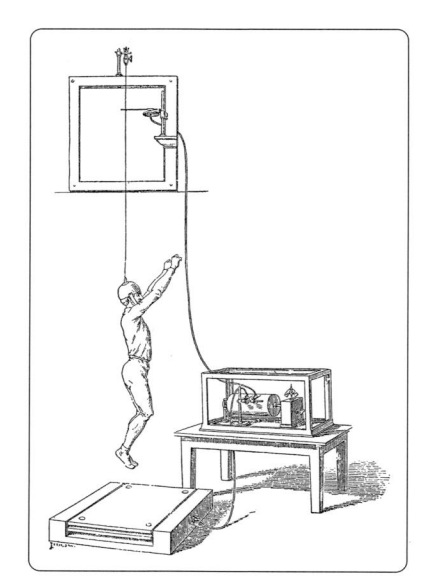

図14-1　Marey（1895）の空気圧式圧力板による跳躍実験（Cappozzoら，1992）

1952），キック後の滞空時間をフォースプレートで測定して跳躍高を算出するテスト方法（Boscoら，1983），あるいは最近のいわゆるベルトジャンプ（足下のゴム板から延びる紐が腰のメータを回し，跳躍高を読み取るテスト法，原典不詳）などがある．

わが国では欧州の体力テスト（Eurofit committee，1988）と同様，van Daren（1940）に始まるいわゆるチョークジャンプが広く普及した．フォースプレートを使えば，キック力を積分してパワーまでを同時に測定することができる（図14-2，渋川と春山，1965）．

図14-3は，Bobbertら（1986a・b）が報告した片脚反動ジャンプに関する2編の論文を基に深代（2004）が図式化したものである．下腿三頭筋の発揮する仕事（J：ジュール）は，筋が60 J（ヒラメ筋が31 J，腓腹筋が29 J）で，腱が68 J（ヒラメ筋が32 J，腓腹筋が36 J）の計128 Jに加えて，下腿三頭筋が二関節筋であるために大腿部から44 Jのエネルギーが流入する（energy flow）．このため足関節全体としては172 Jの仕事がなされる．この筋腱複

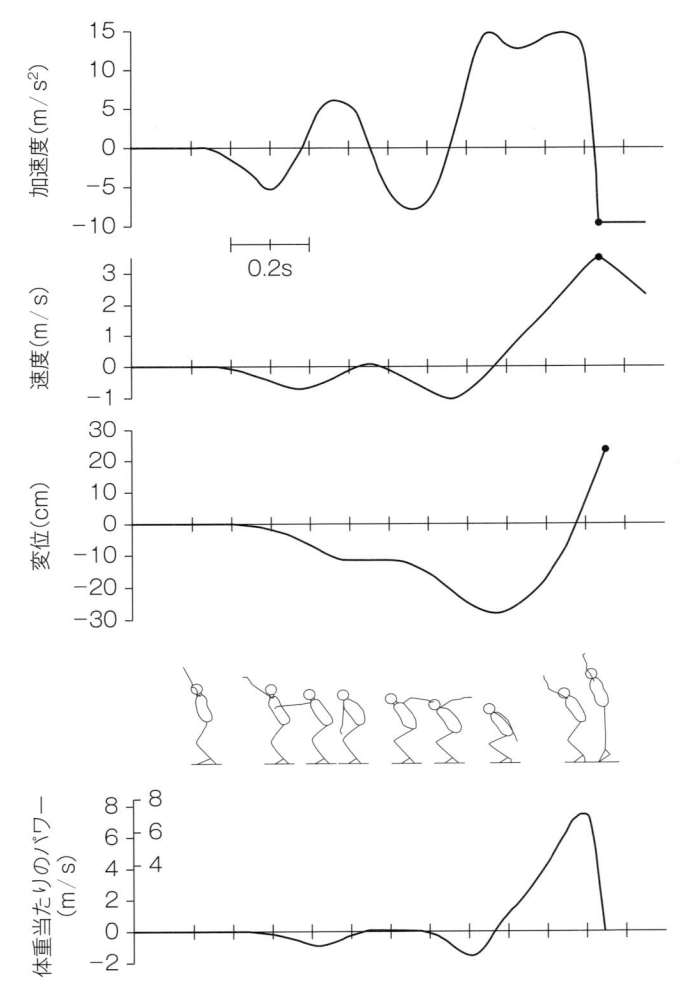

図14-2　垂直跳における加速度，速度，変位，パワー(渋川と春山，1965)

合体モデルから得られたエネルギー値(総仕事)は，リンクセグメントモデルから求めた足関節周りのパワーから得た値とよく一致したという．垂直跳テスト研究についての詳細は，著者(金子，1974・1988)や深代(1990・2000)の記述があるので参考にされたい．

166　14章　跳ぶ運動のエネルギー

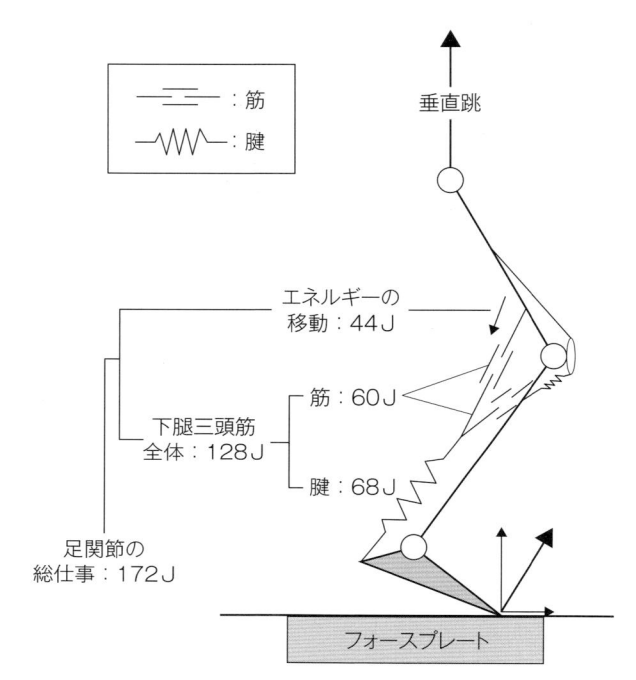

図14-3　垂直跳における下腿三頭筋の仕事（Bobbertら（1986a・b）をもとに深代（2004）作図）

14-2　スクワットジャンプにおける筋・腱のエネルギー

　垂直跳は長年にわたり筋パワーの体力テストとして用いられてきた．それが「危険であるから」との理由で（特別な科学的根拠もなく），新体力テストでは立幅跳に変更された（文部省，2000）．欧米で頻繁にテストや研究対象にされているのは，負荷が重力負荷だけで，鉛直上方に跳ぶという単純さ（技能にあまり左右されずに大きなパワーが発揮される）からであると思われる．
　反動にかかわる弾性エネルギーの関与は，跳躍と他の無反動運動の効率を比較するいくつかの実験により指摘されていた．しかし，特別な反動もなく上方に跳躍する場合の筋および腱組織の役割についてはまったく不明であった．これを明らかにしたのが福永グループの超音波を用いた一連の研究であ

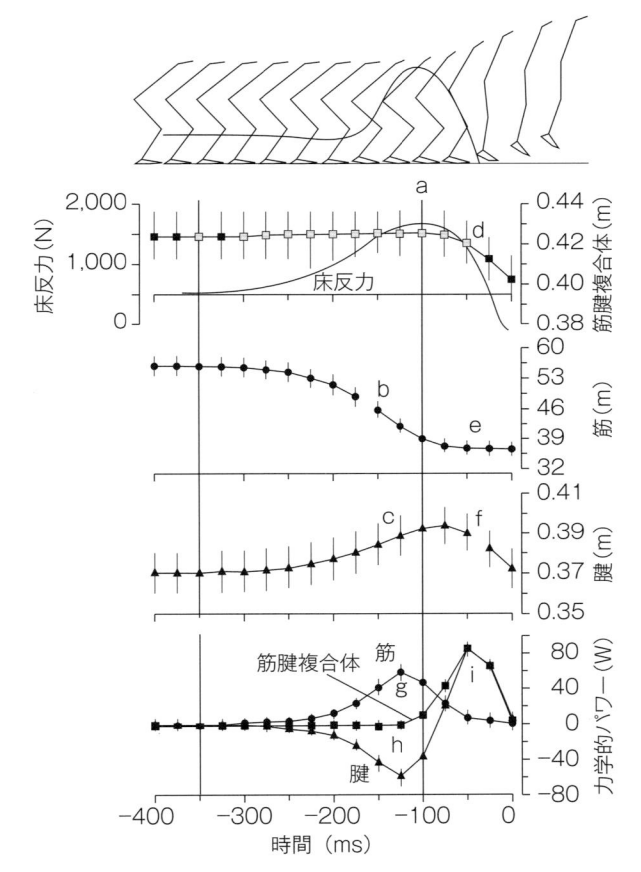

図14-4　スクワットジャンプにおける腓腹筋の動態（Kurokawa
　　　　ら（2001）より共同研究者の深代（2004）が改変）

る（Fukashiroら，1995；Fukunagaら，2002）．

　10章で示した図10-5（p126参照）は，水平の慣性負荷で反動を用いて行われた実験であるが（Kawakamiら，2002），図14-4は，重力負荷についても類似した実験を行った結果（Kurokawaら，2001）をもとに，共同研究者の深代（2004）が解説した図である．すなわちこの実験では，とくに反動を行わないスクワットジャンプが行われた（同図上のスティックピクチャー

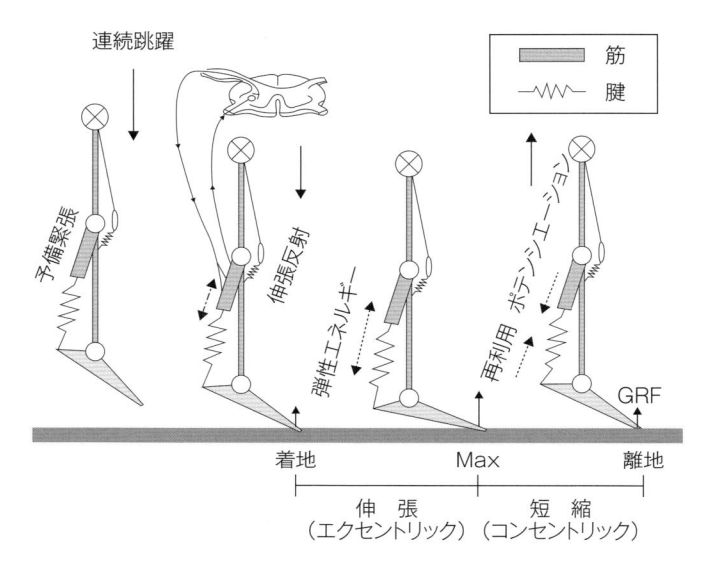

図14-5 足関節のみのホッピングにおける反動動作のモデル（深代，2000）

参照）．

　まず床反力がピークとなる時間（a）までは，筋腱複合体の長さは一定であるが（上段），筋（筋線維）が短縮し（2段目），腱組織（3段目）が長くなっている．つまりこの段階までは筋線維の短縮するエネルギーが腱組織に蓄えられる．パワー（下段）では，筋がプラスのパワー，腱組織がマイナスのパワーを発揮し，筋腱複合体としてのパワーはほとんど変わらない．時間（a）からは膝が伸びてキック力は低下する．この局面（とくに運動の終末部）では，筋腱複合体が急速に短縮している状況（d）の中で，筋（筋線維）の長さはほぼ一定（e）だが，腱組織が急速に短縮している（f）．そのためパワーは，腱組織が急伸展して発揮している（i）．

　以上の結果を図解したものが図14-5である．つまり，スクワット姿勢から跳び上がるときは，筋が最初にはたらいて腱組織に弾性エネルギーを蓄え，その後は筋線維が等尺性収縮をし，腱組織が「バネ作用」を発揮するという．きわめて貴重な知見である．もしも膝屈曲を含む反動動作が先行したら，もっと多くの弾性エネルギーが蓄えられるものと予想される．

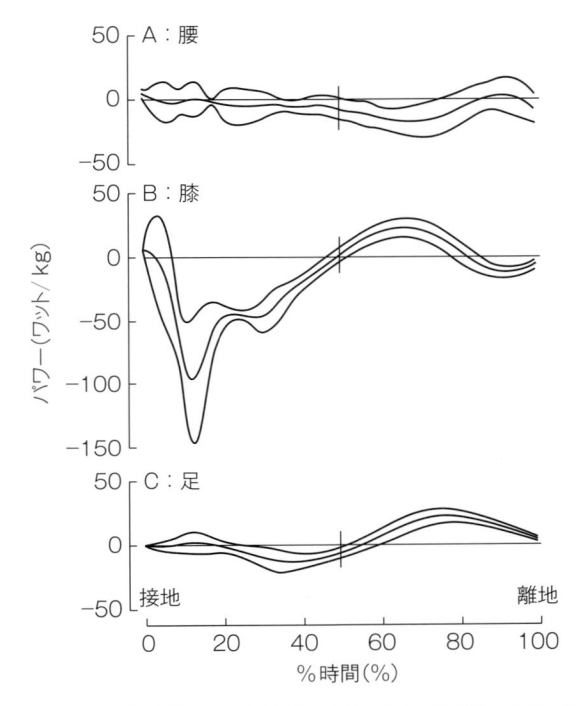

図14-6 走幅跳における踏切時のパワー(阿江, 1990)

　図14-5は, Kurokawaら(2001)などの知見に基づき, 足関節だけによる連続ホッピングを想定して下腿三頭筋の筋腱複合体で起こり得ることをモデル化したものである. すなわち, 着地前には筋組織に予備緊張があり, 着地して筋腱複合体が伸張されるときには, 腱組織に主として弾性エネルギーが蓄えられる. 神経系の伸張反射も起こるであろう. この腱組織に蓄えられた弾性エネルギーが放出されて「バネ作用」がはたらき, トランポリンのときのように体が跳ね上げられるであろう.

14-3 走幅跳と三段跳のエネルギー

　スポーツ科学では, たとえば先に示したホッピングのような運動で実験し, そのメカニズムを探る. 一方, スポーツの実践現場では, 高速度カメラを駆

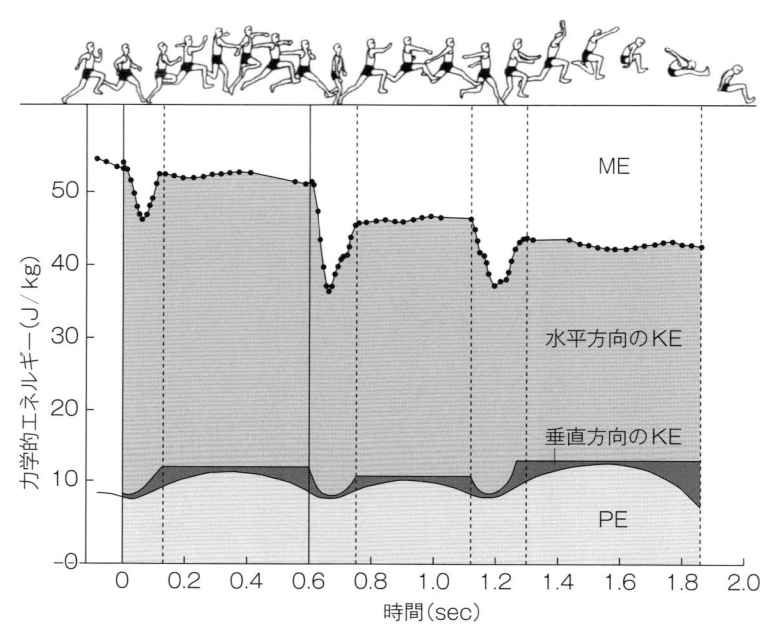

図14-7 三段跳の身体重心（CG）における力学的エネルギー（Fukashiroら，1981）
ME：総エネルギー，KE：運動エネルギー，PE：位置エネルギー

使して力学的な力やエネルギーの測定が行われる．図14-6は走幅跳の踏み切りにおける力学的エネルギーの変化である．このようにエネルギーからみると，大きなエネルギー変化（＝仕事）は膝で行われ，腰や足関節はむしろ等尺性収縮による関節の固定にはたらいているものと思われる．また時間経過を追ってみると，前半では膝が屈曲，足関節が背屈して筋腱複合体が伸張され（多分，弾性エネルギーを蓄え），それが後半から踏み切り終末にかけて放出され，跳躍力に貢献しているものと推察される．

図14-7は，三段跳における身体重心のエネルギー変化を示したもので，大部分を占める運動エネルギー（KE）が大部分を占める．この運動エネルギーがホップ・ステップ・ジャンプの順に次第に低下するが，上下運動による位置エネルギーはあまり変わらず，最後のジャンプではむしろ増加している．位置エネルギーの回復局面では，脚の筋腱複合体の弾性エネルギー再利

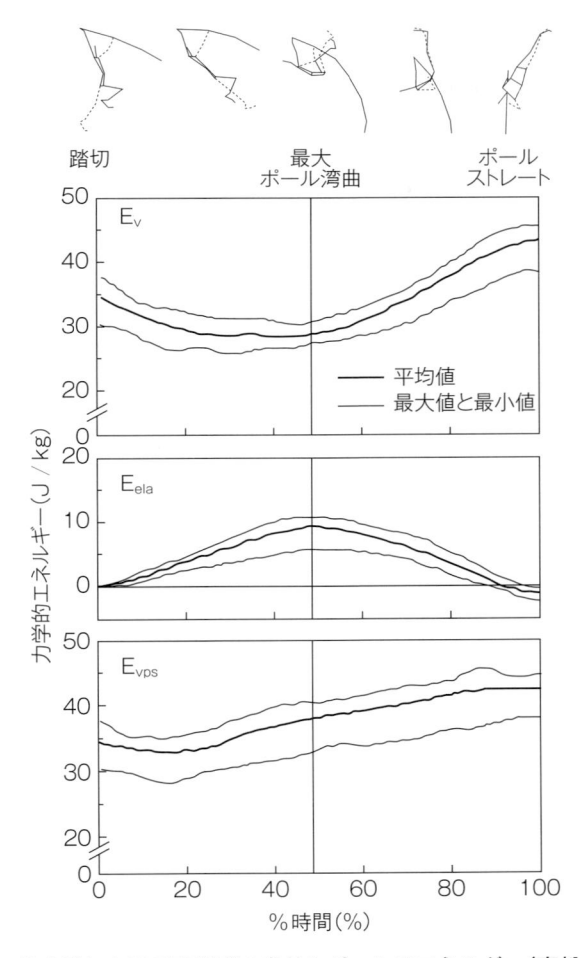

図14-8 棒高跳における跳躍者の身体とポールのエネルギー（高松ら, 2000）
太い実線が全選手の平均値，細い実線が最大・最小値を示し，時間（％）は規格化されたものである．

用 elastic energy recoil が貢献している可能性がある．また水平前方への運動エネルギーの維持率は，ホップで96％，ステップとジャンプで85％であって，踏切の際のパワーは7.9～9.3ワット/kgであったという（Fukashiroら, 1981）．

14-4 棒高跳のエネルギー

　棒高跳は，ポールのバネを利用した競技である．図14-8は，上段から跳躍選手のエネルギー，ポールの弾性エネルギー，選手・ポール系のエネルギーの変化を示している．X軸の時間（％）は，踏切から最高到達点までの局面を規格化したもので，エネルギー曲線も選手の平均値を太い実線で，最大・最小値を細線で示している．昔は竹のポールを使用していたが，その後は金属ポールからグラスファイバーポールとなり，ポールの性能（弾性エネルギーの蓄積と選手への変換）が記録を大きく伸ばす要因となっている（淵本ら，1990）．もちろん，選手がいかに速く助走して多くの弾性エネルギーを貯め込み，それをいかにタイミングよく有効に引き出すか，また腕で身体を押し上げる力とそのタイミング，バーをクリアする技術など，多くの要因が記録に関係するであろうことはいうまでもない．

15章
投げる運動のエネルギー

　動物は，歩いたり走ったり跳んだりすることができるが，「上手で物を投げる」ことのできる動物は，人間だけであるといわれる（桜井，2004）．要するに人間が二足歩行をするようになって上肢が自由になり，狩をするときなどに槍や石を投げたに違いない．一般にスピードが大きいほど優れた投球動作であると考えられる．とすれば，この投げられる物体がどんな動作から大きなエネルギーを得るのかが問題になる．

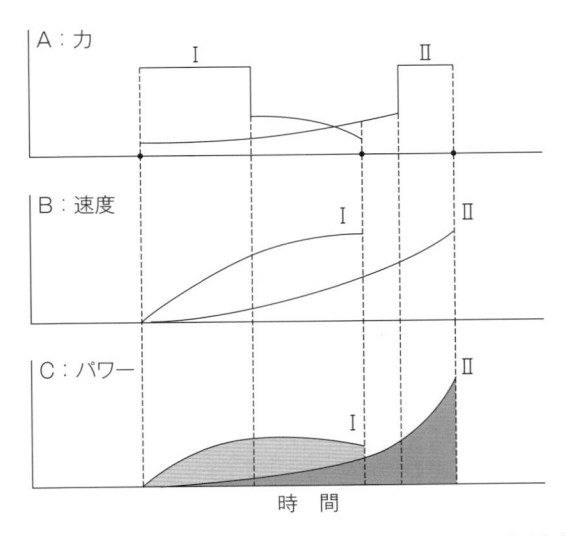

図15-1　投げ方による力，速度，パワーの加え方（吉福（1982）を桜井（2004）が改変）

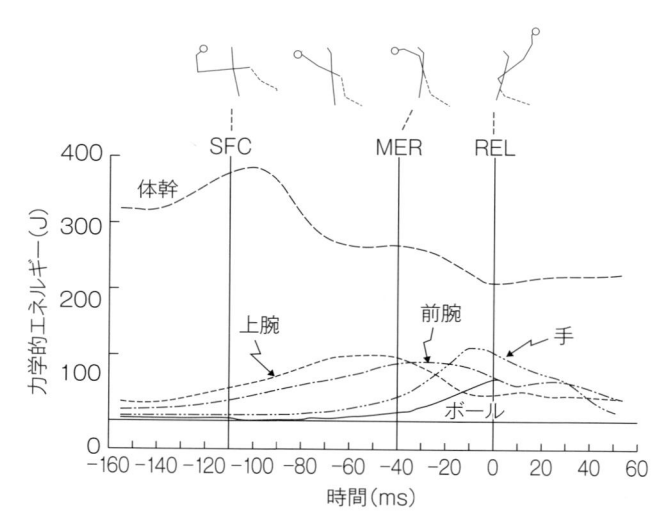

図15-2 野球の投球における身体各部とボールの力学的エネルギー(宮西ら, 1997)
体幹―上肢―前腕―手―ボールへのエネルギー位相の順にエネルギーが高まることに注意.

15-1 野球の投球

投動作には野球やソフトボール型の投球から陸上競技の投てき（砲丸投げ，槍投げ，円盤投げ），球技における投げなど多種におよび，それぞれに複雑で興味深い要因が関係している（桜井，1992）．単純に考えると，ボールに大きなエネルギーを与えるには，大きな力を長い距離にわたって加えればよい．図15-1はそれを模式的に示したものである（吉福，1982）．

Ⅰの投げ方では，ボールがあまり加速されていないので，同じ距離を動く時間が長く（上段），速度（中段）でみると，ボールは初期に加速され，短時間で動作が終わる．Ⅱの投げ方では，長い時間をかけてボールが加速され，動作の最後になって急に加速される．ただし，ⅠとⅡは仕事量を同じにしてあるので，初速や飛距離はかわらない．要するに力の加え方の問題である．しかしパワー（運動エネルギーの変化率に等しい）でみると，Ⅰは平均パワーの大きい投げ方であり，Ⅱは動作の最後に効果を発揮する投げ方である．

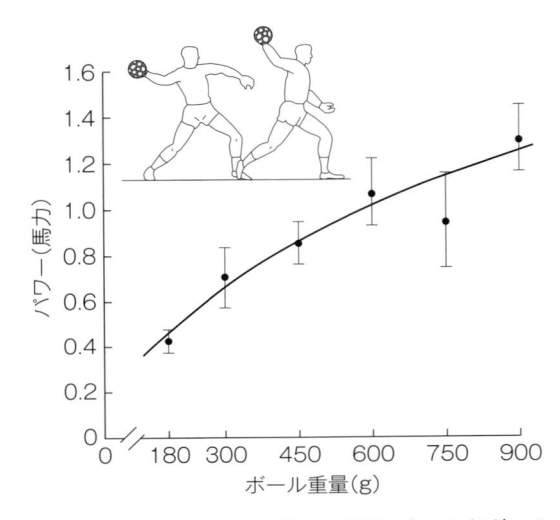

図15-3　種々の重量のボールを用いたハンドボール投げのパワー（石井と中出，1974）

　投球動作の発達は，後藤と辻野（2004）によって詳しく調べられているが，エネルギーを取り上げた研究例は少ない．図15-2はその数少ない一例である．野球の投球における力学的エネルギーの変化で，投球中における身体各部のエネルギーの流れが推定されている．すなわち，エネルギーは体幹から上腕，前腕，手，ボールと位相がずれながら順次増大する．また，肩関節の内旋—外旋のプロセスには典型的な伸張—短縮サイクルがみられ，弾性エネルギー利用が推察される．かくして腕におけるエネルギーの流れと，鞭（むち）のようなパワーアップ作用とによって，スピードのあるボールが実現するのであろう．

15-2　投運動のエネルギーと効率

　図15-3はハンドボールのサイズを一定（男子公認球）にして，ボール重量（投げでは慣性質量となる）を種々変えてハンドボール投げのパワーを調べた結果である．パワーは重量の増加につれて増加し，最高では1.3馬力（約

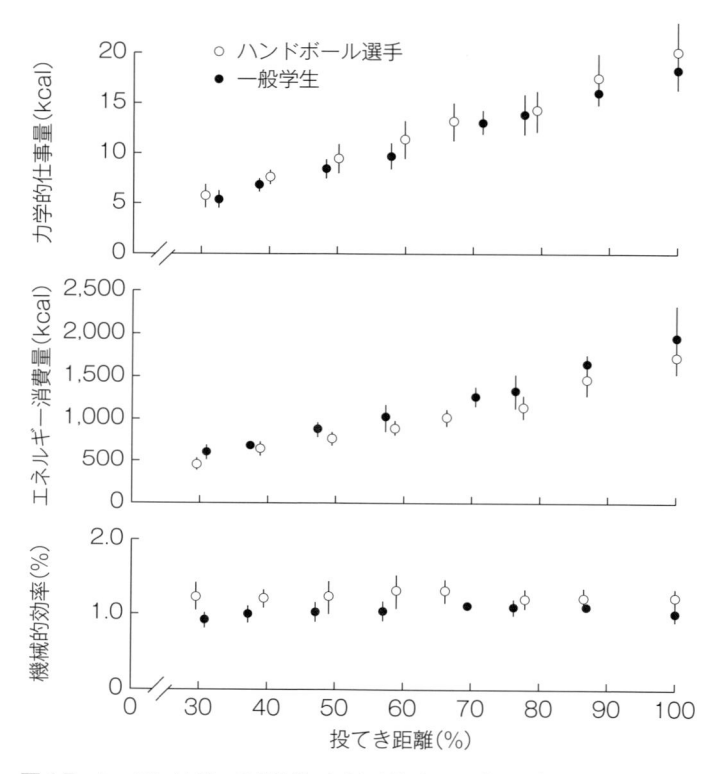

図15-4　ハンドボール投げにおける仕事，エネルギー消費量，効率
　　　　（鈴木，1980）
ハンドボール選手は一般人に比べて仕事が大きく，エネルギー消費量が少なく，効率の高い傾向に注意．

100ワット）である．肘屈曲を単純に行う場合，最高200ワットが発揮されるが，それは最大パワーであって，ハンドボールの場合にはボール負荷が最高パワーの出現する負荷とならない可能性が考えられる．

　図15-4では同じハンドボールでも目標距離を変えて投げさせ，そのときの仕事，エネルギー消費量，機械的効率をハンドボール選手と一般学生で比較したものである．このときの機械的効率は，

$$機械的効率 = \frac{ボールに与えられるエネルギーの変化分（仕事）}{1球当たりに消費されたエネルギー}$$

であった．効率は1％前後であるが，この種の局部的な運動では一般的な値で，驚くには当たらない．すなわちエネルギー消費の多くは，全身の大筋群で消費されているものと思われる．また槍投げの優秀選手は，助走のエネルギーをその後の踏切で上体の回転エネルギーに変化させ，「鞭作用」を使っているようにみられるという（金子，1988，p99）．

閑話コラム（13）＜魔球ナックルボールの謎＞

　野球投手の投げるナックルボール（knuckle ball）は，写真のように第2指と3指を折り曲げてボールを握り投げると，フォークボール（人差し指と中指の間に挟んで投げる）と同様に回転しない．ボールの速度は遅いが，どちらに曲がるかわからずに重力の影響を大きく受けるところから，「魔球」と呼ばれている．この魔球の謎を解いたのが溝田武人研究室（福岡工大）である．

　溝田ら（1995）は，写真のような気流の変化を捉え，「曲がる原因はボールの縫い目にあり」と結論している．すなわち，ボールがほとんど回転しないのでマグヌス効果による揚力がほとんどはたらかない．ボールが回転しないといっても，1/2〜1回くらいは回転し続けるので，縫い目が上下，左右どちらに向くかで，その空気抵抗により軌道が不規則に変化する．後流も変化するので減速効果も生ずるという．著者も以前から「縫い目説」を講義してきたが，工学の専門家である溝田教授の論文に接し「目から鱗」であった．

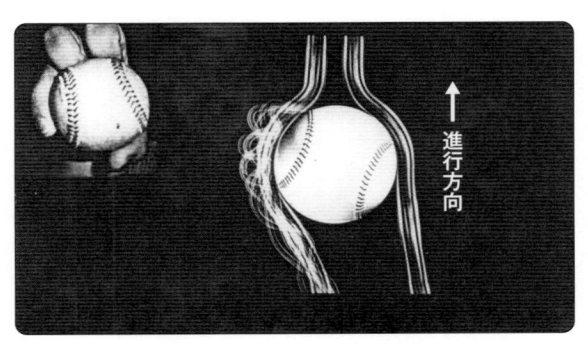

ナックルボールの軌道変化（溝田ら，1995）

16章
種々スポーツ種目のエネルギー測定事例

　これまで走・跳・投を取り上げたが，その他にもスポーツは，打つ，蹴る，漕ぐ，泳ぐ，踊る…といった区分で多岐の種目や運動内容が含まれる．本章では，エネルギー（またはパワー）を測定した若干の事例にふれ，残りは「バイオメカニクス」（金子と福永，2004）に譲ることとしたい．

16-1　野球のバッティング

　運動には，手で打つ空手のような運動，剣道のような運動，テニスやバド

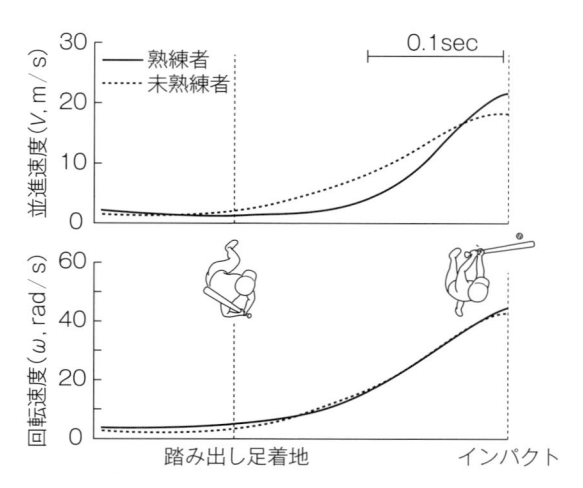

図16-1　スウィング中の並進速度（V）と回転速度（ω）
　　　　（Hirano, 1987）

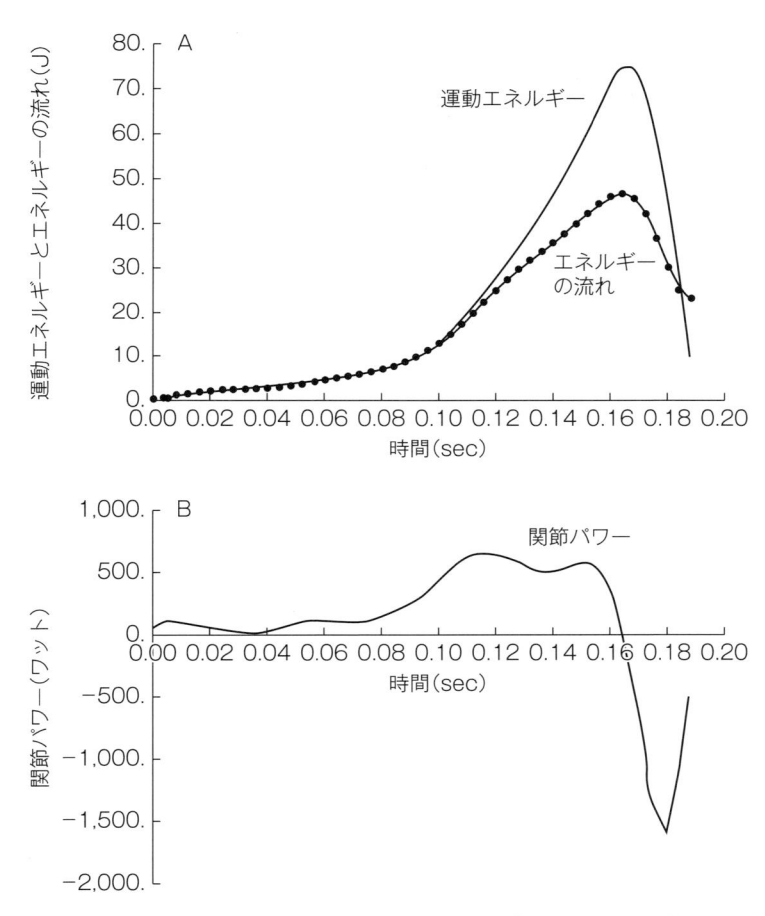

図16-2 逆突き動作における上肢の運動エネルギー（KE）と，体幹から上肢へのエネルギーフロー（EF）の時系列変化（Yoshihukuら，1987）

ミントン，ゴルフなどのようにラケットやクラブで打つ運動などがあり，図16-1の野球のバッティングもそのひとつである．野球のバッティングで熟練者と未熟練者を比較すると，体の回転速度（回転エネルギー）には差がないが，並進運動（並進エネルギー）では差があり，熟練者のほうが打撃時点（インパクト）に近いところで急速に移動するという．すなわち，熟練者は投げられたボールが近づいてから体重を前方に移動しつつ打撃するようである．

180　16章　種々スポーツ種目のエネルギー測定事例

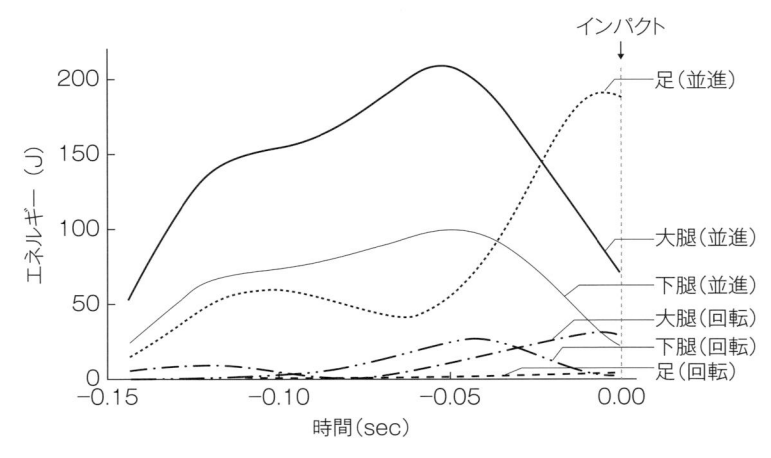

図16-3　サッカーのインステップキックにおける蹴り脚の力学的エネルギー（磯川と小嶋，1993）

ラケットスポーツの「打つ」運動についての研究は多い．

　図16-2は，格闘技の「突き」における上肢の運動エネルギー（KE）と，体幹から上肢へのエネルギーの流れ（energy flow：EF）である．上肢を突き出すと明らかに上腕のエネルギーのほうが大きくなる（KE＞EF）．すなわち，上肢の運動エネルギーのうちの約2/3は上肢以外からのエネルギー流入を受け，これを利用しているのであるから，肩におけるエネルギーの伝達効率が重要になる．

16-2　サッカーのキック

　「蹴る」といえばサッカーがその代表である．図16-3にみられるように，下肢各部の並進（ほぼ前方への直進）運動は，まず大腿が動いて多量のエネルギーを発揮し，これが下腿の運動に連動して大腿―下腿の前方への振り出しに貢献し，この大腿―下腿のエネルギーは足に伝達され，足のエネルギーが急増する．破線や点線で示された回転エネルギーはごくわずかであるが，これがボールの方向性や速度（距離）を決めるのかも知れない．

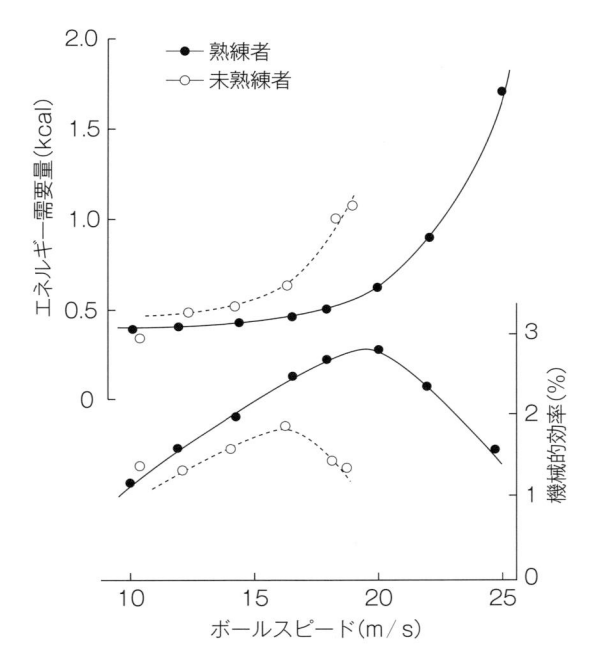

図16-4 サッカーにおけるキックのエネルギー消費量と効率（浅見，1976）
同じボールスピードで蹴るのに，熟練者のほうがエネルギー消費量も少なく効率がよい．

　図16-4は種々のスピードでボールを蹴らせてエネルギー消費量を測定するとともにボール（慣性負荷）の速度変化から仕事を求め，効率を算出したものである（浅見，1976）．ここでは，
　（1）熟練者ほど速いボール（距離が出る）を蹴ることができること，
　（2）熟練者のほうが同じ速度のボールを蹴るのに少ないエネルーを消費し，
　（3）その結果として熟練者のほうが効率のよい「蹴り」を行っている，
ことがわかる．

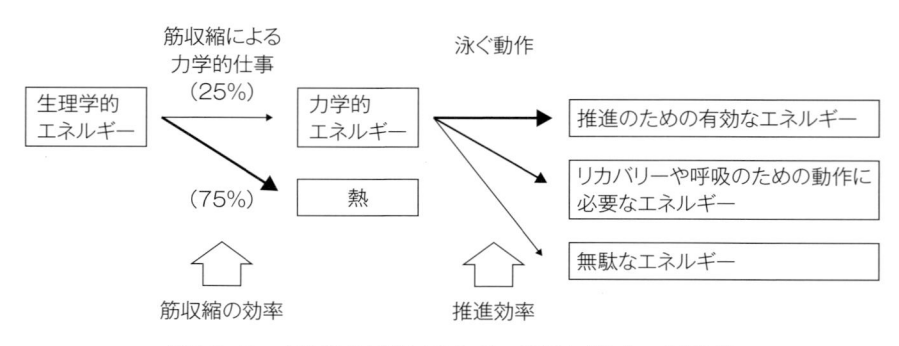

図16-5 水泳におけるエネルギーの流れ（池上，2004）

	キック期	グライド期	プル期	回復期
A選手	0.47	0.06	0.38	−0.34
B選手	0.35	0.10	0.47	−0.29
C選手	0.12	0.04	0.11	−0.11
D選手	0.21	−0.09	0.14	−0.12
$\bar{X}$（平均値）	0.29	0.03	0.28	−0.22

図16-6　平泳ぎ1サイクルの4期におけるパワー（宮下，1974）
キック期とプル期のパワーがほぼ等しい．

16-3　水泳の平泳ぎとクロール

　水泳における筋活動が25％の効率で手足を動かすとすると，残り75％は熱となって逃げる．手足を動かす力学的仕事になったエネルギーでも，そのすべてが有効に推進力に活かされるわけではない（図16-5）．とくにリカバリーのときは，単に水をかき回したりブレーキとなったりして，多くのエネルギーが水抵抗に奪われる．

　図16-6は周期的に繰り返される平泳ぎの1周期を4相にわけ，4名の被験者（A～D）のパワーを平均値とともに示したものである．平均のパワーは，キック期とプル期がそれぞれ0.29と0.28馬力でもっとも大きく推進に貢献し，グライド期は0.03馬力でわずかな馬力を出しているが，回復期（リカバ

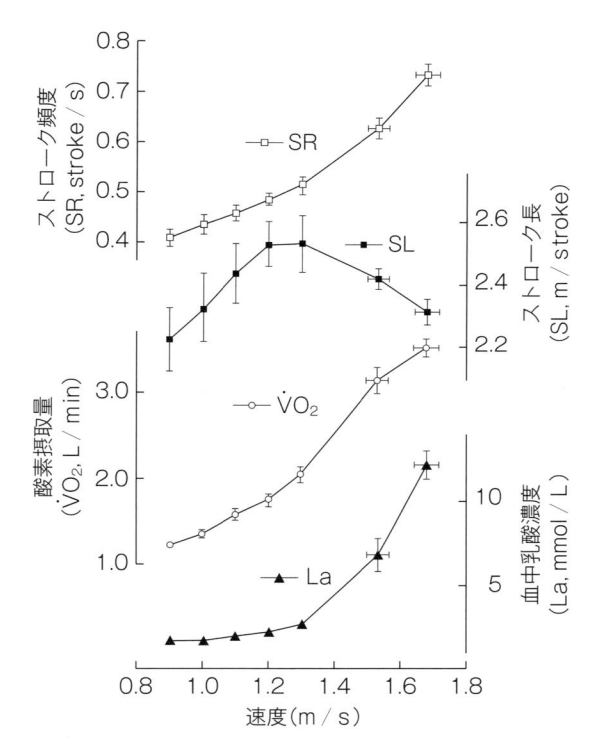

図16-7 水泳の自由形におけるエネルギー消費量と
ストローク長・頻度(Wakayoshiら,1996)

リー)では逆に 0.22 馬力のパワーでブレーキをかけているので，全体として
は 0.38 馬力を発揮したことになる．エネルギー消費は不明だが，きわめて
低い効率(1桁)であろうと推測される．

　クロールや背泳のように連続して推進力が発揮できる場合は，タイムがよくなることはもちろんだが，効率も高くなると思われる．しかしDi Prampero (1991) によれば，クロールでも効率は 4〜8% 程度で，魚の効率の 20〜25% には到底及ばない，という．著者が考えるには，これに腕や脚自体を動かす内的仕事を加えたら，果たして何%の効率になるかが問題である．

　図 16-7 はクロールの速度増加に対する血中乳酸濃度，酸素摂取量，およ

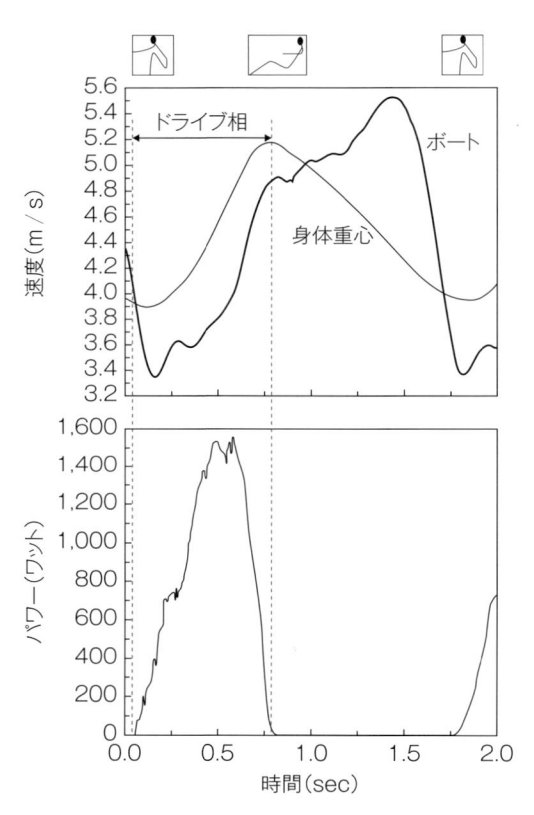

図16-8　ボートのローイングにおけるパワーと速度（Affeldら，1993）

びストロークの長さと頻度を示している．興味深いのは，泳速度が 1.3 m/s を越えると無酸素的状況となり，急速にストロークが短くなり，頻度が増す．つまりバタバタした泳ぎに変わることである．これも推測だが，著者ら（Cavagna と Kaneko, 1977）のランニング研究では，走る速度が時速 20 km を過ぎると肢運動の内的仕事が重心を動かす外的仕事より大きくなる現象を観察した（図13-6，p156参照）．これを考え合わせると，クロールで 1.3 m/s を過ぎてからの動きは，内的仕事の急増を推測させる．

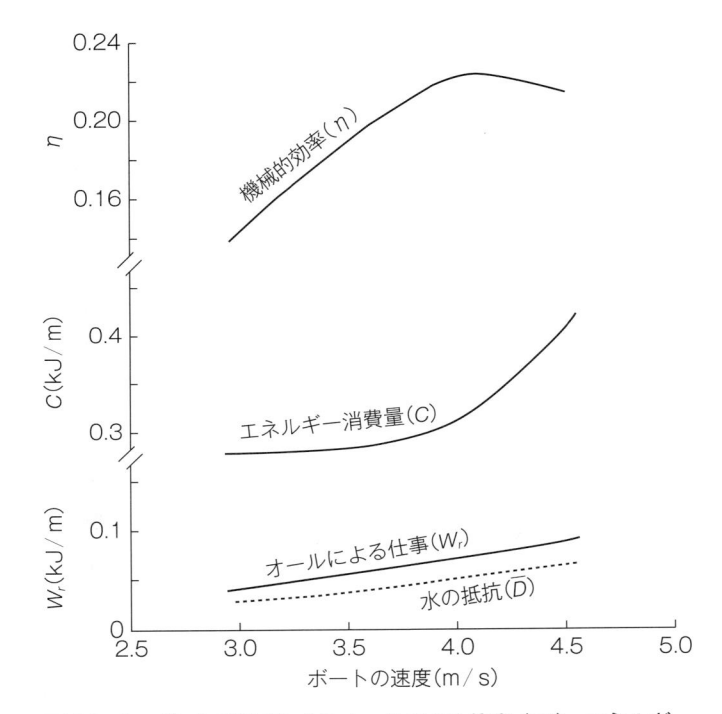

図16-9 ボートを漕ぐときのオールによる仕事（W_r），エネルギー消費量（C），機械的効率（η）（Di Pramperoら，1971）
効率はオールにかかる力の効率で，ボート（艇）全体の効率はその30％ほどになる．

16-4 ボートのローイング

　ボートのローイングも水泳の平泳ぎやバタフライと同様に，水の抵抗を受けて周期的・断続的に加速・減速しながら推進する運動である．図16-8にみられるように，ドライブ期（平泳ぎならキック期とプル期）の終末に近づいたところでボートに対するパワーは最大となり，ドライブ期終末にボートの速度が最高に達する．このパワーは人間が発揮できるレベルの最大級のもので，図の例では1,500ワット弱であるが3,000ワットに達することもある（NelsonとWidule，1983）という．

図16-9は，下方からオールに対する水抵抗の平均 ($\overline{D}$)，オールで水を後方に漕ぐときのオール自体の仕事 (W_r)，エネルギー消費量 (C)，効率 (η) である．効率 (η) は，ボートの速度が4.0 m/s付近で20〜22％にまで増加したが，この効率はオール自体の効率であって，ボート（艇）に伝えられる真の仕事を考えると，効率値は30％ほど減ることになる．これは水泳の平泳ぎに似ており，漕ぎ手がオールで水をかいた直後に次の漕ぎ動作ができないことや，オールが垂直から斜めになれば必然的にエネルギーロスが増大すること，速くなればなるほど水抵抗が減ることなどによると思われる（川上，2004）．この漕動作においても，水泳の場合と同様に，内的仕事を加えれば，効率はもっと高まるはずである（Di Pramperoら，1971）．

16-5　鉄棒でのかかえ込み宙返り

　図16-10は，鉄棒の「後方かかえ込み2回宙返り」における力学的エネルギーの変化を示している．その総仕事 (E_{tot}) は，次のエネルギー変化の総和で求められる．
　①身体重心の位置エネルギー　　$P = mgh$
　②身体重心の運動エネルギー　　$K = 1/2 \cdot mv^2$
　③内部運動エネルギー　　　　　$R = 1/2 \cdot m_i v_i^2 + 1/2 \cdot I_i \omega_i^2$
　④バーの弾性エネルギー　　　　$E = 1/2 \cdot kx^2$

ここで m は身体質量，g は重力加速度，h は身体重心の上昇高，v は身体重心の速度，m_i は身体セグメント i の質量（8個のセグメントにわけている），I_i はセグメント i の慣性モーメント，v_i はセグメント i の速度，ω_i はセグメント i の角速度，k はバーのバネ定数，x はバーの変位である．

　総仕事 (E_{tot}) は $P+K+R+E$ で求められる．ここで注意したいのは，③の内部運動エネルギーで，$1/2 \cdot m_i v_i^2$ は，セグメント i の身体重心に関係のないセグメント自体の運動エネルギーであり，$1/2 \cdot I_i \omega_i^2$ も同様のセグメント自体の回転運動のエネルギーだという点である．したがって，鉄棒運動の総エネルギーはそれらの総和すなわち，$E_{tot} = P+K+R+E$ であり，図16-

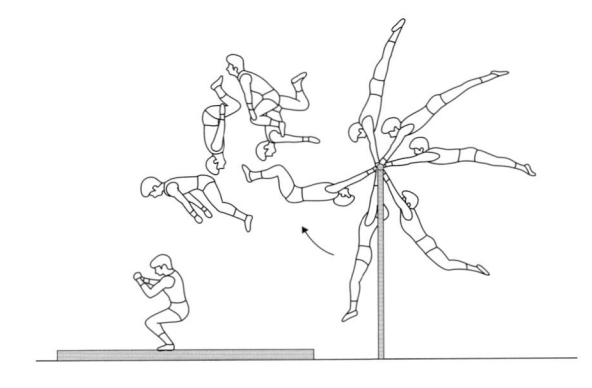

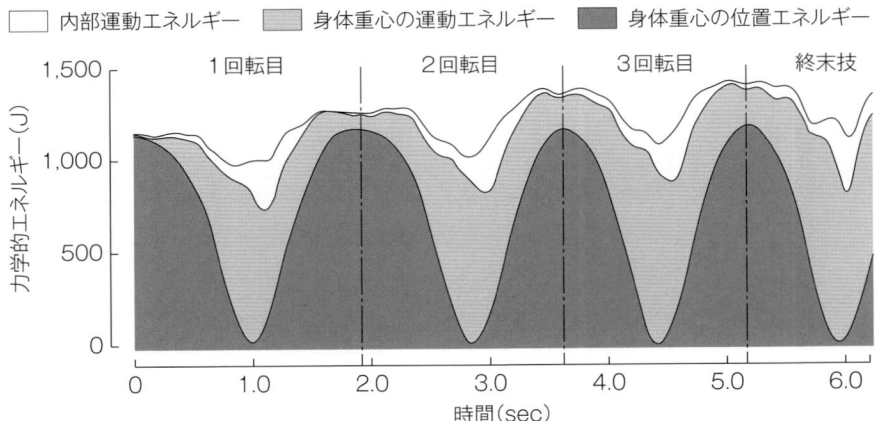

図16-10　鉄棒運動（後方かかえ込み2回宙返り）の力学的エネルギー変化
　　　　（岡本ら，1988）

10にはそれらのエネルギーが瞬時値が積算されている．

　総エネルギーの中では身体重心の位置エネルギー（P）と運動エネルギー（K）が量的には大半を占めるが，内部運動エネルギーは，空中で身体セグメントを微妙に動かすことができる人間ならではのエネルギー変化として重要である．

16-6　自転車作業と競輪

「自転車」にはサイクリングを連想する向きもあろうが，ここでは競争自転車（競輪）と自転車エルゴメータ作業の事例を取り上げる．

図16-11は自転車エルゴメータの種々負荷に対するもので，いわばペダリングにおける力―速度関係（上段）と，速度―パワー関係である（渋川ら，1968）．力―速度関係は直角双曲線型になる（Hill（1938）以後）のが一般的であるが，自転車エルゴメータでは逆に上に凸型の曲線となり，最大パワーの出現する負荷は最大踏力の50％以上の値となる．なぜか理由はわからないが，どの文献でも（例：生田と猪飼，1972）同様である．

図16-12は無負荷でエルゴメータ作業をした場合の仕事である．通常は，外的仕事であるブレーキ負荷がゼロのときは仕事もゼロ（パワーもゼロ）と評価される．しかし筋肉の仕事という観点からみると，少なくとも脚を動かすための仕事（内的仕事）をしているが，脚だけによる仕事は昔から無視されてきたというだけのことである．

Kanekoら（1979）は，ゼロ負荷の時のペダリング（ただし50 rpm）を高速度カメラで撮影し，脚を動かすパワー（内的パワー）を調べた．その結果

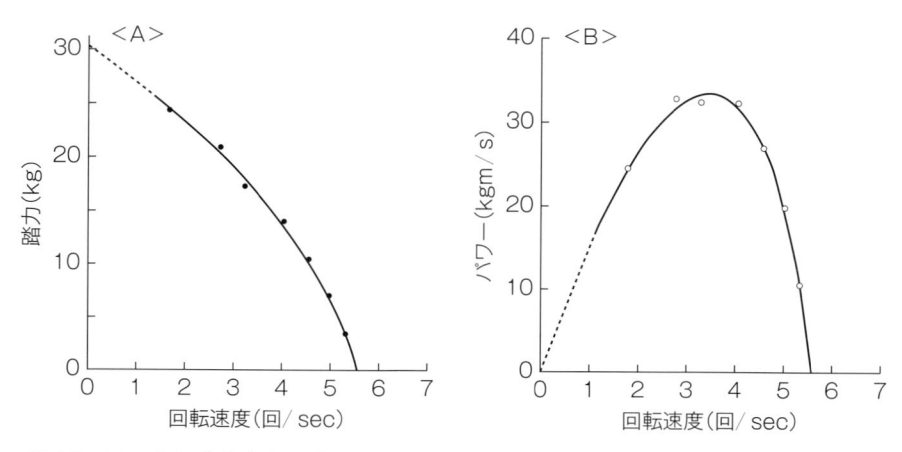

図16-11　自転車を全力で漕ぐときの力―速度関係（A）と，速度―パワー関係（B）（渋川ら，1968）

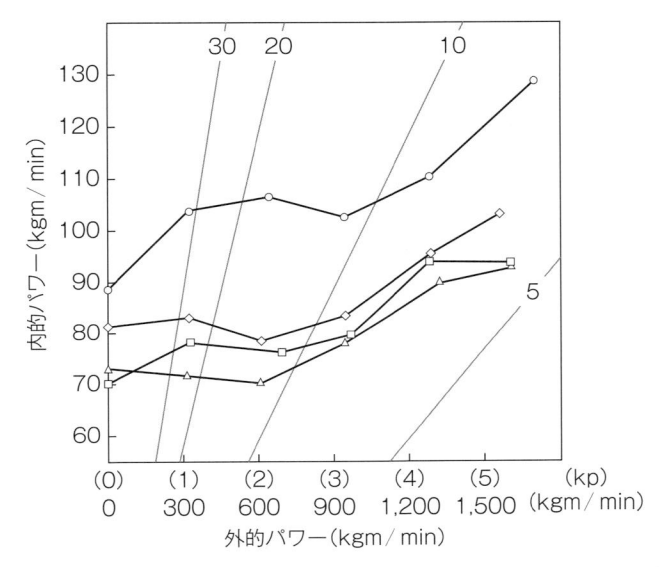

図16-12　無負荷ペダリングの内的パワー（Kanekoら，1979）
放射線は［内的パワー/外的パワー］の比（％），データは4名の被験者（A～D）．

を端的にいえば，内的パワーの外的パワーに対する割合は，同図の放射線が示すようにブレーキ抵抗によって異なり，1 kp（外的パワー＝300 kgm/min）のときに20～30％，2 kp（600 kgm/min）のときに10～20％，3～5 kp（900～1,500 kgm/min）では5～10％であった．この仕事を無視するか否かは研究の内容にもよるが，無視できない場合があることは確かである（この研究は，自転車作業の仕事量を補正する根拠としてよく利用されている）．

図16-13は自転車競技（競輪）の事例で，SRMパワーメータをクランク軸にはめ込み，ストレインゲージでトルクを測定し，テレメータ送信し記録したものである（淵本，2000）．この試技はスタート（X軸の0）の前に約16 m/sまで速度を上げてからスタートした場合のもので，車輪の速度はカーブのセンターでもっとも大きくなり，直線に入ると遅くなる．不思議な現象のように思われるが，その理由はこうである．つまり，直走路では選手と自転車の合成重心が車輪の鉛直上方に位置するので，合成重心と車輪速度は一致する．しかしカーブでは，合成重心が車輪の接地点より内側に入る（内傾

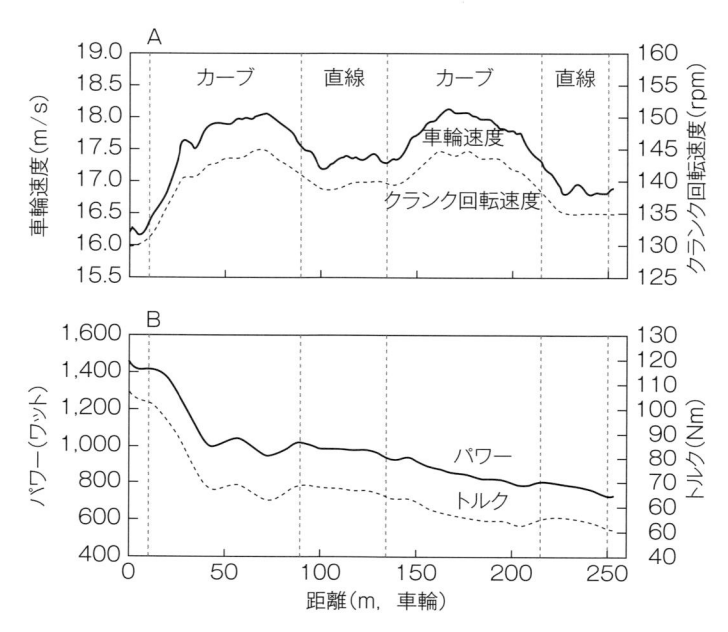

図16-13 競輪選手が助走方全力で250mを1周したときの車輪速度とパワーなど（淵本, 2000）
実践が車輪速度とパワー，点線はクランク回転速度とトルク．

する）ため，車輪速度のほうが合成重心速度より速くなる．パワーはスタート直後に1,400ワットであるが，徐々に低下し250m地点では720ワットにまで低下している．このパワーの低下は，トルク曲線とほぼ平行していることからみて，トルクの低下を反映しているものと思われる．

17章
空気抵抗と運動のパワー

17-1　自転車競技

　走速度が2倍以上も異なる自転車競技になると，当然ながら空気（風）抵抗が無視できない．無風の場合でも速度の3倍に比例し，速度20 m/sでは1,638ワット（W）にも達する（図17-1）．したがって，自転車競技では前を走るか後方を走るかがルールで決められている．走る位置によって走る時の外的パワーの減少率が大きく異なるからである．たとえば，自転車競技の外的パワー減少率は，1人で走る場合が26％，集団に混じって走るときが約40％，後尾を走る場合が約60％となる（淵本，2000）．つまり，風抵抗を避

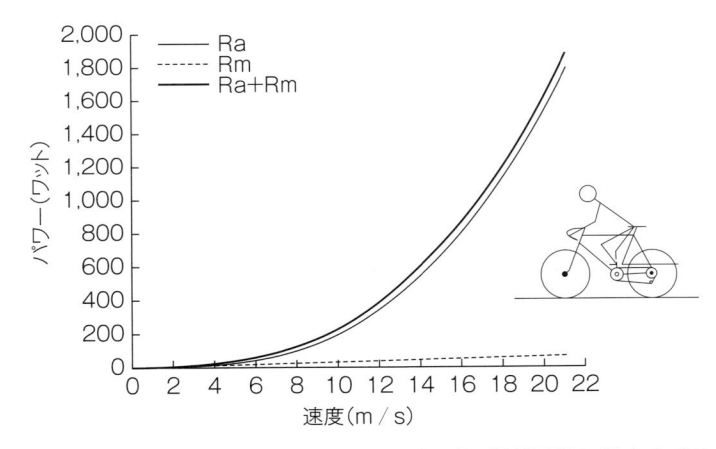

図17-1　自転車走行時の風抵抗に対するパワー（Pa），機械抵抗に対するパワー（Pm），および全抵抗に対するパワー（Pa+Pm）と走行速度との関係（淵本，2000）

	A	B	C	D	E	F
R_1(kgw)	11.8	11.8〜12.0	12.0〜12.2	15.0〜15.2	19.3〜19.7	19.8〜20.0

姿勢を高くする →

腕を下げる
B'
R_1 17.0〜17.5

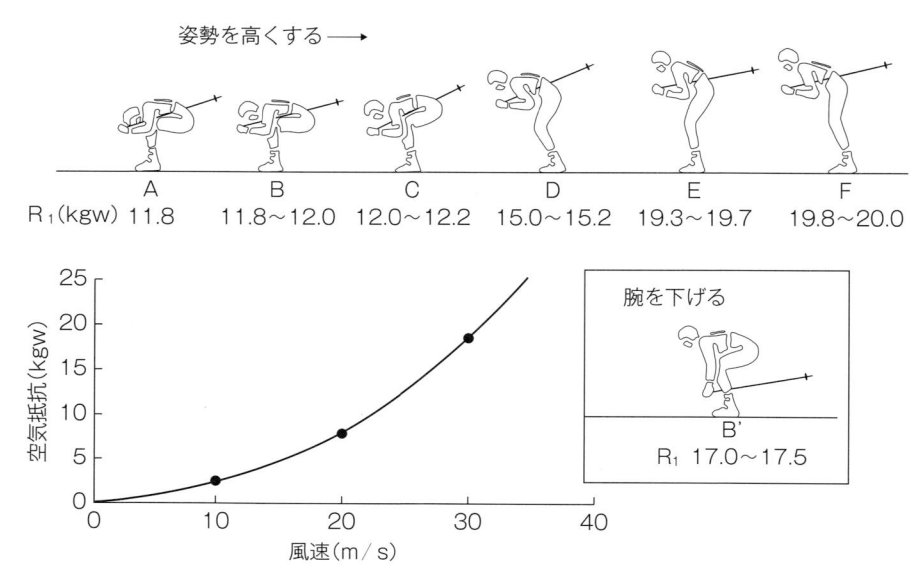

図17-2 姿勢変化による空気抵抗（R_1）の変化（渡部と大築，1972）
腕を下げる姿勢（右端）では空気抵抗が大きいことに注意．

けて走れば，エネルギーの損失が少ないというわけである．

17-2 スキー競技

　図17-2は前かがみの姿勢で平地を滑ったときの空気抵抗である．もっとも空気抵抗の少ない卵型の姿勢では11.8 kgwのものが，だんだん腰を伸ばしてゆくにつれ，約2倍の20.0かそれ以上にも増加することを図示している（渡部と大築，1972）．またスケート競技でも滑走のスピードからみて空気抵抗は重要な問題であろうと思われる．

17-3 疾走運動

　空気抵抗（R）を決定する要因を式で表すと次のようになる．

図17-3　風洞実験のためのランナーの模擬人形(Hill, 1928)

$$R = \frac{1}{2} \cdot DV^2 = \frac{1}{2} \cdot \rho CSV^2 \quad \cdots\cdots\cdots (1)$$

ここで，ρ は空気密度（温度で変わる），C は空気抵抗係数（物体の形で変わる），S は前面からみた投影面積である．

Hill（1928）は疾走研究の後で空気抵抗が気になったらしく，図17-3のような人形をつくって走者の空気抵抗（R）を風洞実験し，計算した．

$$R = 0.6\,\rho V^2 S \quad \cdots\cdots\cdots (2)$$

ここで ρ は空気の密度，S は前面の投影面積，V は走者と空気抵抗（風）の相対速度である．

しかし，Furusawa ら（1927a・b）の疾走の実験では，この空気抵抗を無視して計算した．なぜなら，「四肢や筋内の抵抗に比べれば空気抵抗は無視できる」と考えたからである．この仮説はおおむね妥当であったが，しかし厳密に風洞実験をした結果からみると，とくに全力疾走の最大スピードでは，幾分は疾走スピードに影響した可能性がある．

表17-1 風洞実験で得られたランナーのパワーなど(Hill, 1928)

走距離	時間 分 秒	平均スピード (フィート/秒)	風抵抗 (ポンド)	相対的傾斜 (%)	必要なパワー (馬力)
100ヤード	0. 9.3	32.3	5.50	1/29	0.32
220ヤード	0. 20.8	31.7	5.30	1/30	0.30
300ヤード	0. 30.2	29.8	4.70	1/34	0.26
440ヤード	0. 47.4	27.8	4.10	1/39	0.21
600ヤード	1. 10.8	25.4	3.40	1/47	0.16
880ヤード	1. 51.6	23.7	3.00	1/54	0.13
1,000ヤード	2. 12.2	22.9	2.80	1/58	0.12
1,320ヤード	3. 2.8	21.7	2.50	1/64	0.10
1マイル	4. 10.4	21.1	2.40	1/68	0.09
2マイル	9. 9.6	19.2	2.00	1/82	0.07
3マイル	14. 11.2	18.6	1.85	1/87	0.06
5マイル	24. 6.2	18.3	1.80	1/90	0.06
10マイル	50. 40.6	17.4	1.60	1/100	0.05

　空気抵抗の計算では，SとVは実測定し，空気の密度は通常の気圧（温度15℃）で0.00237とした．

　被験者の体重が160 lbs，全面の投影面積は6 ft^{2}の選手を想定している．実験結果は**表17-1**のとおりである．

　この結果からみると風抵抗に抗するために，長距離選手は少なくとも4Lの酸素消費量，グリコーゲンなら1.92馬力のパワーが必要であろう．しかしこれは少ないほうで（体重の3％），スプリンターの場合は約4％，一流選手の最高スピードで体重の5％の風抵抗を受ける．風の方向などについての詳細は文献に詳しい．結論的にいえば，ランナーの風による抵抗は最高で体重の5％（体重60 kgなら高々3 kg）であり，パワーにすると約0.3馬力に過ぎない．ただし，マラソンレースのように長時間にわたって走る場合は，風抵抗が無視できない要素となる可能性があるので，別途検討する必要があろう．

18章
月面ジャンプと「宇宙船内体操」

18-1　月面ジャンプと「体重」の意義

　地上にいながら地球の 1/6 の重力である月面での歩行や走行と跳躍の模擬実験が，体育館から下がる大掛かりな可変重力装置（1G 以上も以下も可能）を使って行われた（Margaria と Cavagna，1964；Cavagna ら，1972）．アメリカの宇宙飛行士が月面に第 1 歩を踏む数年前のことである．

　わが研究室の淵本ら（1994）は，これに倣って月面重力を含む種々の重力条件下での跳躍実験を行い，地上（1G）における体重の意義を探ろうと計画した．もっとも重要でしかも困難な点は，被験者を相当な高所からバネのような装置で吊し，重力を減らすことである．低い所から吊すと，跳躍してすぐに重力が減り，低重力下での実験にならない．研究費が少ないためミラノ大学のような豪勢な吊り上げ装置はできない．ところが幸いにも，共同研究者の 1 人が，輪ゴムとほとんど同じ材質で数 10m にも達するゴム紐を探してきたので，この糸ゴムでゴムロープをつくり，被験者を 18m（4階の屋上）の高さから吊るすことにした（図 18-1，図 18-2）．体重以上の負荷は，腰に砂袋の錘を巻きつけた（図 18-1）．

　すなわち，体重（W）は，身体質量（m）と重力加速度（g）の積（$W=mg$）で決まる．この体重（W）を，軽くする場合は重力加速度（g）を減らし，重くする場合は砂袋をつけることによって質量（M）を変化させた．

　図 18-3 は，こうして行った種々負荷条件下での実験結果である．X軸左端の（M）は重力が月面に等しく，中央の（E）が地球の 1G（通常の体重）

18章　月面ジャンプと「宇宙船内体操」

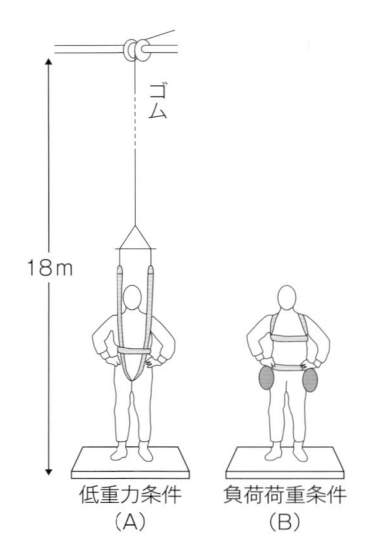

図18-1　月面重力を含む種々の負荷条件でのパワー実験(淵本ら，1994)
(A)低重力条件：18mの高さ（4階の屋上）からゴムロープで被験者を吊し，重力を変化させる．
(B)付加荷重条件：腰に種々の重さの重量物を付けて身体を重くする．

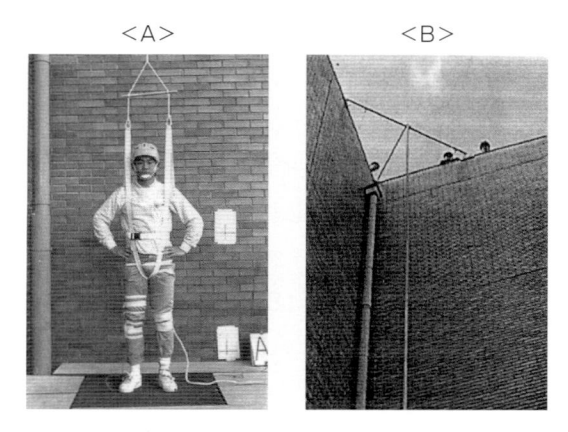

図18-2　月面重力を含む種々の負荷条件でのパワー実験(淵本ら，1994)
Aはフォースプレート上の被験者．Bは糸ゴム150本を束ねたゴムロープを18mの高さ（4階の屋上）から吊したところ．

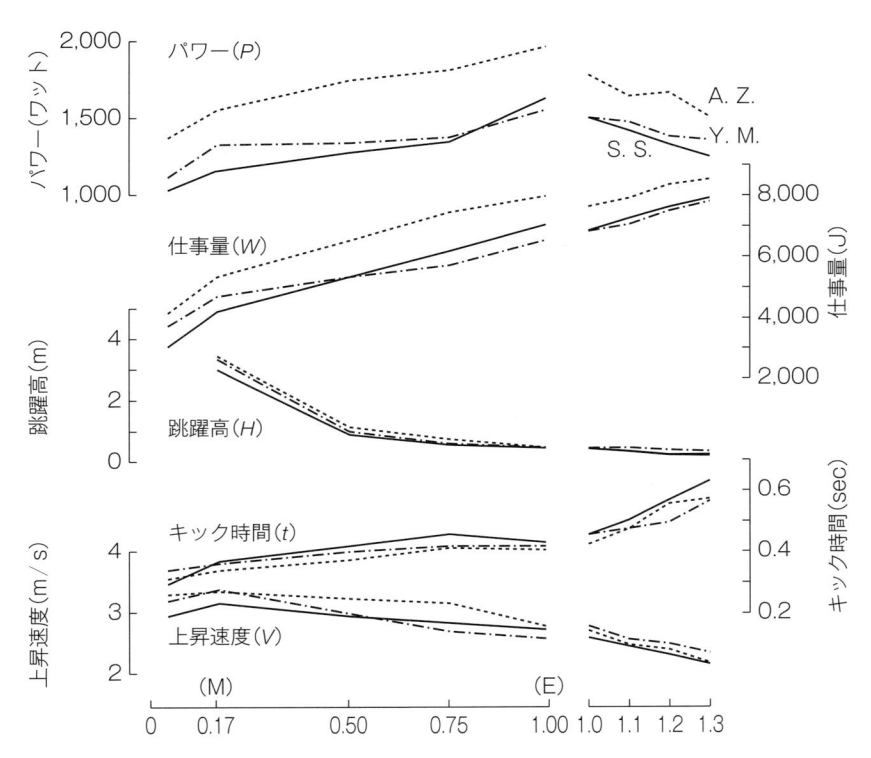

図18-3　月面重力(M)と地上(E)を含む種々の体重でのジャンプ実験（淵本ら，1994）
唯一パワーだけが地球条件（1G）で最大となることに注意．

条件であることを示す．重力の増加にともなう跳躍指標の変化をみると，速度が低下，キック時間が延長，跳躍高が減少，仕事量が増加という一方的な変化であるのに対し，上段のパワーだけが1Gの条件下で最大となり，それ以上でもそれ以下の負荷でも減少することが明らかであった．すなわち，人間は「パワーが最大に発揮できるよう地球上に適応した」と考えることができる．

　もうひとつの重要な意義は，重量挙げのようなトレーニングにおいて，「体重とは最大筋力の何％か」を示唆していることである．すなわち，金子（1974）は，成人男女で筋パワーが最大になるのは最大筋力の約1/3のときであることを示した（図7-5，p85参照）．したがって，1Gの下でパワーが最大

18章 月面ジャンプと「宇宙船内体操」

になるということは，体重という負荷が最大筋力の約1/3であることを示唆しており興味深い．

18-2 「宇宙船内体操」のエネルギー

　身体運動は主として重心を移動させる（locomotion）ために行われるが，重心の移動に関係しない（肢運動による）内的仕事があることを先に述べた（図13-5，p155）．そしてまた，走幅跳の空中動作において，どんな動きをしようとも，身体重心の移動軌跡には何ら影響しないことも述べた．このように筋運動の仕事は，身体重心を動かす仕事（外的仕事）と，重心の動きに関係しない肢運動による仕事（内的仕事）の和で総仕事が決まる，と考えることができる．このことが理解されにくいため，本書では被験者を風船で浮かせて内的仕事を強調した（図13-5・6，pp155-156参照）．

　そんな中で福永哲夫氏（現鹿屋体育大学学長）が「金子が強調する内的仕

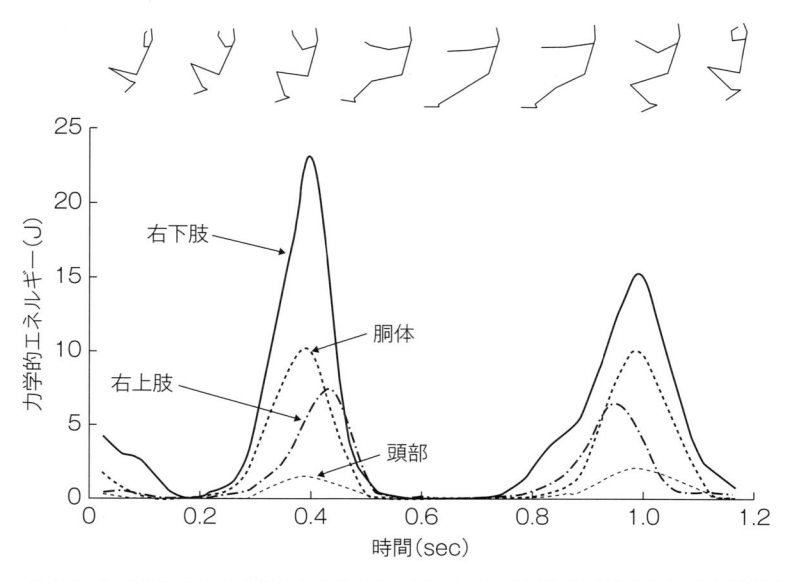

図18-4　毛利衛宇宙飛行士の宇宙船内における体操様運動（宇宙船内体操）における力学的エネルギーの変化（Kanekoら，2006）

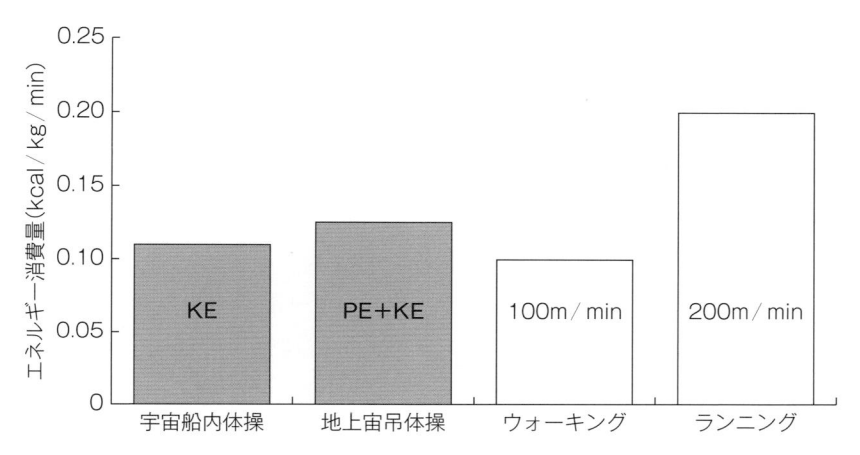

図18-5 毛利衛宇宙飛行士による「宇宙船内体操」のエネルギー消費量（KE）と比較資料(Kanekoら，2006)

事とはこのことか」と紹介してくれたビデオがあった．そこには毛利衛宇宙飛行士が，何やら宇宙船の無重力条件の中で体操らしき運動をしている姿が映っていた．「まさにその通り」と答えるとともに，早速 NASDA（今はJAXA）の許可を取る一方，毛利衛宇宙飛行士（現日本科学未来館館長）に面会して分析の承諾を得るとともに身長，体重などのビデオ分析に必要な形態値について尋ねた．ビデオ画面が分析に適している運動（以下，宇宙船内体操）を選び，運動中の身体各部（セグメント i）における力学的エネルギーの変化を調べた（図18-4）．左右肢を同時に動かしているので2倍し，変化の合計（次式）をもって内的仕事（W_{int}）を得た．

$$W_{int} = \Sigma \varDelta (1/2 \cdot m_i v_i^2 + 1/2 \cdot I_i \omega_i^2) \quad \cdots\cdots\cdots\cdots\cdots\cdots\cdots\cdots\cdots\cdots (1)_i$$

ここで $1/2 \cdot m_i v_i^2$ は身体部位（セグメント）i の並進運動エネルギー，$1/2 \cdot I_i \omega_i^2$ はセグメント i の回転運動エネルギーである．

エネルギー変化は下肢がもっとも大きく，胴体，上肢，頭部の順であった．また予想していたとおり，宇宙船内体操中の身体重心の動きは，計測誤差に入るほどに小さいものであった．なお，毛利宇宙飛行士と身長・体重がほぼ等しい被験者Kを落下傘ベルトで宙吊りにし，毛利宇宙飛行士が行なった

「体操」のビデオを(壁に映して)模倣させ,力学的エネルギー(運動エネルギーと位置エネルギー)をも分析した.これらの力学的エネルギー変化から,効率が25％と仮定してエネルギー消費量を求めた結果が図18-5である.運動エネルギー(KE)のみの値が宇宙船内体操(KE)を行った毛利宇宙飛行士のエネルギー消費量,運動エネルギー(KE)と位置エネルギー(PE)を加えた値が地上宙吊体操を行った被験者Kのエネルギー消費量である.同図には山岡(1952)による歩・走運動のエネルギー消費量の結果も含まれる.地上での被験者Kによるエネルギーが毛利宇宙飛行士の値より幾分大きくなったのは,地上での位置エネルギーが加わったためである.

　結論として,毛利宇宙飛行士が行った「宇宙船内体操」は,100 m/分の歩行(速歩)のエネルギー消費量とほぼ同等であるとみられた.このことから,何の運動器具も必要としない体操様運動が,宇宙飛行士の身体運動トレーニングメニューのひとつとして有用なものであることが示唆された.

19章
出力パワーの限界と「人力飛行」

19-1　人力飛行の夢

　鳥のように自力で空を飛ぶことは，人間にとって昔からの夢であった．ダイダロスとイカロスのギリシャ神話はフィクションにすぎないが，現に「動物の運動」の著者で知られるボレリ（A. Borelli）やニュートン（I. Newton），ダ・ヴィンチ（da Vinchi）らも挑戦したが，いずれも夢は叶わなかった．日本では1957年生まれの絵師・浮田幸吉が竹製の羽で橋の上から飛びおりた歴史が古いらしい．世界では，英国のH.クレマーが5,000ポンドの懸賞金

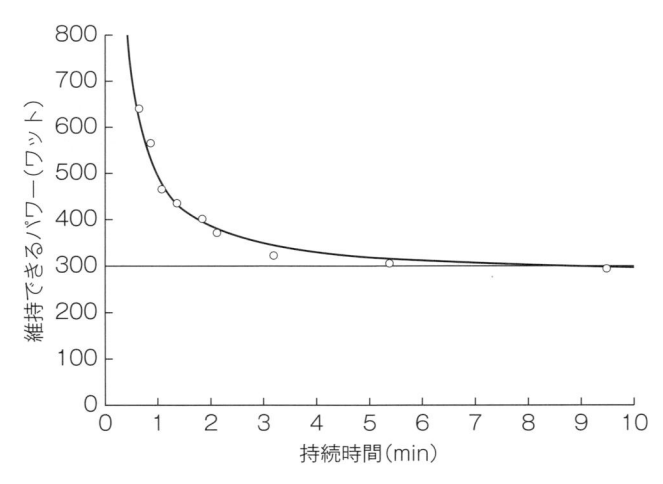

図19-1　自転車エルゴ型パワーメータでのパワー・時間曲線(Wilkie，1986)

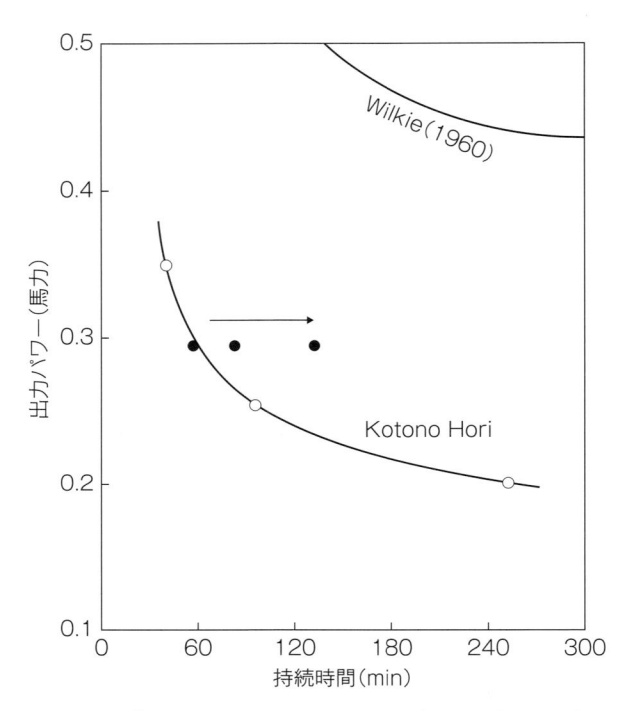

図19-2 鳥人間チームのパイロット（堀琴乃）の出力パワー・時間曲線（金子，1993）
右上はWilkie（1960）による曲線，●と矢印はトレーニングによるパワー持続時間の延長．

を用意し（1959年），人力飛行同好者の熱意を煽った．日本では日本大学工学部の木村研究室が熱心に取り組み，木村秀政教授が昭和53年の文藝春秋に一文を寄せている．クレマー賞を最初に獲得したのは米国のゴッサマー・コンドル号だが，第2回目に受賞したゴッサマー・アルバトロス号は，ドーバー海峡（35 km）を2時間50分で横断して話題となり，著者も新聞を切り抜いて保存している．

　古くから著者が人力飛行に興味をもったのは，A.V. Hillの後継者であるD.R. Wilkieがしばしば記事を書いていたからである．Wilkieは，人力飛行が人間のパワーの限界を知るうえで格好のデータを与えるものと考えて

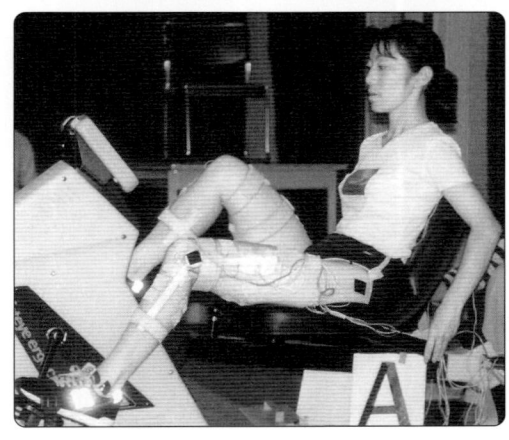

図19-3 人力飛行チーム（アクティブギャルズ）のパイロットである堀琴乃さんのトレーニング（トレーナー：淵本隆文氏）
この厳しいトレーニングを週3日以上の頻度で約3年間継続した．

いた．図19-1は比較的新しいデータにもとづくもので，人力飛行に近いかたちでの出力パワーと持続限界時間の関係を表す曲線である（Wilkie, 1986）．ちなみにドーバー海峡の横断に成功した青年の出力パワーは0.35馬力と報じられた．この値はMargaria（1978）が示した値をもとに著者が推算した値とピタリ合致した（金子，1988）．このような研究は「パワーの持久性」という視点からみると興味深い（金久，1993；Kanehisaら，1997）．

図19-4 堀琴乃さんの35カ月(約3年間)にわたるトレーニングによる出力パワー持続時間の変化(堀ら,2004)

19-2 日本人女性初の人力飛行

　拙著「パワーアップの科学」(朝倉書店)をみて「私の出力パワーを測って欲しい」と電話をしてきたのが,女性で人力飛行チーム(アクティブギャルズ)のパイロット・堀琴乃さんである.彼女は人力飛行機の製作者でチームの代表者でもある吉川俊明氏とともに来室され,彼女の出力パワーを測ることとなった.そのときの結果が図19-2である.彼女のパワーは余りにも低かったが,0.29～0.30馬力の出力パワーがあればそれで何とか飛べる機体を設計してみよう,と吉川氏は考えた.問題はパワーの持続時間である.あまりにも短い時間では,たとえ飛び上がれたとしても,すぐに墜落してしまう.し

図19-5　日本人女性初の人力飛行に成功したアクティブギャルズの琴乃号（Kotono Limited）

かし幸いにも，人体エンジンの出力パワーはトレーニングによって強化することができる．研究室の同僚である淵本隆文氏がトレーニング科学アドバイザーとなって，ウェイトリフティングや自転車エルゴメータによる厳しいトレーニングが始まった（図19-3）．

図19-4は35カ月間（約3年間）のトレーニングである．このトレーニングはその後も6年間にわたって継続され，その実践記録が論文となって，日本トレーニング科学会から表彰された（堀ら，2004）．

かくして1994年7月，「日本人女性初の人力飛行に成功」の記事が飛行写真とともに三大新聞で大きく報じられた．飛行記録は119.045 m．もちろん日本新記録であった．アクティブギャルズはその後も夢を追って研鑽を重ね，米国の専門誌の表紙を飾ったり，鳥人間コンテスト（2010年）のタイムトライアル部門で歴代記録を大幅に更新する好タイムで優勝するなど，今も大活躍を続けている．

終章

結びにかえて
〜時間は誰にも平等か〜

　先般,「バイオメカニクス研究」の記事の冒頭に,「橋のない川」を書いた住井すゑが「時間だけは万人にとって平等なのだ」といったことを紹介した. 差別反対論者の住井の真意は, 時間だけは天皇も庶民も同じだといいたかったらしい. 著者は「なるほど!」と感心し, どこかの挨拶でも「誰にでも平等な時間を大切にしよう」など述べた.

　そんな折も折, "Scale Effects in Animal Locomotion"（Pedley T ed., 1977, Academic Press）という本が目にとまった. 開いてみると「時間は動物によって変わるもの」と書かれている.「それではニュートン力学が崩れてしまう」と驚き, いろいろ調べてみた. すると時間の流れる速さ（スピード）は動物によって違い, 時間はエネルギー代謝量に反比例するのだという. 言い換えれば, 時間の進む速度がエネルギー消費量に比例するということだ. この関係は動物の体重が体積に比例し, 体積は体長の3乗に比例するというところからきている. つまり,

　　　「体重∞体積^3」「時間∞長さ$^{2/3}$」あるいは「エネルギー∞時間$^{-1}$」

というわけである.

　そしてこの分野の調査によれば, 小さい動物ほど回転速度が速く, エネルギー消費量も多い. エネルギー消費量の多いものほど寿命が短いとも書かれている. つまりゾウにはゾウの時間があり, ネズミにはネズミの時間がある, ということである（本川, 1993）.

　しかし, 今われわれがそれを知ってどんなメリットがるのだろう. 大病をして入院し治りかけた頃,「時計が止まっている」と担当医師に訴え, 早期

退院を懇願した．若くて元気だったころには時間が短かった．エネルギー消費量も多かったに違いない．いま老いて考えるのは，エネルギー消費量を節約して時間を大切に使い，ゆったりとした時の流れを楽しむことである．そのために本書とともに過ごした時間はまことに楽しく，有意義なものであった．願わくば読者諸賢とその楽しかった時間を分かち合うことができれば，これにまさる喜びはない．

引用文献

Abbott BC, Bigland B and Ritchie JM (1952) The physiological cost of negative work. J Physiol, 117: 380-390.

Abbott BC and Bigland B (1953) The effects of force and speed changes on the rate of oxygen consumption during negative work. J Physiol, 120: 319-325.

Adrian MJ, Singh M and Karpovich PV (1966) Energy cost of leg kick, arm stroke, and whole crawl stroke. J Appl Physiol, 21: 1763-176.

東　龍太郎（1953）スポーツと共に．旺文社．

阿江通良，宮下　憲，横井孝志（1986）機械的パワーからみた疾走における下肢筋群のきのうおよび貢献度．筑波大学体育科学系紀要，9：229-239.

阿江通良（1990）走高跳および走幅跳の踏切における身体各部の使い方．Jpn J Spot Sci, 9: 130-136.

阿江通良，藤井典久（1996）身体運動における力学的エネルギー利用の有効性とその評価指数．筑波大学体育科学系紀要，19：127-137.

Affeld K, Schichl K and Ziemann A (1993) Assessment of rowing efficiency. Int J Sports Med, 14 (Suppl 1): S39-S41.

阿久津邦男（1964）水泳のエネルギー代謝に関する研究（その2）：水泳のスピードと効率の関係．体力科学，13：180-188.

Aleshinsky SY (1986) An energy 'sources' and 'fractions' approach to the mechanical energy expenditure problem-I-V. J Biomechanics, 19: 287-293, 295-300, 301-306, 307-309, 311-315.

Alexander RM (1974) The mechanics of jumping by a dog (canis familiaris). J Zoology, 173: 549-573.

Alexander RM and Ker RF (1990) Running is priced by the step. Nature, 346: 220-221.

Anderson P and Henrikson J (1977) Training induced changes in the subgroups of human type II skeletal fiber. Acta Physiol Scand, 99: 123-125.

浅見俊雄（1976）ける（キック）．浅見俊雄ら編著，身体運動学概論．pp250-258, 大修館書店.

浅見俊雄，広田公一，山本恵三，佐野祐司（1977）「健康づくり運動カルテ」に

よる運動強度処方の妥当性について:青年男子ならびに中年女子の場合. 体育科学, 5: 17-22.

Asmussen E and Bonde-Petersen F (1974a) Storage of elastic energy in skeletal muscles in man. Acta Physiol Scand, 91: 385-392.

Asmussen E and Bonde-Petersen F (1974b) Apparent efficiency and storage of elastic energy in human muscles during exercise. Acta Physiol Scand, 92: 537-545.

Åstrand PO (1952) Experimental Studies of Physical Working Capacity in Relation to Sex and Age. Munksgaard.

Åstrand PO and Rodahl K (1970) Textbook of Physiology. McGraw-Hill Book Co.

Baskin RJ (1965) The variation of muscle oxygen consumption with velocity of shortening. J Gen Physiol, 49: 9-15.

Bassett DR Jr (2002) Scientific contributions of A.V. Hill: exercise physiology pioneer. J Appl Physiol, 93: 1567-1582.

Benedict FG and Catheart EP (1913) Mascular Work: A Metabolic Study with Special Reference to the Efficiency of the Human Body as a Machine. pp1-176, Carnegie Institute of Washington.

Best CH and Partridge RC (1928) The equation of motion of a runner, exerting a maximal effort. Proc R Soc Lond B, 103: 218-225.

Bobbert AC (1960) Physiological comparison of three types of ergometry. J Appl Physiol, 15: 1007-1014.

Bobbert MF, Huijing PA and van Ingen Schenau GJ (1986a) A model of the human triceps surae muscle-tendon complex applied to jumping. J Biomech, 19: 887-898.

Bobbert MF, Huijing PA and van Ingen Schenau GJ (1986b) An estimation of power output and work done by the human triceps surae muscle-tendon complex in jumping. J Biomech, 19: 899-906.

Bosco C, Luhtanen P and Komi PV (1983) A simple method for measurement of mechanical power in jumping. Eur J Appl Physiol, 50: 273-282.

Bovard JE and Cozens FW (1928) The "Leap-Meter", Physical Education Series. pp97-119, University of Oregon Press.

Cain DF and Davis RE (1962) Breakdown of adenosine triphosphate during asingle contraction of working muscle. Biochem Biophys Res Commun, 8: 361-

366.

Cappozzo A, Figura F, Marchetti M and Pedotti A (1976) The interplay of muscular and external forces in human ambulation. J Biomech, 9: 36-43.

Cappozzo A, Marchetti M and Tossi V eds. (1992) Biolocomotion: A Century of Research Using Moving Pictures. Promograph.

Carlson BM and Faulkner JA (1983) The regeneration of skeletal muscle fibers following injury: a review. Med Sci Sports Exerc, 15: 187-198.

Cathcart EP, Richardson DT and Campbell W (1924) Studies in muscle activity: II. The influence of speed on the mechanical efficiency. J Physiol, 58: 355-361.

Cavagna GA, Saibene FP and Margaria R (1964) Mechanical work in running. J Appl Physiol, 19: 249-256.

Cavagna GA, Saibene FP and Margaria R (1965) Effect of negaive work performed by an isolated muscle. J Appl Physiol, 20: 15-158.

Cavagna GA, Dusman B and Margaria R (1968) Positive work done by a previously stretched muscle. J Appl Physiol, 24: 21-32.

Cavagna GA (1970) Elastic bounce of the body. J Appl Physiol, 29: 279-282.

Cavagna GA, Komarek L and Mazzoleni S (1971) The mechanics of sprint running. J Physiol, 217: 709-721.

Cavagna GA, Zamboni A, Faraggia T and Margaria E (1972) Jumping on the moon; power output at different gravity values. Aerosp Med, 43: 408-414.

Cavagna GA (1973) Human locomotion. In:Bolis L, Schmidt-Nielsen K and Maddrell SHP ed., Comparative Physiology. pp43-62, North Holland Publ. Co.

Cavagna GA and Citterio G (1974) Effect of stretching on the elastic characteristics and contractile component of the frog striated muscle. J Physiol, 239: 1-14.

Cavagna GA (1975) Forceplatform as ergometer. J Appl Physiol, 39: 174-179.

Cavagna GA, Thys H and Zamboni A (1976) The sources of external work in level walking and running. J Physiol, 262: 639-657.

Cavagna GA (1977) Storage and utilization of elastic energy in skeletal muscle. Exerc Sports Sci Rev, 5: 89-129.

Cavagna GA and Kaneko M (1977) Mechanical work and efficiency in level walking and running. J Physiol, 268: 467-481.

Cavanagh PR and Williams KR (1982) The effect of stride length variation on oxygen uptake during distance running. Med Sci Sport Exerc, 14: 30-35.

Cavagna GA, Franzetti P and Fuchimoto T (1983) The Mechanics in walking in children. J Physiol, 343: 323-339.

Cavagna GA (2010) Symmetry and asymmetry in bouncing gaits. Symmetry, 2: 1270-1321.

Cooper KH, 広田公一, 石川旦訳 (1972) エアロビクス：新しい健康づくりのプログラム. ベースボール・マガジン社.

Costill DL, Thomason H and Roberts E (1973) Fractional utilization of the aerobic capacity during distance running. Med Sci Sports, 5: 248-252.

Coyle EF, Costil DL and Lesmes GR (1979) Leg extension powew and muscle fiber composition. Med Sci Sports Exrc, 11: 12-15.

Crowden GP (1950) The effect of duration of work on the efficiency of muscular work inman. J Physiol, 80: 394-408.

Cureton TK (1947) Physical Fitness Appraisal and Guidance. The C.K. Mosby Co.

de Paoli FV, Overgaard K, Pedersen TH and Nielsen OB (2007) Additive protective effects of the addition of lactic acid and adrenaline on excitability and force in isolated rat skeletal muscle depressed by elevated extracellular K^+. J Physiol, 581: 829-839.

Di Prampero PE and Margaria R (1968) Relationship between O_2 consumption, high energy phosphates and the kinetics of the O_2 debt in exercise. Pflugers Arch, 304: 11-19.

Di Prampero PE, Coltili G, Celentano F and Cerretelli P (1971) Phsiological aspects of rowing. J Appl Physiol, 31: 853-857.

Di Prampero PE, Pendergast DR, Wilson DW and Rennie IW (1974) Energetics of swimming in man. J Appl Physiol, 17: 1-5.

Di Prampero PE 著, 宮村実晴, 池上康男訳 (1991) スポーツとエネルギー：パワーの限界と記録. 真興交易医書出版部.

Dickinson S (1929) The efficiency of bicycle-pedalling, as affected by speed and load. J Physiol, 67: 242-255.

Donovan CM and Brooks GA (1977) Muscular efficiency during steady state exercise. Ⅱ. Effect of walking speed and work rate. J Appl Physiol, 43: 431-439.

Durnin JV (1955) The oxygen consumption, energy expenditure, and efficiency of climbing with loads at low altitudes. J Physiol, 128: 294-309.

Dydynska M and Wilkie DR (1966) The chemical and energetic properties of muscles poisoned with fluorodinitrobenzene. J Physiol, 184: 751-796.

江橋節郎 (1969) 筋収縮の分子生物学：歴史的展望．科学, 38 (2)：105-109.

Eggleton P and Eggleton GP (1927) The inorganic phosphate and a labile form of organic phosphate in the gastrocnemius of the frog. Biochem J, 21: 190-195.

Elftman H (1940) The work done by muscles in running. Am J Physiol, 129: 672-684.

Erickson L, Simonson E, Taylar HL, Alexander H and Keys A (1946) The energy cost of horizontal and grade walking on the motor-driven treadmill. Am J Physiol, 145: 391-401.

Eurofit Committee (1988) Handbook of the EUROFIT Tests of Physical Fitness. The committee for the development of sport. Italian NOC.

Fenn WO (1923) A quantitative comparison between the energy liberated and the work performed by the isolated sartorius muscle of the frog. J Physiol, 58: 175-203.

Fenn WO (1924) The relation between the work performed and the energy liberated in muscular contraction. J Physiol, 58: 373-395.

Fenn WO (1930a) Frictional and kinetic factors in the work of sprint running. Am J Physiol, 92: 583-611.

Fenn WO (1930b) Work against gravity and work due to velocity changes in running: movements of the center of gravity within the body and foot pressure on the ground. Am J Physiol, 93: 433-462.

Fenn WO and Marsh BS (1935) Muscular force at different speeds of shortening. J Physiol, 85: 277-297.

Fiske CH and Subbarow Y (1927) The Nature of the "Inorganic Phosphate" in voluntary muscle. Science, 65: 401-403.

Fletcher WM (1907) Lactic acid in amphibian muscle. J Physiol, 35: 247-309.

Flitney FW and Hirst DG (1975) Tension responses and sarcomere movements during length changes applied to contracting frog's muscle. J Physiol, 251: 66P-68P.

Frenz H ed. (1969) Nobel Lectures in Literature, 1901-1967. Elsevier Science.

淵本隆文，金子公宥 (1981) 人体筋の力・速度・パワー関係における年齢差．

体育学研究，25：273-279．

淵本隆文，伊藤　章，金子公宥（1990）棒高跳のバイオメカニクス的分析．日本バイオメカニクス学会編，ジャンプ研究．pp25-30，メディカルプレス．

淵本隆文，駒井博和，金子公宥（1994）月面重力を含む種々負荷条件下での跳躍とパワー出力．大阪体育大学紀要，25：79-84．

淵本隆文（2000）250mトラックにおける自転車走行中のパワーと速度変化．平成11年度日本体育協会スポーツ科学研究，12：143-151．

Fukashiro S, Imoto Y, Kobayashi H and Miyashita M（1981）A biomechanical study of the triple jump. Med Sci Sports Exerc, 13: 233-237.

深代千之（1990）跳ぶ科学．大修館書店．

Fukashiro S, Ito I, Ichinose Y, Kawakami Y and Fukunaga T（1995）Ultrasonography gives directly but noninvasively elastic characteristic of human tendon in vivo. Eur J Appl Physiol, 71: 555-557.

深代千之（2000）反動動作のバイオメカニクス：伸張—短縮サイクルにおける筋腱複合体の動態．体育学研究，45：457-471．

深代千之（2004）跳躍のバイオメカニクス．金子公宥，福永哲夫編，バイオメカニクス：身体運動の科学的基礎．pp217-222，杏林書院．

福永哲夫（1978）ヒトの絶対筋力：超音波による体肢組成・筋力の分析．杏林書院．

Fukunaga T, Roy RR, Shellock PG, Hodgson JA, Lee PL, Kwong-Fu K and Edgerton VR（1992）Physiological cross-sectional area of human leg muscles based on magnetic resonance imaging. J Orthop Res 20: 926-934.

Fukunaga T, Ito M, Ichinose Y, Kuno S, Kawakami Y and Fukashiro S（1996）Tendinous movement of a human muscle during voluntary contractions determined by real-time ultrasonography. J Appl Physiol, 81: 1430-1433.

Fukunaga T, Kawakami Y, Funato K, Kuno S and Fukashiro S（1997）Architecture and function in human muscle. J Biomechanics, 30: 457-463.

福永哲夫（1998）身体運動における筋収縮のバイオメカニクス．体育学研究，42：337-348．

福永哲夫（2001）身体運動の成績に影響する筋腱複合体の振る舞い：21世紀のバイオメカニクス研究の方向を探る．体育の科学，51：12-20．

Fukunaga T, Kubo K, Kawakami Y, Fukashiro S, Kanehisa H and Maganatis CN（2001）In vivo behavior of human muscle tendon during walking. Proc Roy Soc

Lond B Biol Sci, 268: 229-233.

Fukunaga T, Kawakami Y, Kubo K, Kanehisa H (2002) Muscle and tendon interaction during human movements. Exerc Sport Sci Rev, 30: 106-110.

Funato K, Yanagiya T and Fukunaga T (2001) Ergometry for estimation of mechanical power output in sprinting in humans using a newly developed self-driven treadmill. Eur J Appl Physiol, 84: 169-173.

Furusawa K, Hill AV and Parkinson JL (1927a) The energy used in "sprint running". Proc R Soc Lond B, 102: 29-42.

Furusawa K, Hill AV and Parkinson JL (1927b) The energy used in "sprint running". Proc R Soc Lond B, 102: 43-50.

Gaesser GA and Brooks GA (1975) Muscular efficiency during steady-rate exercise: effects of speed and work rate. J Appl Physiol, 38: 1132-1139.

Garry RC and Wishart GM (1931) On the existence of a most efficient speed in bicycle pedalling, and the problem of determining human muscular efficiency. J Physiol, 72: 425-437.

Garry RC and Wishhart GM (1934) The efficiency of bicycle pedalling in the trained subject. J Physiol, 82: 200-206.

Gibbs CL and Gibson WR (1972) Energy production of rat soleus muscle. Am J Physiol, 223: 864-871.

Goff LG, Brubach HF and Specht H (1957) Measurements of respiratory responses and work efficiency of underwater swimmers utilizing improved instrumentation. J Appl Physiol, 10: 197-202.

Goldspink G (1977) Muscular energetics and animal locomotion. In: Alexander R and Goldspink G eds., Mechanics and Energetics of Animal Locomotion. pp57-81, Chapman & Hall.

Gordon AM, Huxley AF and Julian FJ (1966) The variation in isometric tension with sarcomere length in vertebrate muscle fibres. J Physiol, 184: 170-192.

後藤幸弘, 辻野 昭 (2004) 投動作の発達. 金子公宥, 福永哲夫編, バイオメカニクス：身体運動の科学的基礎. pp281-287, 杏林書院.

Hagberg JM, Graves JE, Limacher M, Woods DR, Leggett SH, Cononie C, Gruber JJ and Pollock ML (1989) Cardiovascular responses of 70 to 79-yr-old men and women to exercise training. J Appl Physiol, 66: 2589-2594.

萩原文二, 山中健生, 古谷栄助 (1978) 生体とエネルギー. 講談社.

Hartree W and Hill AV (1928) The factors determining the maximum work and the mechanical efficiency of muscle. Proc R Soc Lond B, 100: 234-251.

八田秀男 (2009) 血中乳酸濃度から何がわかるのか. トレーニング科学, 21: 143-148.

服部　進, 服部四士主, 林　博明, 藤川　尚, 川瀬修一, 芳賀三郎, 荻島泰裕 (1969) 自転車の人間工学的研究 (Ⅱ). 昭和43年度自転車生産技術研究報告書, (財) 自転車産業振興会.

Henry FM and DeMoor J (1950) Metabolic efficiency of exercise in relation to work load at constant Speed. J Appl Physiol, 2: 481-487.

Hettinger Th 著, 猪飼道夫, 松井秀治訳 (1970) アイソメトリック・トレーニング. 大修館書店.

Hill AV (1914) The oxydative removal of lactic acid. J Physiol, 48: x-xi.

Hill AV (1920) An instrument for recording the maximum work in a muscular contraction. J Physiol, 53: lxxxviii-xc.

Hill AV (1922a) Maximum work and mechanical efficiency of human muscles and their most economical speed. J Physiol, 56: 19-41.

Hill AV (1922b) The revolution in muscle physiology. Physiol Rev, 12: 56-67.

Hill AV, Long CNH and Lupton H (1924a) Muscular exercise, lactic acid, and the supply and utilisation of oxygen (Part Ⅰ-Ⅲ). Proc R Soc Lond B, 96: 438-475.

Hill AV, Long CNH and Lupton H (1924b) Muscular exercise, lactic acid, and the supply and utilisation of oxygen (Part Ⅳ-Ⅵ). Proc R Soc Lond B, 97: 84-138.

Hill AV (1926) Muscular Activity. The Williams & Wilkins Co.

Hill AV (1927a) Muscular Movement in Man: The Factors Governing Speed and Recovery from Fatigue. McGraw-Hill Book Co. Inc.

Hill AV (1927b) Living Machinery. Harcourt, Brace and Co.

Hill AV (1928) An air-resistance to a runner. Proc R Soc Lond B, 102: 380-385.

Hill AV (1938) The heat of shortening and the dynamic constants of muscle. Proc R Soc Lond B, 126: 136-195.

Hill AV (1940) Dynamic constants of human muscle. Proc R Soc Lond B, 128: 263-274.

Hill AV (1950) The dimensions of animals and their muscular dynamics. Science Progr, 38: 209-230.

Hill AV (1951) The mechanics of voluntary muscle. Lancet, 261:947-951.

Hill AV (1953) Chemical change and mechanical response in stimulated muscle. Proc R Soc Lond B, 141: 314-320.

Hill AV (1960) Production and absorption of work by muscle. Science, 131: 897-903.

Hill AV (1964) The efficiency of mechanical power development during muscular shortening and its relation to load. Proc R Soc Lond B, 159: 319-324.

Hill AV (1965) Trails and Trials in Physiology. Edward Arnold Pub.

Hill AV (1969) Archivald vivian Hill for his discovery relating to the production of heat in the frog. In: Frenz H ed., Novel Lecture in Literature, 1901-1967. Elsevier Science.

Hill AV 著, 若林 勲, 津山千津子訳 (1971) 科学の倫理的ディレンマ：A.V.Hill 教授小論集. 医学書院.

Hill DK (1940) The anaerobic recovery heat production of frog's muscle at 0 degrees C. J Physiol, 98: 460-466.

Hirano Y (1987) Biomechanical analysis of baseball hitting. In: Terauds J et al. eds., Biomechanics III & IV. pp21-28, Academic Publishers.

Holmer I (1972) Oxygen uptake during swimming in man. J Appl Physiol, 33: 502-509.

堀 琴乃, 吉川俊明, 坂本慎介, 淵本隆文 (2004) 女性パイロットによる人力飛行を目指した6年間の体力トレーニングの事例研究. トレーニング科学, 16：135-148.

星野春雄 (1961) 実験体育物理学序説. 不昧堂書店.

Hultman E and Sjoholm H (1986) Biochemical causes of fatigue. In: Johns NL, McCartney N and McComas J eds., Human Muscle Power, pp215-218, Human Kinetics.

Huxley AF and Niedergerke R (1954) Structural changes in muscle during contraction: interference microscopy of living muscle fibres. Nature, 173: 971-973.

Huxley AF (1957) Muscle structure and theories of contraction. Prog Biophys Biophys Chem, 7: 255-318.

Huxley AF and Simmons RM (1971) Mechanical properties of the cross-bridges of frog striated muscle. J Physiol, 218: 59P-60P.

Huxley AF (1974) Muscle contraction. J Physiol, 243: 1-43.

Huxley HE and Hanson J (1954) Changes in the cross-striations of muscle during contraction and stretch and their structural interpretation. Nature 173: 973-976.

Huxley HE (1957) The double array of filaments in cross-striated muscle. J Biophys Biochem Cytol, 3: 631-648.

Huxley HE (1958) The contraction of muscle. Sci Am, 199: 67-78.

Ikai M and Steinhaus AH (1961) Some factors modifying the expression of human strength. J Appl Physiol, 16: 157-163.

猪飼道夫，金子公宥（1963）パワーの測定．OLYMPIA，4（2）：3-11．

猪飼道夫，芝山秀太郎，石井喜八（1963）疾走能力の分析：短距離走のキネシオロジー．体育学研究，7：59-70．

池上康男（2004）泳ぐ動作のメカニズム．金子公宥，福永哲夫編，バイオメカニクス：身体運動の科学的基礎．pp357-361，杏林書院．

生田香明，猪飼道夫（1972）自転車エルゴメーターによるMaximum Anaerobic Powerの発達の研究．体育学研究，17：151-157．

石井喜八，中出盛雄（1974）投球動作にみられるPower．キネシオロジー研究会編，身体運動の科学Ⅰ：Human Powerの研究．pp111-128，杏林書院．

Ishikawa M and Komi P (2008) Muscle fascicle and tendon behavior during human locomotion revisited. Exerc Sport Sci Rev, 36: 193-199.

石河利寛（1952）筋作業の研究Ⅲ：前腕屈曲運動の際のエネルギー代謝．日本生理学雑誌，14：494-497．

磯川正教，小嶋武次（1993）サッカーのインステップキックにおける運動学的な分析．東京都立大学体育学研究，2：75-81．

Ito A and Komi V (1983) Mechanical efficiency and positive power work in running at different speeds. Med Sci Sport Exerc, 15: 299-308.

Ito A and Kaneko M (1988) Effect of different stride lengths on speed and power output. In: Winter DA eds., Biomechanics XI-B, pp619-624, Human Kinetics.

伊藤　章，位置川博啓，斉藤昌久，佐川光男，伊藤道夫，小林寛道（1998）100m疾走局面における疾走動作と速度との関係．体育学研究，43：260-273．

Ito M, Kawakami Y, Ichinose Y, Fukashiro S and Fukunaga T (1998) Nonisometric behavior of fascicles during isometric contractions of a human muscle. J Appl Physiol, 85: 1230-1235.

Iwaki M, Iwane AH, Shimokawa T, Cooke R and Yanagida T (2009) Brownian search-and-catch mechanism for myosin-VI steps. Nat Chem Biol, 5: 403-405.

金久博昭,福永哲夫,角田直也,池川繁樹(1985)発育期青少年の単位断面積当たりの筋力.体力科学,34(suppl):71-78.

金久博昭(1993)パワーの持久性とトレーニング効果.バイオメカニクス研究,12:165-175.

Kanehisa H, Ikegawa S and Fukunaga T (1997) Force-velocity relationships and fatigability of strength and endurance-trained subjects. Int J Sports Med, 18: 106-112.

金子公宥(1974)瞬発的パワーからみた人体筋のダイナミクス.杏林書院.

金子公宥(1976)反動動作の生理.体育の科学,26:748-751.

金子公宥(1978a)筋作業の機械的効率.体育の科学,28:751-758.

Kaneko M (1978b) The effect of previous states of shortening on the load-velocity relationship in human muscle. J Physiol Soc Japan, 40: 12-14.

金子公宥(1978c)運動強度の簡便な処方.体育の科学,28:678-682.

Kaneko M and Yamazaki T (1978) Internal mechanical work due to velocity changes of the limb in working on a bicycle ergo meter. In: Asmussen E and Jorgensen K ed., Biomechanics VI-A. pp86-92, University Park Press.

Kaneko M, Yamazaki T and Toyooka J (1979) Direct determination of the internal mechanical work and efficiency in bicycle pedaling. J Physiol Soc Japan, 41: 68-69.

金子公宥(1980)人体筋の機械的効率.体育の科学,30:317-320.

金子公宥,渕本隆文,田路秀樹,末井健作(1981)人体筋の力・速度・パワー関係に及ぼすトレーニング効果.体力科学,30:86-93.

Kaneko M and Toyooka S (1983) An expedient way of prescribing running speed effective for developing endurance capacity. In: Ishiko T ed., Physical Fitness Research. pp205-210, Baseball Magazin Book Co.

Kaneko M, Fuchimoto T, Toji, H and Suei K (1983) Training effect of different loads on the force-velocity relationship and mechanical power output in human muscle. Scand J Sports Sci, 5: 50-55.

Kaneko M, Komi PV and Aura O (1984) Mechanical efficiency of concentric and eccentric exercises performed with medium to fast contraction rates. Scand J Sport Sci, 6: 15-20.

Kaneko M, Ito A, Fuchimoto T, Shishikura Y and Toyooka J (1985) Influence of running speed on the mechanical efficiency of sprinters and distance runners. In:

Winter DA eds., Biomechnics IX-B. pp307-312, Human Kinetics.

Kaneko M, Sasaki S and Fuchimoto T (1987a) Growth and development of muscular power and shortening velocity in single contraction of elbow flexors. In: Ruskin H and Simkin A eds., Physical Fitness and the Ages of Man. pp93-105, Academic Press.

Kaneko M, Matsumoto M and Ito A (1987b) Optimum step frequency in constant speed running.In: Jonsson B ed., Biomechanics X-B. pp803-807, Human Kinetics.

金子公宥(1988)パワーアップの科学：人体エンジンのパワーと効率．朝倉書店．

Kaneko M (1990) Mechanics and energetics in running with special reference to efficiency. J Biomech, 23 (Suppl): 57-63.

金子公宥(1993)トレーニング再考：パワーアップの理論と実際．Jpn J Sports Sci, 12：142-143．

金子公宥，田路秀樹(1993)パワーアップの原則再考．Jpn J Sports Sci, 12：160-164．

金子公宥，福永哲夫編(2004)バイオメカニクス：身体運動の科学的基礎．杏林書院．

金子公宥(2006)スポーツバイオメカニクス入門 第3版．杏林書院．

Kaneko M, Miyatsuji K and Tanabe S (2006) Energy expenditure while performing gymnastic-like motion in spacelab during spaceflight: case study. Appl Physiol Nutr Metab, 31: 631-634.

金子公宥(2007)スポーツ科学の基礎を築いた研究者・A.V. Hillと猪飼道夫．日本学術協力財団編，スポーツの科学．pp26-37，ビュープロ．

Karpovich PV and Pestrecov K (1939) Mechanical work and efficiency in swimming crawl and back strokes. Eur J Appl Physiol Occup Physiol, 10: 504-514.

Kawakami Y, Muraoka T, Ito S, Kanehisa H and Fukunaga T (2002) In vivo muscle fiber behavior during counter-movement exercise in humans reveals a significant role for tendon elasticity. J Physiol, 540: 635-646.

川上康雄(2004)ローイングの力とパワー．金子公宥，福永哲夫編，バイオメカニクス：身体運動の科学的基礎．pp373-379，杏林書院．

Keul J, Doll E and Keppler D (1972) Energy Metabolism of Human Muscles. S. Karger.

小林一敏（1961）力学的にみた瞬発力．体育の科学，11：604-607．

Komi PV and Buskirk ER (1972) The effect of eccentric and concentric muscle activity on tension and electrical activity of human muscle. Ergonomics, 15: 417-434.

Komi PV and Rusko H (1974) Quantitative evaluation of mechanical and electrical changes during fatigue loading of eccentric and concentric work. Scand J Rehabil Med Suppl, 3: 121-126.

Komi PV and Bosco C (1978) Utilization of stored elastic energy in leg extensor muscles by men and women. Med Sci Sports Exec, 10: 261-265.

Komi PV (1986) The stretch-shortening cycle and human power. In: Norman LJ ed., Human Muscle Power. pp27-39, Human Kinetics.

Krebs HA (1953) The citric acid cycle. Nobel Lecture, Dec. 11, Google com in English.

Kubo K, Kanehisa H and Fukunaga T (2001) Effects of different duration isometric conractions on tendon elasticity in human quardriceps muscles. J Physiol, 536: 649-655.

Kurokawa S, Fukunaga T and Fukashiro S (2001) Behavior of fascicles and tendonous structures of human gastrocnemius during vertical jumping. J Appl Physiol, 90: 1349-1358.

Lloyd BB and Moran PT (1966) Analogue computer simulation on the equation of motion of a runner. J Physiol, 186: 18-20.

Lloyd BB and Zacks RM (1972) The mechanical efficiency of treadmill running against a horizontal impeding force. J Physiol, 223: 355-363.

Lodge SO (1957) Energy. John F. Rider Publisher, Inc.

Lukin L, Polissar MJ and Ralston HJ (1967) Methods for studying energy costs and energy flow during human locomotion. Hum Factors, 9: 603-608.

Lundsgaard E (1930) Ubersuchungen ubar muskelkontraktionea ohne mitchsaurebitdung. Biochem Z, 217: 162-177.

Lupton H (1922) The relation between the external work produced and the time occupied in a single muscular contraction in man. J Physiol, 57:68-75.

Lupton H (1923) An analysis of the effects of speed on the mechanical efficiency of human muscular movement. J Physiol, 57: 337-353.

Margaria R, Edwards HT and Dill DB (1933) The possible mechanisms of contracting and paying the oxygen debt and the role of lactic acid in muscular contraction. Am J Physiol, 106: 689-715.

Margaria R, Cerretelli P, Agehmo P and Sassi G (1963a) Energy cost of running. J Appl Physiol, 18: 367-370.

Margaria R, Cerretelli P, di Prampero PE, Massari C and Torelli G (1963b) Kinetics and mechanisms of oxygen debt contraction in man. J Appl Physiol, 18: 371-377.

Margaria R, Cerretelli P, di Prampero PE, Massari C and Torelli G (1963c) Kinetics and mechanism of oxygen debt contraction in man. J Appl Physiol, 18: 371-377.

Margaria E and Cavagna GA (1964) Human locomotion in subgravity. Aerosp Med, 35: 1140-1145.

Margaria E (1966) Measurement of muscular power (anaerobic) in man. J Appl Physiol, 21: 1662-1664.

Margaria R 著，金子公宥訳（1978）身体運動のエネルギー．ベースボールマガジン社．

丸山工作（1976）筋収縮の制御：調節タンパク質の役割．岩波書店．

丸山工作（1992）生体物質とエネルギー．岩波書店．

丸山工作（2001）筋肉はなぜ動く．岩波書店．

松田岩男（1952）Leap-Meter．体育の科学，2：97-100．

松島茂義（1964）スポーツテスト．第一法規．

McCloy CH (1932) Recent studies in the Sargent jump. Res Q, 3: 235-242.

McMahon TA ed. (1984) Muscle, Reflex, and Locomotion. Princeton University Press.

Michael ED Jr, Hutton KE and Horvath SM (1961) Cardiorespiratory responses during prolonged exercise. J Appl Physiol, 16: 997-1000.

Minetti AE and Saibene F (1992) Mechanical work rate minimization and freely chosen stride frequency of human walking: a mathematical model. J Exp Biol, 170: 19-34.

Minetti AE, Ardigo LP and Saibene F (1993) Mechanical determinations of gradient walking energetics in man. J Physiol, 471: 725-735.

Minetti AE (1998) A model equation for the prediction of mechanical internal work of terrestrial locomotion. J Biomech, 31: 463-468.

宮丸凱史編著（2001）疾走能力の発達．杏林書院．

宮西智久，藤井範久，阿江通良，功刀靖雄，岡田守彦（1997）野球の投球動作における体幹および投球：腕の力学的エネルギー・フローに関する3次元的解析．体力科学，46：55-68．

宮下充正（1970）水泳の科学：キネシオロジーと指導への応用．杏林書院．

宮下充正（1974）泳運動のパワー．キネシオロジー研究会編，身体運動の科学Ⅰ：Human Powerの研究，pp129-146，杏林書院．

溝田武人，久羽浩幸，岡島　厚（1995）ナックルボールの不思議（第2報）：硬式野球ボールのWake Fieldと空気力．日本風工学会誌，62：15-21．

Mommaerts WF（1969）Energetics of muscular contraction. Physiol Rev, 49: 427-508.

文部省（2000）新体力テスト：有意義な活用のために．ぎょうせい．

森　康夫，一色尚次，塩田　進（1980）エネルギー変換工学 第3版（機械工学大系27）．コロナ社．

本川達雄（1993）動物の時間・空間・エネルギー．学士会会報，800：92-96．

Nachmansohn DA, Ochoa S and Lipman A（1952）Otto Meyerhof: 1884-1951. Science, 115: 365-368.

中村好男，竹井義明，武藤芳照，宮下充正（1985）エネルギー供給機構からみた無酸素的パワートレーニングの運動時間：7秒および30秒間の全力自転車トレーニングの特異的効果．第72回日本体力医学会関東地方会，体力科学，34：133．

中尾真編（1986）バイオエジェティクス：ATPの生物学．学会出版センター．

Nelson WN and Widule CJ（1983）Kinematic analysis and efficiency estimate of intercollegiate female rowers. Med Sci Sports Exerc, 15: 535-541.

Newham DJ, McPhall G, Mills KR and Edwards RHT（1983）Ultrastractural changes after concentric and eccentric contractions of human muscle. J Neurol Sci, 61: 109-122.

野坂和則（2004）ストレングス＆コンディショニングと筋肉痛．ストレングス＆コンディショニング，11（4）：44-47．

岡本　敦，桜井伸二，池上康男，矢部京之助（1988）鉄棒の後方かかえ込み2回宙返り下りの離手時の力学量について．総合保健体育科学，11：67-73．

奥山美佐雄，古沢一夫（1936）歩行の機械的効率．労働科学，13：491-499．

Orsini D and Passmore R（1951）The energy expended carrying loads up and down stairs; experiments using the Kofranyi-Michaelis calorimeter. J Physiol, 115: 95-100.

押田勇雄（1964）エネルギーの話：エネルギー革命と人間生活．講談社．

Pandy MG and Zajac FE（1991）Optimal muscular coordination strategies for jumping. J Biomech, 24: 1-4.

Peusner L著，寺本 英，西崎友一郎訳（1978）生物とエネルギー．培風館．

Pierrynowski MR, Winter DA and Norman WR（1980）Transfer of mechanical energy within the total body and mechanical efficiency during treadmill running. Ergonomics, 23: 147-156.

Pugh LG（1971）The influence of wind resistance in running and walking and the mechanical efficiency of work against horizontal or vertical forces. J Physiol, 213: 255-276.

Rack PMH, Ross HM, Thilmann AF and Walters DKW（1983）Reflex reponses at the the human ankle: the importance of tendon compliance. J Physiol, 344: 503-524.

Ralston HJ and Lukin L（1969）Energy levels of human body segments during level walking. Ergonomics, 12: 39-46.

Rode A and Shephard RJ（1973）On the mode of exercise appropriate to a "primitive" community. Int Z Angew Physiol, 31: 187-196.

Ronnholm N, Karvonen MJ and Lapinleimu VO（1962）Mechanical efficiency of rhythmic and paced work of lifting. J Appl Physiol, 17: 768-770.

桜井伸二（1992）投げる動作．大修館書店．

桜井伸二（2004）投動作のメカニズム．金子公宥，福永哲夫編，バイオメカニクス：身体運動の科学的基礎．pp239-246，杏林書院．

Sargent DA（1921）The physical test of a man. Am Physical Eduction Rev, 26: 188-194.

Sargent LW（1924）Some observations on the Sargent Test of neuro-muscular efficiency. Am Physical Eduction Rev, 29: 47-56.

Seabury JJ, Adams WC and Ramey MR（1977）Influence of pedalling rate and power output on energy expenditure during bicycle ergometry. Ergonomics, 20: 491-498.

Seltzer CC（1940）Body build and oxygen metabolism at rest and during exercise. Am J Physiol, 129: 1-13.

渋川侃二，吉本　修，植屋清見（1968）自転車エルゴメータ作業の力学的考察．東京教育大学体育学部スポーツ研究所報，6：55-62．

渋川侃二，春山国広（1968）垂直跳の力学．東京教育大学体育学部スポーツ研究所報，3：52-58．

嶋野浩一郎，田辺　智，淵本隆文，金子公宥（2000）平地走における力学的エネルギーの計算法と種目差について．大阪体育大学紀要，31：19-20．

篠原　稔，石井直方，川上泰雄，深代千之，小林寛道，福永哲夫（1997）大標本による肘屈筋の力―速度関係．日本体育学会第48回大会号，p266．

白井伊三郎，河谷正光，池田　駿（1955）昇降作業のエネルギー需要量とその個体差に就いて．体力科学，4：134-142．

Specht H, Goff LG, Brubach HF and Bartlett RG Jr（1957）Work efficency and respiratory response of trained underwater swimmers using a modified self-contained underwater breathing apparatus. J Appl Physiol, 10: 376-382.

Spriet LL, Soderlund K, Bergstrom M and Hultman E（1987）Anaerobic energy release in skeletal muscle during electrical stimulation in men. J Appl Physiol, 62: 611-615.

Stuart MK, Howley ET, Gladden LB and Cox RH（1981）Efficiency of trained subjects differing in maximal oxygen uptake and type of training. J Appl Physiol, 50: 444-449.

Stumpf PK（1953）ATP. Sci Am, 188: 85-92.

杉晴夫編著（2009）人体機能生理学 第5版．南江堂．

鈴木久雄（1980）投げの運動の効率．体育の科学，30：354-355．

田畑　泉編著（2008）メタボリックシンドローム解消ハンドブック．杏林書院．

（財）体育科学センター編（1976）健康づくり運動カルテ．講談社．

高松潤二，阿江通良，藤井範久（2000）棒高跳におけるボルターとポール間の力学的エネルギーの伝達．バイオメカニクス研究，4：108-115．

田中ひかる，淵本隆文，木村みさか，金子公宥（2003）高齢者の歩行運動における振子モデルのエネルギー変換効率．体力科学，52：621-630．

Taniguchi T and Yanagida T（2008）The forward and back ward stepping processes of kinesin are gated by ATP binding. Biophysics, 4: 11-18.

Taylor CR and Heglund NC（1982）Energetics and mechanics of terrestrial locomotion. Annu Rev Physiol, 44: 97-107.

Thys H, Faraggiana T and Margaria R（1972）Utilization of muscle elasticity in exercise. J Appl Physiol, 32: 491-494.

Thys H, Cavagna GA and Margari R (1975) The role played by elasticity in an exercise involving movements of small amplitude. Pfluger Arch, 354: 281-286.

Thys H, Willems PA and Seals P (1996) Energy cost, mechanical work muscular efficiency in swing-through gait wit elbow crutches. J Biomech, 29:1473-1482.

Thys H, Willems PA and Saels P (1997) Authors' response. J Biomech, 30: 863.

Thys H, Willems PA and Saels P (1998) Authors' response. J Biomech, 31: 193.

田路秀樹, 末井健作, 金子公宥 (1989) 跳躍のパフォーマンスに及ぼす複合トレーニング刺激の効果. 体育の科学, 39：335-308.

田路秀樹, 末井健作, 金子公宥 (1995) 複合トレーニングが人体筋の力・速度・パワー関係に及ぼす影響. 体力科学, 44：439-446.

Toji H, Suei K and Kaneko M (1997) Effect of combined training loads on relations among force, velocity and power development. Can J Appl Physiol, 22: 328-336.

Toji H, Suei K and Kaneko M (1999) Effect of combined training on force, velocity and the power relationship using isotonic and isometric training loads. 17th Congress of International Society of Biomechanics, p800.

田路秀樹 (2000) 複合トレーニングの有効性：パワーアップを考える. 体育の科学, 50：299-305.

田路秀樹, 金子公宥 (2002) 筋パワーに及ぼす複合トレーニングの効果：特に力―速度関係に及ぼす静的および動的筋力トレーニングの影響について. トレーニング科学, 13：127-136.

Toji H and Kaneko M (2004) Effect of multi-load training on the force-velocity relationship. J Strength and Cond Res, 18: 792-795.

豊岡示朗, 金子公宥 (1978) 持久性運動処方の負荷設定法. 体育の科学, 28：590-343.

辻野　昭, 岡本　勉, 後藤幸弘, 橋本不二雄, 徳原康彦 (1974) 発育にともなう動作とパワーの変遷について. キネシオロジー研究会編, 身体運動の科学Ⅰ：Human Power の研究. pp203-243, 杏林書院.

運動所要量・運動指針の策定検討会 (2006) 健康づくりのための運動指針2006. 厚生労働省.

van Dalen D (1940) New studies in the Sargent Jump. Res Q, 11: 112-115.

Wakayoshi K, D'Aquisto J, Cappaert JM and Trop JP (1996) Relation between metabolic parameters and stroke technique characteristics in front crawl. In: Hollander AP, Strass D and Troup J eds., Biomechanics and Medicine in Swimming VII. pp152-158, E &FN SPON.

Wasserman K and McIlroy MB (1964) Detraining the threshold of anaerobic metabolism in cardiac patients during exercise. Am J Cardiol, 14: 844-852.

渡部和彦, 大槻立志 (1972) スキー滑走姿勢と空気抵抗-2：風洞実験による測定. 体育の科学, 22：270-276.

Wendt IR and Gibbs CL (1973) Energy production of rat extensor digitorum longus muscle. Am J Physiol, 224: 1081-1086.

Whipp BJ and Wasserman K (1969) Efficiency of muscular work. J Appl Physiol, 26: 644-648.

Whipp BJ, Seard C and Wasserman K (1970) Oxygen deficit-oxygen debt relationships and efficiency of anaerobic work. J Appl Physiol, 28: 452-456.

Wilkie DR (1950) The relation between force and velocity in human muscle. J Physiol, 110: 249-280.

Wilkie DR (1954) Fact and theories about muscle. Prog Biophys Biophys Chem, 4: 288-324.

Wilkie DR (1968) Heat and phosphorylcreatine break down in muscle. J Physiol, 195: 157-183.

Wilkie DR (1986) Muscle function: a historical view. In: Norman LJ ed., Human Muscle Power. pp3-13, Human Kinetics.

Wilkie RR (1960) Man as a source of mechanical power. Ergonomics, 3: 1-8.

Willems PA, Cavagna GA and Heglund NC (1995) External, internal and total work in human locomotion. J Exp Biol, 198: 379-393.

Winter DA (1979) A new definition of mechanical work done in human movement. J Appl Physiol, 46: 79-83.

Woledge RC (1968) The energetics of tortoise muscle. J Physiol, 197: 685-707.

山地啓司 (2001) 改訂 最大酸素摂取量の科学. 杏林書院.

山岡誠一 (1952) 体育運動のエネルギー代謝に関する基礎的研究 (第1報)：全身運動時に於けるエネルギー需要量の個人差. 日本生理学雑誌, 14：327-337.

柳田敏雄, 松原一郎 (1983a) 筋たんぱくが収縮力を発するメカニズムⅠ. 科学, 53：515-522.

柳田敏雄, 松原一郎 (1983b) 筋たんぱくが収縮力を発するメカニズムⅡ. 科学,

53:596-603.

柳田敏雄(2002)生物分子モーター:ゆらぎと生体機能. 岩波書店.

吉田　勉編(2001)わかりやすい栄養学. p84, 三共出版.

吉福康郎(1982)投げる:物体にパワーを注入する. Jpn J Sports Sci, 1:85-90.

Yoshihuku Y, Ikegami Y and Sakurai S (1987) Energy flow from the trunk to the upper limbs in TSUKI motion of top-class players of the martial arts SHORINJI KENPO. In: Jonsson B ed., Biomechanics X-B. pp733-737, Human Kinetics.

指田吾一(1952)青少年の代謝能に関する研究(其の三)昇降作業に於ける労作効率の年齢的変化に就て. 体力科学, 2:108-113.

Zacks RM (1973) The mechanical efficiencies of running and bicycling against a horizontal impeding force. Int Z Angew Physiol, 31: 249-258.

Zatsiorsky VM (1997) Comments on "Energy cost, mechanical work and muscular efficiency in swing trough gait with elbow crutches". J Biomech, 30: 861.

和文索引

[あ]

アクチンフィラメント　17, 19
アセチル CoA　40, 43, 44
アデノシン 3 リン酸　7, 27, 32
安静時代謝　58
安静熱　29

異化作用　11
維持熱　30
1 歩毎の仕事　147
移動運動　12, 129
インステップキック　180

羽状角　20, 123, 129
宇宙船内体操　198
宇宙飛行士　199
運動基準　56
運動指針　58
運動処方　58

エアロビクス　56
エクササイズ　59
エキセントリック収縮　98
エネルギー
　──供給　38, 43, 45, 46
　──供給能力　50
　──産生機構　44
　──消費　155
　──消費量　59, 94, 110, 157, 158, 176, 181, 199, 200
　──代謝　11, 14
　──転移　159
　──の移動方向とエネルギーの質に関する法則　8
　──の語源　3
　──反応　14
　──不滅の法則　7
　──フロー　179
　──変換　8, 9, 109
　──変換効率　13, 48
　──保存の法則　7, 64, 66
　──ロス　62
位置──　6, 8, 13, 62, 63, 64, 65, 67, 111, 131, 132, 133, 152, 153, 170, 200
運動──　6, 13, 62, 63, 64, 65, 67, 131, 132, 147, 153, 154, 170, 171, 174, 200
栄養学的──　13
回転運動の──　66
回転──　179, 180
化学的──　8, 11, 12, 24, 42, 62, 62, 101
機械的──　8, 101
筋・腱の──　166
自然──　9
出力──　61, 100
消費──　140
食品の──　10
身体活動の──　13
生理学的──　182
総──　187
弾性──　13, 62, 63, 64, 65, 114, 115, 119, 128, 131, 166, 169, 170, 172

弾性——再利用　113, 119, 162
電気的——　8
投運動の——　175
内部運動——　187
入力——　61, 100
熱——　7, 8, 21, 62
並進——　179
無酸素的——　157
力学的——　3, 12, 24, 62, 132, 170, 174, 182, 186, 200
エントロピーの増大　9

[か]
外的仕事　131, 133, 134, 136, 151, 152, 154, 156, 184, 198
外的パワー　136, 137, 153, 154, 189
回転運動　13, 62, 66
回転速度　178
解糖　26, 32
——過程　38, 40, 47
——機構　52
回復　140
——熱　29, 30, 31, 32
カエル筋の実験　80
化学機関　62, 100
角運動量　66
角速度　66, 159
荷重付加装置　89
ガス交換　34
風抵抗　191
活性化熱　29
活動状態　29
換気性作業閾値　36

慣性車輪　73, 76, 80, 85
慣性抵抗　71
慣性負荷　70, 71, 73, 76, 82, 84, 167, 181
慣性モーメント　66, 67, 73, 74
関節トルク　123, 159, 160
関節パワー　159, 161

機械抵抗　191
機械的効率　13, 51, 100, 102, 115, 136, 141, 151, 176, 185
機械的仕事　9, 95, 101, 154, 158
拮抗筋　18
脚伸展パワーテスト　72
筋エンジン　101, 109
筋活動　27, 32, 43
——の効率　103, 104, 105
筋機能　74
筋原線維　17
筋腱複合体　121, 125, 126, 164
筋収縮　1, 18, 19, 38, 40, 77, 84, 94
——の効率　182
——のメカニズム　18
筋伸張　93, 98, 99
筋節　17, 20
筋線維　17, 129, 168
——タイプ　87
——長　124, 130
——の重合部　126
——の動態　130
筋束　20, 122
——長　125
——長の変化　130
筋組織　17

筋短縮速度　107, 108
筋断面積当たりの筋力　121
筋長―筋力関係　122
筋肉の構造　16
筋の熱産生　29
筋の熱生産量　28
筋パワー　68, 69, 73, 74, 77, 163
　　――のトレーニング　88
筋疲労　45
筋力学　12, 62, 79

空気圧式圧力板　164
空気抵抗　147, 177, 191, 192
空気の密度　194
クエン酸回路　40
首振り説　21, 22
グリコーゲン　26, 40, 47, 194
グルコース　42
クレアチンリン酸　27, 32, 33, 38, 39
　　――酵素　39
クレブス回路　40
クロール　182
クロスブリッジ　19, 97, 127

血中乳酸　32
　　――濃度　35, 183
　　――の消却　33
　　最大――濃度　35
月面ジャンプ　195
月面重力　196
腱組織　129, 130, 168
　　――長　130
腱張力　123

高エネルギーリン酸　32, 34, 41
合成重心　189
光導電セル　144
効率　96, 101, 155, 156, 157, 158, 176, 181, 183, 186
高齢者　137
国際単位　12
骨格筋　15
コハク酸脱水素酵素　53
5分走平均スピード　57
固有筋力　121

[さ]
最大換気量　54
最大筋パワー　88
最大筋力　85, 89, 91, 108, 197, 198
最大効率　110
最大酸素摂取量　14, 36, 44, 53, 54, 56, 68
最大酸素脈　54
最大仕事　73
最大速度　85, 89, 108, 143
最大パワー　68, 86, 88, 89, 176
　　――の出現条件　86
サッカーのキック　180
酸素需要量　14, 35, 140
酸素消費量　26, 31, 93, 95, 107, 143, 194
酸素摂取量　14, 35, 143, 183
酸素負債　14, 33, 140, 143
三段跳　169
産熱量　81

仕事　7, 12, 62

——計算法　159
　　——一速度関係　117
疾走　139
　　——運動　14, 140, 192
　　——スタート時の加速　148
至適ストライド　112
至適速度　137
至適ピッチ　111, 112
自転車競技　189, 191
脂肪燃焼　42
車輪速度　190
重合部　20
重心移動　135
自由歩行　137
重力　72
　　——負荷　70, 71, 167
　　——負荷法　84
出力パワー　13, 100, 112, 151, 202, 203
　　——の持続時間　204
瞬発的運動　94
初期熱　29, 32
神経支配　15
身体運動　1, 3, 4, 11, 25
身体活動　60
身体重心　111, 133, 147, 152, 159, 170, 198
　　——の位置エネルギー　187
　　——の運動エネルギー　187
新体力テスト　166
伸張　18, 92, 114
　　——効果　116, 117, 119, 121
　　——効果のメカニズム　126
　　——性収縮　98

　　——一短縮サイクル　20, 113, 114, 131, 149, 175
　　——反射　113, 169
自転車エルゴメータ作業　188
人力飛行　201

水泳　182
推進効率　182
推進力　142, 144, 146, 150, 183
　　——係数　146
水槽モデル　45, 46
垂直跳　77, 163
　　——テスト　163
スカラー量　67
スキー競技　192
スクワットジャンプ　167
滑り説　22

生活活動　60
生活習慣病　58
　　——予防　58
生態系　8
生理学的断面積　123, 124
セグメント　186, 199
全身運動　2
全力疾走　151

走効率　161
総仕事　155, 159, 198
速度—パワー関係　188
速筋線維　87

[た]
代謝　11
単一負荷　91
短縮性収縮　30, 98
短縮熱　30

力―速度関係　79, 81, 82, 84, 85, 91, 97, 118, 130, 188
遅筋線維　87
チトクロム連鎖　42
遅発性筋肉痛　98
中間筋線維　88
超音波画像　20, 122, 125
超音波研究　121
超音波装置　121
チョークジャンプ　164

定常状態　140
摘出筋の効率　102, 106, 107
鉄棒　186
電子伝達系　42, 44

投影面積　194
同化作用　11
投球動作　173, 175
等尺性筋力　86
等尺性最大筋力　69
等尺性収縮　30, 93, 98, 115, 119, 123, 168
等速走　150, 152
等張性収縮　26, 30, 80, 81, 83
動的張力　118
動物のサイズ　12

鳥人間　202
　――コンテスト　205
トレーニング効果　21, 53
トレーニングの特異性　88, 89
トレッドミルの傾斜　55
ドロップジャンプ　119

[な]
内的仕事　133, 134, 135, 136, 151, 155, 156, 184, 188, 198, 199
内的パワー　155
ナックルボール　177

乳酸　26, 43, 44, 45, 61
　――消却　33
　――性機構　52
　――性作業閾値　36
　――性酸素負債　33, 34
ニュートンの法則　70, 72
ニュートン力学　12, 13
入力パワー　13, 100, 151

ネガティブパワー　148
ネガティブワーク　92, 93, 94, 95, 96, 97, 98, 115, 149, 150
熱機関　100, 101
熱発生　28
熱力学　9, 27
燃焼係数　33
粘性抵抗　142
粘性理論　30, 79, 80, 82, 107

[は]
走幅跳　169, 170
弾むボール　152
発育　77, 78
　　──曲線　146
発熱量　11
バネ作用　151, 152, 156, 161, 168, 169
馬力　109
針生検法　87
パワー　51, 62, 68, 146
　　──の持久性　203
　　──の発育発達　88
反動効果　161
反動跳躍　120
　　無──　120
反動動作　113, 114, 125, 168
ハンドボール投げ　175

膝伸展パワー　74, 76, 78
ヒトの効率　102
非乳酸性機構　50, 52
非乳酸性酸素負債　33
平泳ぎ　182

フィラメント滑走説　15, 16, 21
風洞実験　193
フェンの効果　30, 31, 81, 151
フォースプレート　146, 151, 164
フォトセル　144
複合した負荷　91
複合トレーニング　89
　　──の効果　90
物体　70

ブラウン運動　23
プラスのパワー　168
振子運動　131, 132, 133
振子効率　134, 136, 137

並進運動　13, 62, 64, 66
並進速度　178
ペダリング　188
ヘモグロビン　87

棒高跳　171, 172
ボートのローイング　184, 185
歩行運動　136
ポジティブパワー　148
ポジティブワーク　92, 93, 94, 96, 98, 115, 118, 150

[ま]
マイナスの効率　111
マイナスのパワー　168
マグヌス効果　177
マルガリア・テスト　50

ミオシンフィラメント　17, 20
ミオシンヘッド　21, 97
水抵抗　186
ミトコンドリア　36, 40, 43, 53

無酸素性作業閾値　35, 36
無酸素的解糖　26
無酸素的トレーニング　52
無酸素的パワー　49
無重力条件　199

鞭作用　177
無負荷ペダリング　189

メッツ　58

モーメントアーム　123

[や]
野球の投球　174
野球のバッティング　178, 179

有酸素的回復過程　47
有酸素的パワー　49, 53
遊離脂肪酸　42

余剰熱　62

[ら]
ランニング　2

力学的仕事　64, 67, 68, 78, 141
力学的パワー　151
リンクセグメントモデル　165

ルブナーの係数　10

浪費　62, 109, 151
ローマン反応　34, 38
ロコモーション　129

欧文索引

A.F. Huxley　16
A.V. Hill　26, 27
activation heat　29
ADP　11, 23, 38
anabolism　11
anaerobic threshold　36
AT　36
ATP　7, 11, 18, 23, 27, 32, 34, 38, 42, 61, 109
ATP-PCr系　50, 52
ATPase　18, 39

bounding ball　152

Ca^{2+}　18
catabolism　11
chemical engine　101
constant speed running　150
counter movement　113
CPK　39
cross bridge　20, 127

delayed onset muscle soreness　98
DOMS　98

ecosystem　8
elastic energy　63
elastic energy recoil　113, 119
energy flow　180
Ex　59
external work　151

fascicle   20, 122
fascicle length   125
Fenn's effect   30, 31, 81
filament sliding theory   16
FL   124
force-velocity relation   79
FT 線維   109

H.E. Huxley   16
heat engine   100, 101
Hill's characteristic equation   83
Hill‒Meyerhof 理論   25, 37, 38
Hill の特性方程式   83, 107

inertia wheel   73, 80
initial heat   29
internal work   151

kinetic energy   62
Koenigs の法則   153

LA   61
lactate threshold   36
law of the conservation of energy   7
lengthenning   18
locomotion   12, 198
LT   36
Lundsgaard の発見   27

maintenance heat   30
maximum oxygen consumption   14
mechanical efficiency   141
mechanical power   68

mechanical work   67
metabolism   11
METs   58
moment of inertia   66
muscle contraction   18
muscle fiber   17
muscle mechanics   62, 79
muscle power   68, 74
muscle tendon complex   121

negative work   92, 94, 110

O. Meyerhof   26, 27
OBLA   36
onset of lactic acid accumulation   36
optimum frequency   111
optimum speed   137
oxygen debt   14, 140
oxygen requirement   14, 140

PCr   27, 32, 33, 38, 39, 42, 61
pendular efficiency   134
pennation angle   20, 123
positive work   92
potential energy   62
propelling force   142

R. Margaria   37
recovery   140
recovery heat   29, 30
%Recovery   134
resting heat   29
rotational energy   66

Rubner's coefficient   10

sarcomere   17, 20
SDH   53
shortening heat   30
SI   12
sprint running   14, 138, 139, 141
SSC   113
steady state   140
stiffness   120
strech   18, 93, 98, 114
stretch reflex   113
stretch-shortening cycle   113
succinate dehydrogenase   53

TCA回路   40, 43, 44

ventilation threshold   36
vertical jump   163
viscous theory   80
$\dot{V}O_2max$ 44, 56, 58
VT   36

W.O. Fenn   114
Wingate test   50

著者略歴

金子 公宥（かねこ　まさひろ）

1838年生まれ，静岡県出身	
1961年	東京教育大学体育学部卒業
1962年	東京大学大学院教育学研究科入学
1971年	教育学博士

ケンタッキー大学（医），カリフォルニア大学（医）研究員，
ユバスキラ大学（フィンランド）客員教授，東京大学助手など歴任

1992年	国際体力研究学会（ICPFR）副会長
1997年	日本バイオメカニクス学会会長
2008年	大阪体育大学名誉教授，中国西安体育大学名誉教授，
	NPO法人みんなのスポーツ協会顧問

著　書：瞬発的パワーからみた人体筋のダイナミクス（杏林書院），
　　　　パワーアップの科学（朝倉書店）他．

2011年9月1日　第1版第1刷発行

スポーツ・エネルギー学序説

定価（本体2,600円＋税）　　　　　　　　　　　　　　検印省略

　　　　　　　著　者　　金子　公宥
　　　　　　　発行者　　太田　博
　　　　　　　発行所　　株式会社　杏林書院
　　　　　　　　　　　　〒113-0034　東京都文京区湯島4-2-1
　　　　　　　　　　　　Tel　03-3811-4887（代）
　　　　　　　　　　　　Fax　03-3811-9148
© M. Kaneko　　　　　　http://www.kyorin-shoin.co.jp

ISBN 978-4-7644-1121-0　C3047　　　　　三報社印刷／川島製本所
Printed in Japan
乱丁・落丁の場合はお取り替えいたします．

・本書の複製権・翻訳権・上映権・譲渡権・公衆送信権（送信可能化権を含む）
　は株式会社杏林書院が保有します．
・JCOPY ＜(社)出版者著作権管理機構　委託出版物＞
　本書の無断複写は著作権法上での例外を除き禁じられています．複写される場合
　は，そのつど事前に，(社)出版者著作権管理機構（電話03-3513-6969，FAX
　03-3513-6979，e-mail：info@jcopy.or.jp）の許諾を得てください．